국민으로부터의 탈퇴

국민국가, 진보, 개인

국민으로부터의 탈퇴
국민국가, 진보, 개인

2004년 2월 13일 초판 1쇄 발행
2008년 11월 21일 초판 2쇄 발행

펴낸곳 (주)도서출판 **삼인**

지은이 권혁범
펴낸이 신길순
부사장 홍승권
편집장 최인수
편집 강주한 김종진 양경화
마케팅 이춘호 한광영
관리 심석택
총무 서민아

등록 1996.9.16. 제 10-1338호
주소 121-837 서울시 마포구 서교동 339-4 가나빌딩 4층
전화 (02) 322-1845
팩스 (02) 322-1846
E-MAIL saminbooks@naver.com

표지 일러스트 김형진
표지디자인 (주)끄레어소시에이츠
제판 문형사
인쇄 대정인쇄
제본 성문제책

© 권혁범, 2004

ISBN 89-87519-99-6 04300

값 9,500원

국민으로부터의 탈퇴

국민국가, 진보, 개인

권혁범 지음

삼인

논리와 미학을 가르쳐주신 어머니,
자연과 비평의 눈을 길러주신 아버지께.

'대한민국'의 '국민' 중심주의를 생각하며

다소 도발적인 발언으로 시작해도 된다면, 그는 '국민'에서 그만 탈퇴하고 싶다. 그가 태어날 때 어떤 국가의 '구성원', 즉 '국민'으로 포함되는 것에 동의했는지 돌이켜본다. 그런 기억이 없다. 아니면 어떤 관련 국가 조직에서 그에게 동의를 구했는가? 그는 '대한민국'이라는 땅에서(물론 대한민국 국적을 지닌 어머니와 아버지 사이에서) 태어남으로써 '국민'으로 강제 편입되었다는 생각을 지울 수 없다.

그는 이 땅에서 자라면서 '국민 교육'을 십 년 넘게 받았고 그것 때문에 적지 않은 상처를 받았으며 사춘기 시절의 무한한 상상력, 미학적·지적 욕망은 '국민교육헌장'에 의해 짓밟혔을지도 모른다는 의심을 한다. '국민 체육' 덕택에 되려 신체적, 정신적 건강에 위협을 받았으며 스포츠를 즐기는 문화적 훈련을 전혀 받지도 못했다고 기억한다. '국가 안보'가 그의 안전을 오히려 침해하는 경험을 했으며 '신성한 국방 의무' 덕에 이유 없는 야만적 폭력이나 벌거벗은 남성주의를 그저 수용해야 했고 때로는 죽음의 고비를 넘기기도 했다. '국가 보안'이 무서워서 마르크스 이름이 나오는 책('마르크스 비판'을 포함하여)은 복사해서 골방에서 숨죽이며 봐야 했으며 북녘의 책은 상상 속에서나 존재했다. '나라가 위기에 처할 때마다' 어김없이 등장하는 '국익' 은 그나 그 주변 사람들의 이익과 항상 어긋났다. 그가 정치학을 아무리 공부해도 '국익' 의 실체를 도무지 파악하기 힘들었다. 그가 자동적으로 갖게 된 '국적' 덕택에 '북한' 으로 불리는 '무시무시한' 곳이 어떤지 확인하러 가보지도 못했고 군대를 다녀올 때까지 '해외' 구경을 전혀 할 수도 없었다. 물론 지금은 북한도 가고 대학생들이 해외로 배낭여행도 간다. 많은 문제들이 그저 과거 독재 시대의 유물이었을지도 모른다. 민주화된 정부가 들어선 이후 국민과 국가의 성격도 달라진 게 사실이다. 이런 얘기는 옛날 이야기인가 하고 자문해 보지만 그는 여전히 '국' 에 대해 두려움과 거부감을 갖고 있다.

　대다수 공식적 행사에서, 대학교라는 공간에서도 여전히 주요 행사시 국민의례를 하고 국기에 대한 맹세를 외친다. 그는 예비군을 마치고 한 대학의 직장 '민방위' 제3소대원으로서 일년에 두 차례 소집되어 총장을 '대장' 으로 모시고 거수경례까지 했다. 심한 자괴감이 들었다. 물론 이제는 그것도 마쳤지만, 자유와 독립적 지성의 전당인 대학에서 총장부터 평교수까지 국방 조직의 '대원' 이 되어 국가에 대한 충성을 외칠 때 그것은 그저 껍질만 남은 의례인지 자문한다. 그런 사회에서 학문의 자유과 독립적 지성은 어떤 의미를 갖게 될까? 이게 다 분단의 비극이고 특수한 사회의 불가피한 현상이라고 믿는 사람이 많지만 언제부터인지 그는 그게 정말일까 하고 물어보기 시작했다. 그는 축구라는 스포츠를 사랑하지만 국가와 자본력에 의해 과장 증폭된 월드컵 열기 속에서 '대~한민국' 이 한반도 절반을 덮을 때 그는 '국민' 이라는 게 참 부담스러웠다. 그가 '속한' 국가는 '국익' 의 이름으로 미국 제국의 테러 작전에 동참하고 어민들의 생존 근거지인 갯벌을 파괴하는 방조제를 건설하며, 핵폐기물 버릴 곳을 찾아 이곳저곳에서 지역 주민들의 삶의 공간을 위협한다. 명백히 인권 침해고 성차별인 호주제에서도 나라의 '안정'은 가부장적 가장의 '질서'와 아주 잘 조화를 이룬다. 그는 그런 '국가'에 '속한다'는 것이 무엇인지, 왜 그래야 하는지, '국민'으로서 살지 않고, 이 구체적 시공간에서 공적인 책임을 지니면서도 그저 개인으로서 살 수는 없는지 묻는다.

  몇 년 전 『민족주의와 발전의 환상』을 낸 후 과분한 관심과 비평을 받았다. 거칠게 단순화하자면, 국가주의적 민족주의는 물론 탈식민적 · 저항적 민족주의도 민족 안팎의 다양한 개인의 해방과 자유 또는 자연 환경에 위험할 수 있다는 게 내 논지였다. 그 후 민족주의를 둘러싼 많은 논쟁이 이뤄지면서 그것의 부정적인 측면은 상당히 환기되었다. 나는 그동안 한국 사회에서 민족주의 이념과 문화가 갖는 정치사회적 의미와 영향을 분석하면서, 위의 삼인칭 화자처럼 '민족'만으로 포착되지 않는 '국민'이라는 정체성이 안고 있는 배제성, 억압성, 동질성에 대해 예민해지게 되었다. '국민'은 '민족'의 일부까지도 배제하고 억압하는 성향을 갖고 있기 때문이다. (물론 역으로 민족은 국민의 일부를 배제한다. 서양어 '네이션'(nation)을 번역하면 국민 혹은 민족이 되며 둘 사이의 경계는 때로 애매하다. 하지만 네이션과는 달리 '국민'은 민족주의뿐만 아니라 국가주의적 · 반민주적 뉘앙스를 강하게 내포하고 있는 위험한 개념이다.) '국민'과 '국가'가 내포하는 이런 문제가 없는 것처럼 가정하는 매스 미디어와 교육, 문화는 한국 사회에 살고 있는 주민들에게 어떤 구체적인 영향을 끼치고 있는가?
  일단 '국가의 구성원'으로서 '국민' 의식이 자리잡을 때 거기서 개성적이고 독자적인 개인의 삶과 자유가 피어나긴 어려워진다. 이미 '구성원', 즉 '국민'이라는 표현은 국가의 일부로서의 강제성, 국가가 부과하는 정체성과 의무를 정당화하면서 사회 속의 개인을 조직화된 집단의 부속물로서 자동적으로 동원하기 때문이다. 그 개념 자체가 국가주의적 암시를 강하게 안고 있으며, 국가와 긴장 관계를 갖는 사회의 '시민' 의식, 독립적인 개체 의식을 억압하고 약화시킨다. 또 다른 한편으로는, '국민' 속에는 이미 국가라는 선험적 실체가 규정하는 집단 동질적 주체가 스며들어 있기 때문이다. 그것을 수용하는 순간 이미 복잡한 개별적 차이, 자유, 인권, 다양성은 한 걸음 뒤로 밀려나기 쉽다. 국민주의는 국가를 삶의 주체로 각인시키며 일정한 규범을 모든 개인에게 강제한다. 물론 그 규범은 모든 사람에게 보편적인 것이 아니라 부자, 남자, 비장애인, 명문대 졸업생, 이성애자, 한국 국적 소유자, 피부색이 검지 않은 자 등을 기준으로 한 특정성을 갖고 있다. 물론 그것은 특정성을 감추고 보편과 일반의 이름으로 유포된다. 그 과정에서 표준에 들어갈 수 없는 사람들, 표준에 들려고 노력하는 열망만을 가진 사람들은 억압되거나 배제된다. '국민'에 속하지 못하는 혹은 그 이상적 규범에서 벗어나는 여성, 장애인, 동성애 정체성을 가진 사람, 탈북자, 제3세계 출신 '동포', 병역 거부자, 청소년 및 노인, 제3세계 출신 이주 노동자들이 자연스럽게 '비국민'으로 취급되고 소외될 때 국민국가의 제도와 문화는 어떤 의미를 갖게 되는가?

일부에서 얘기하는 것처럼 '진정한 국민', '진정한 국익', '진정한 애국심'은 좋은 것이고 가능한 것인가? 국민 의식이 강화될수록 그 국민국가의 사회에서 억압은 더욱 강화된다. 그만큼 표준에 어긋나는 '이탈'에 대한 사회적 견제나 압력이 강해지기 때문이다. 또 그만큼 인정 투쟁과 경쟁은 격화되고 사회적 위계도 심화된다. 더 문제가 되는 것은 이런 의식이 강해질수록 특정 '국민'의 외부에 있는 다른 국민은 유사시에 폭력과 억압의 대상이 되기 쉽다는 점이다. 식민지 시대의 일본에서 국민 의식이 부족했던 것은 아니며 탈냉전 시대 현재 미국이 보여주는 모습이 '진정한 국민 의식'이 결핍된 탓도 아니다. '국민'이라는 틀은 강조하면 할수록 더 깊게 빠져들어 가는 늪이다. (일부 '탈근대' 국민 국가 비판론자들이 지적하는 것처럼, 소수자의 내셔널리즘은 다수자의 내셔널리즘이 생산한 위계질서의 수용이며 그 외부적 욕망에 대한 자발적 묵인이라는 한계를 갖고 있다. 하지만 이러한 균일적 국민주의 비판은 자칫하면 제국과 식민지의 문제를 동일선상에서 바라보고 '균형' 잡힌 비판을 함으로써 식민지에 대한 제국의 역사적 책임을 면제해 줄 위험을 안고 있다.)[1]

근대 정치학의 핵심은 국민국가의 경계에 있다. 그것은 구성주의나 탈근대론이 등장할 때까지 성역이었다고 해도 과언이 아니다. 좌파나 코스모폴리탄의 국제주의는 한마디로 실패 혹은 몽상으로만 여겨졌다. 국민국가가 미래에 쉽게 사라지리라고 생각하지는 않는다. 하지만 이미 그것은 여러 가지 의미와 욕망의 결합체이며 그 경계와 구조가 점점 허물어지고 있는 것은 부인할 수가 없다. 국경을 넘나드는 자본의 자유로운 확장이라는 측면에서 보면 국민이나 주권 국가의 약화가 긍정적인 미래를 보장하는 것만은 아니다. 지구화의 물결 속에서 사실상 작은 삶과 생존의 단위, 자연 환경, 사회 복지적 제도 등이 거센 위협을 받고 있는 게 사실이다. 하지만 다시 한 번 생각해서, 국민 의식을 강화하는 것이 오늘날 한국 사회나 세계가 직면한 여러 문제를 해결하는 현실적이고도 의미 있는 해답이라고 볼 수 있을까?

내가 탈고를 하는 시간에 강제 출국일을 전후해 이주 노동자 일곱 분이 목숨을 잃었다. 이 공간에서 살기 위해서 수천 명의 이주 노동자들이 새벽

---

1) 바로 이런 점이, 국민주의에 대한 근본적 비판에 많은 부분 동의하면서도, 내가 미국의 일본학 연구자 사카이 나오키의 입장에 거리를 두는 이유다. 그가 수많은 서양의 문헌을 인용하고 여러 나라의 경험을 소개하면서도 식민지 조선에 대한 직접적이고 구체적인 언급에는 인색한 데는 무의식적 이유가 있지 않을까 하는 의문이 들었다. 사카이 나오키, 『국민주의의 포이에시스』(창비, 2003) 참조.

부터 관공서 앞에 수십 장의 서류를 들고 줄을 선다. 운이 좋아도 첫 담당자를 만날 때까지 하루 종일 추운 바람을 맞으며 그저 기다려야 한다. 그 서류는 몇 분 만에 '미비'로 거부된다. '국적' 안의 사람들도 그 추운 바람에서 모두 자유로울까? 개혁적인 사람들이 얘기하듯 그저 '나쁜 국민국가'를 '좋은 국민국가'로, '문제 있는 국민'을 '진정한 국민'으로 만들면 되는가? 분단이나 독재가 '정상적인 주권 국민국가'를 방해해 왔기 때문에 이제 '우리'는 '국민'으로서 '대한민국'의 자주권을 회복하고 통일국가를 완성하는 방향으로 나가면 되는 것일까? '국민' 이전에, 혹은 '국민'을 완전히 떠나서 나 자신을 여성, 장애인, 노동자, 노인, 동성애자 등으로 먼저 인식하거나 그러한 정체성을 우선시하는 게 꼭 분열적이고 집단이기주의적인가? 되려 이 사회에서 동등한 권리와 의무를 지니고 살아가는 다양한 '주민'·시민 의식 및 개인 의식을 키워야 이 안의 많은 사람들 간의, 멀리 떨어진 사회에 살고 있는 사람 및 집단들 간의 평화적인 공존이 가능하지 않을까?

이제 '국민'이라는 집단 주술에서 벗어날 때가 아닌가 묻는다. 왜 한국 사회에서는 국적이나 소속 국가를 넘어서는 언행을 무책임한 이상주의나 순진한 사람들의 위험한 몽상으로만 간주하는 심리가 강할까? 결사와 집회의 자유가 있는 것으로 보이는 나라에서 모든 형태의 집단에 들어가고 나오는 일은 자유 의사에 맡겨져 있는데 왜 '국민'에서는 탈퇴할 수 없나? 이민 가는 것도 분명히 존중되어야 할 하나의 삶의 방법이다. 하지만 그것은 이미 익숙해진 문화·언어적 공간에서 떠나 새로운 정치사회적 적응 과정에 자신을 투입해야 하는, 특히 문화적 능력이나 물질적 힘이 미약한 사람들에게는 매우 고통스러운 과정이며 종국에는 또 다른 '국민'이 되는 길이다.

이 땅의 대다수 사람들은 그럴 문화적 능력이나 물질적 힘이나 의사조차 갖고 있지 않다. '국민'에서 벗어나서 어디로 가야 하는가? 이제 한국 사회에서 '국민'이 아니라 주민, 시민, 혹은 다양한 정체성을 가진 개인들이 '국가'와 일정한 거리를 두고 긴장 관계를 유지하면서 한 사회나 국제적 문제를 모색하고 해결하는 흐름이 커져야 하는 게 아닐까? (엄격한 의미에서 '국민'은 당연히 민주주의 사회에서 사용되어서는 안 되는 용어다. 일단은 '한국 국민'이 아니라 '한국 시민'이라는 용어가 보편화되어야 한다. 하지만 '시민'조차도 특정한 국적을 가지고 특정한 국가에 귀속된다는 면에서 '국민'이 갖는 배제적 성격을 갖고 있기 때문에 지속적으로 문제시되어야 한다.) 현재 유럽 같은 곳에서는 특정한 국가에서 독점적으로 부여하는 '국적'이나 '시민권'을 극복하는 방안, 또는 '지구적 시민권' 등이 모색되고 있다. 물론 그와 같은 법적이고 제도적인 변화는 전지구적인 변화와 오랫동안 맞물려 이뤄지겠지만 한국 사회에서도 주민, 시민, 개인 등의 의식을 다양한 방식과 내용으로 발전시키면서 공공적 문제, 공동체와 개인에 관련된 문제를 모색하고 해결하려 노력하는 게 가능하고 필요하지 않을까?

이런 질문을 던질수록 내게 국민, 국적, 국가, 진보, 근대는 여러 가지 근본적 문제를 갖고 있는 것으로 다가왔다. 진보적 민족주의/국민주의, 민주적 국민국가라는 목표 및 방향만 갖고서는 도저히 풀 수 없는 당대의 문제들이 여기저기에서 모습을 드러냈다. 이 책에 실린 글들은 지난 몇 년간 이런 문제를 고민하고 그것에 답하려 하는 과정에서 쓰여졌다. 대부분의 글은 해답이라기보다는 여전히 시론과 질문에 불과하다.

이런 작은 책을 내는 데도 적지 않은 분들의 도움을 받았다. 이름을 여기서 다 열거할 수는 없다. 하지만 큰 영향을 준 사람들은 오래 전부터 '국민'에 파열음을 내온 선구적인 여성학자 · 여성주의 운동가 및 지식인, 환경운동가, 그리고 학제적 연구 · 경계를 자유롭게 넘나드는 유연성 · 일상적 현장에 대한 세밀한 조사를 우선시하는 인류학자들이다. 한국 '밖'에서 국민/민족 때문에 고통받고 그래서 오래 전부터 그 경계에 대한 깊이 있는 사색을 해 온 해외의 코리안 지식인, 특히 '자이니찌 초센진'(재일 조선인)과의 대화에서도 큰 자극을 받았다. 그 분들에게 각주에도 좀처럼 드러나지 않는 적지 않은 빚을 졌다. 때로는 '불온'하고 매우 '회색인'적인 내 논지를 펼 수 있는 기회를 기꺼이 마련해 주신 한국인권재단,『당대비평』,『녹색평론』,『시민과세계』,『말』,『아웃사이더』, 작가회의,『사회비평』,『스모그』,『공간과사회』에게도 감사드린다.

삼인 출판사는 어려운 조건에서도 줄곧 지적 자극을 주는 책만을 내는 원칙을 지켜왔다. 이런 곳에서 책을 내게 되어서 기쁘다. 의지 부족과 건강 문제로 원고를 붙잡고 보낸 시간이 일 년을 넘겨버렸다. 묵묵히 기다려 주신 홍승권 님, 원고를 다듬고 읽을 만한 책으로 만들어준 유나영 님께 고마움을 표하고 싶다.

2004년 1월

권혁범

차례

1부
'국민', 국가, 개인

'우리' 안의 국가주의

국가주의 문화, 개인, 인권

국기에 대한 맹세—나는 자랑스러운 태극기 앞에 조국과 민족의 무궁한 영광을 위하여 몸과 마음을 바쳐 충성을 다할 것을 굳게 다짐합니다.

개천절(10월 3일)—단군 할아버지께서 우리 나라를 세운 날이다. 우리는 국가라는 울타리 속에서 보호를 받고, 그 속에서 자신의 발전을 꾀할 수 있다. 국가가 없다면 지금 우리가 누리고 있는 것을 지키기 어렵다. 나라를 세운 날, 나의 발전의 토대가 되는 나라의 발전을 위하여 무엇을 할 것인가를 생각해보자. 위대한 국민이 위대한 국가를 건설할 수 있다.[1]

국가주의에 대한 자의식의 부재

국가주의에 관한 이 글을 쓰기 위해 여러 가지로 검색한 결과 흥미로운 결과가 나왔다. 대부분의 자료는 일본의 국가주의에 대한 것이었다. 한국

---

1) 초등학교 교과서 『생활의 길잡이 6』 (교육부, 2000), 156쪽.

에 관련된 자료는 거의 찾을 수가 없었다. 한국 사회에서 국가주의라고 하면 일본의 국가주의를 의미한다. 그것은 군국주의 및 파시즘과 연결되어 이미지화되어 있기 때문에 매우 부정적인 의미를 갖고 있다. 그러나 한국의 부정적인 정치적 이념이나 집단적 정서를 국가주의의 틀에서 이해하려는 시도가 적었던 이유는 무엇일까? 근대의 국가주의를 국민국가주의라 할 때 한국에서 국가주의에 대한 인식과 연구가 없는 것은 국가에 대한 자의식이 없기 때문일 것이다. 거기에는 몇 가지 역사적 배경이 있다.

우선 식민지화의 경험으로 인하여 한국에서 '국가'는 열망의 대상이었고, 그 결과 국가를 찬양하고 숭배하는 의식은 이미 식민지 시대에 무성찰적으로 한국인의 머리와 가슴속에 자리잡게 되었다. 둘째, 분단체제가 반쪽으로 만들었으면서도 일면 강화한 민족주의라는 정서적 이념은 '국가', '민족', '국민', '나라'를 동일시하게 했다. 따라서 민족을 향한 집합적 의지는 국가 중심의 사고를 강화하고 국가 권력의 존재를 정당화하는 결과를 낳았다. 한국의 경우 민족 개념과 마찬가지로 국가라는 개념 역시 일본 제국주의의 침략에 대항해서 발생한 배경이 있었으므로 비판적으로 접근하는 것 자체가 거의 불가능했기 때문이다. 민주화 이전까지만 해도 둘 다 일종의 성역으로 인식되는 경향이 강했다. 민족주의가 강하면 강할수록, 그것이 매우 저항적 의미를 띠는 경우에도, 국가의 정당성을 확산하고 내면화하는 데 기여했다. 셋째, 반공주의 독재체제하에서 국가에 대한 비판은 금기시되고 철저히 억압되었다. 국가는 반공의 주체였으며 그것을 수호하는 일은 '안보'와 '발전'을 매개로 하여 정당화되었다. 따라서 국가에 대한 질문과 도전은 '좌경용공'과 동일시되는 분위기가 강했다.

이런 배경하에서 국가란 무엇인가, 국가는 한 개인에게 어떤 의미를 갖는가 하는 질문은 객관적으로 분석되기 어려웠다. 국가는 '우리'의 사고와 행동의 선험적 전제가 되었다. 조직, 기구로서의 국가(state)와 나라(country), 국민·민족(nation), 시민(citizen)이 구분 없이 동의어로 혼용되는 경향도 이러한 사정에서 나온다.

민주화운동이 본격화되고서야 비로소 국가의 본질적 의미에 대한 탐구가 가능해졌고 국가와 사회가 분리되어 인식될 수 있었다. 그럼에도 불구하고 한국 사회의 부정적인 경향이나 제도를 규정할 때 '국가주의'라는 용어는 거의 언급되지 않았다. 파시즘, 독재, 전체주의, 군사주의, 권위주의 등이 주를 이뤘다. '국가'는 전혀 문제시되지 않았던 것이다. 그것은 앞서 얘기한 국가에 대한 자의식의 결여에서 나오는 것으로, '국가'와 '국가주의'의 문제에 그 근본으로부터 비판적으로 접근하는 것을 오히려 막은 측면이 있다.

한국 국가주의의 배경

국가주의를 정확히 정의하기는 쉽지 않다. 국가주의는 일종의 국가 중심적 사고다. 한 사회의 운영에서 국가를 최우선으로 하는 사상이며 개인 삶의 의의를 국가 이익의 차원에서 찾는 이념 체계다.[2] 여기에서 연역되어 나온 단위인 '국민'은 국가의 생존과 번영을 위한 수단으로 인식된다. 그것은 사회의 모든 영역에서 국가의 우월성과 개입을 전제하며 특히 경제에 대한 국가의 개입을 최대화하는 이념이다.

국가주의는 근대 국가간 체제의 보편적인 특징이 아닐까? 물론 근대 국

---

2) 국가의 정의에 대한 논의를 하는 것은 미로의 세계에 빠지는 일이다. 하지만 여기에서는 편의상 피어슨이 요약한 국가의 특징을 열거하는 것으로 국가의 개념에 대한 정리를 하고자 한다. 그는 폭력 수단의 독점적 통제, 영토권, 주권, 입헌성, 비인격적 권력, 공공 관료제, 권위/정당성, 시민권 그리고 징세를 국가의 주요한 범주로 본다. 크리스토퍼 피어슨, 『근대국가의 이해』(일신사, 1997), 23쪽.

가간 체제에 있어서 국가는 항상 물리적 강제력에 대한 독점을 통해서 사회의 다른 모든 영역에 대한 우위를 점했다. 근대 국가는 기본적으로 국가주의적 성향을 갖는다. 그러나 서구의 근대 국가의 형성은 대체로 시민혁명 과정과 함께 진행되었으며 민주주의의 확대는 국가 권력의 직접적 통제로부터 자유로운 시민사회의 영역을 넓혀나가는 데 기여했다. 따라서 서구에서 국가는 자유로운 개인의 자발적 결사체이며 자발적인 개인 주권의 양도를 통해 형성된 기구여야 한다는 인식이 지배적으로 되어 갔다. 근대는 국가 형성과 근대적 주체로서의 개인의 출현을 포괄했다.

하지만 후발국 혹은 식민지를 경험한 후후발국의 국가는 자유와 평등이라는 시민혁명적 가치의 확산 없이 발생하였으며 근대적 주체로서의 개인 없이 발전하였다. 따라서 비서구 지역 혹은 유럽 후발국에서의 국가는 국가주의적 경향을 강하게 드러냈다. 특히 시민 계급이 자생적으로 형성되어 있지 않은 조건하에서 선발국을 따라잡기 위한 부국강병의 노력은 국가 주도의 경제 발전 모델을 요구하였으며, 냉전체제하에서 강요된 군사안보 중심 제도는 국가를 강화하는 데 큰 몫을 했다. 그 결과 대부분의 제3세계에서는 국가주의가 중심적 이념으로 자리잡게 되었다.

1945년 이후에 들어선 남북한의 정부는 민주주의를 표방했지만 이러한 국가주의를 그 사상적 토대로 전제하고 있었다. 강력하고 개입적인 국가, 국민들의 단결과 충성을 요구하는 국가는 이미 식민지 시절의 총독부에서 그 기원을 찾을 수 있다. '나라' 없이 살아본 뼈아픈 경험이 있는 우리에게 국가는 신성불가침의 영역이 되었다. 총독부 명령 체제와 개발독재적 분단체제의 연속선상에서 물리적 폭력을 독점한 국가는 우리 가슴속에 최고의 권위이자 '마법의 해결사'로 각인되어 왔다. '약육강식'의 국제 정치 현실 속에서 국가 권력은 외세로부터의 자기 보호 장벽이며 혼란을 정리하는 구심점으로 인식되었다. 물론 식민지 시대부터 국가를 각인시키고 국민적 주체를 재생산하는 일은 일차적으로 매우 강압적인 과정이었다. 더구나 1945년 이후에 그것은 역사적으로 이미 민족적 동질성이 형성된 한반도의 주민을 두 개의 '국민'으로 인위적으로 재편하는 것을 의미했기 때문에 '국가'의 각인 과정은 폭압적이었다. 특히 한국전쟁의 경험과 그 이후의 상황에 대한 준전시적 이해는 국가의 초월적 정당성을 주입시키는 결과를 가져왔다. 물론 한국의 근대가 쉽게 국가주의로 나아가게 된 데는 유교적인 집단·관계 중심 문화의 전근대적 반개인주의 토양이라는 배경이 있다.

이러한 역사적 배경 속에서 '국민'은 국가의 부속물로서의 의미를 갖게 되고 국가라는 초월적 실체의 생존과 번영을 위한 개체적 수단으로 인식된다.[3] 개인이 국가에 맞설 권리, 국가가 개인 사생활을 침해하는 것을 방지하는 제도, 국가를 구성원 개인의 행복과 권리를 보장하는 수단으로 보는 가치 체계가 결여된 것은 한국 국가의 '후후발국' 기원과 전근대적 성격의 결합에 기인한다.[4]

초·중·고등학교에서 반복되는 '애국조회'는 이러한 식민지적 국가주

---

3) 국민은 무엇인가? 일반적으로 네이션(nation)의 번역어로서 국민 혹은 국가, 민족이 사용된다. 하지만 민족은 엄밀하게 말하자면 'ethno-nation' 혹은 'ethnic group'에 가깝다. 민족에 다분히 혈연적·종족적 의미가 강하게 들어있기 때문이다. 이런 이유로 민족주의는 내셔널리즘과 다르다 할 수 있다. 물론 대부분의 내셔널리즘의 초기 형태에 민족성(ethnicity)이 강하게 투영되어 있었던 것도 사실이다. 그렇다면 네이션은 국민인가? 서구에서 네이션은 대체로 정치적 공동체, 즉 국가 (state)를 지향하는 집단이거나 국가를 이미 획득한 집단이다. 그런 의미에서 국민은 네이션에 가깝다. 하지만 두 가지 문제가 있다. 첫째, 일제 시대의 조선인을 생각해 보면 그들은 코리안 네이션이기는 하지만 코리아 국민이 아니다. 이 경우에는 민족이란 번역이 더 정확하다. 네이션과 국민이 일치하지 않는 것은 한국에서 국민은 한국 국적 및 시민권을 가진 사람을 의미하기 때문이다. 반면에 네이션은 더 넓은 의미의 역사적·문화적인 범주다. 둘째, '국민'은 한국에서 이미 국가주의를 반영하는 정치적 개념이다. 민주주의와 모순되는 의미를 내포하고 있다는 게 문제다.
4) 이 부분에 대해서는 이 책에 실린 「'우리'는 누구인가?─국민적 정체성의 문화를 넘어서」에서 자세히 다루었다.

의의 잔재다. '국민의례', '국기에 대한 맹세'에 드러나는 군사주의, 국민 동원적 발상, 국가주의적 위계질서도 식민지 경험에 연결되어 있다. 군사주의적 제식 훈련, 주민등록제 및 반상회, 국가보안법 등은 '국민'을 국가 관리의 수동적 단위로 인식하는 국가관·국민관의 반영이다. 박정희 군사정권의 등장과 지속은 이러한 국가주의 문화의 토대 위에서 이루어졌다. 박 정권은 물리적 강제와 식민지적 문화를 혼합적으로 동원하여 '국민적 주체'를 생산하고 정착시켰다. 남한의 모든 주민들은 철저한 국가의 구성원, 즉 '국민'으로서 재편성되었다. '국기에 대한 맹세', '국민의례', '국민교육헌장', '국민윤리', 애국가 제창, '대한뉴스' 등은 국가주의에 의해 동원된 국민적 주체를 재생산하는 매우 효율적인 문화적 장치였다. 개발독재를 통한 발전, 분단체제로 인한 안보 군사 국가의 강화, 주한미군을 축으로 하는 군사 제도 등은 더욱 국가주의적 문화의 형성에 기여했다.

물론 1987년부터 본격화된 절차적 민주화의 발전 및 개인주의·다원주의 문화의 확대 속에서, 박정희 정권하에서 정점에 이르렀던 국가주의적 '국민' 문화는 점점 약화되고 있다. 경제적·문화적 지구화, 인권에 대한 관심, 근대 국가에의 귀속성에 대한 비판적 사고, 다른 나라로의 이주 가능성의 확대 등으로 인하여 고정적인 '국민' 의식이 약해지고 있는 것은 사실이다. 하지만 여전히 사람들의 의식, 무의식 안에는 국가의 의미에 대한 성찰적 사고를 포기한 데서 기인한 국가주의가 자리잡고 있다. '국익' 혹은 '나라의 번영', '국가 안보' 등의 발언을 효과적으로, 먼저 하는 집단이나 개인이 이미 이데올로기 싸움에서 유리한 위치, 상대방의 언로를 차단하는 위치를 자동적으로 점하게 되는 이유도 '국가'의 선험성이 '자연스럽게' 자리잡고 있는 정치 문화 및 구조 때문이다.

국가주의 이데올로기의 내면화 ─ '우리' 안의 국가주의

국가주의 이데올로기는 강고한 국가 중심적 조선 문화, 식민지 파시스트 교육과 대한민국 권위주의 및 반공 교육을 통해서 한국 문화의 일부로 정착되었다. 이데올로기가 문화화할 때 그것은 비판적 자의식에서 벗어난다. 사람들이 이데올로기를 정치적 가치 체계가 아닌 당연한 일상적 사고 방식으로 무비판적으로 수용할 때 그것은 이미 문화화된 것이다. 국가주의 문화 속에서 '우리'는 국가를 어떻게 인식하며 그것과 개인 혹은 국민의 관계를 어떻게 조건반사적으로 설정하고 있는가? 여기서는 반공 표어, 교과서 등에서 몇 개의 텍스트를 뽑아서 이 문제를 분석해 보자.

한국의 국가주의 문화의 형성에 가장 중요한 요인은 역시 분단체제가 부과한 반공·안보 중심적 사고다. 반공과 안보를 절대시함으로써 국가는 존재 이유를 획득한다. 길거리에서 흔히 마주치는 반공 표어는 우리에게 무엇을 요구하고 있는가?

> 좌익폭력 사회혼란 국가발전 방해한다
>
> 안보 없이 국가 없고 국가 없이 국민 없다
>
> 잊어버린 안보의식 다시 찾는 나라사랑
>
> 신고하는 애국시민 화합하는 민주시민
>
> 너와 나의 방심 속에 무너지는 국가 안보
>
> 신고하는 주민의식 선진조국 초석된다[5]

---

5) 졸고, 「반공주의 회로판 읽기 ─ 한국 반공주의의 의미체계와 정치사회적 기능」, 『통일연구』 제2권 제2호 (연세대통일연구원, 1998)에 실려 있는 반공 표어 모음에서 인용.

반공 표어에서 나타나는 것은 반공＝국가 발전이라는 도식이다. 분단체제하에서 한국이라는 국가의 최우선의 목표는 반공이고 반공은 모든 것을 정당화했다. 왜냐하면 불과 얼마 전까지만 해도 반공의 반대는 '용공'이었기 때문이다. 반공을 왜 하는가? '용공'은 국가 발전을 가로막기 때문이다. 따라서 반공은 '국가 발전'을 위한 것으로 인식된다. '국가 발전'은 국민 이익과 실제적 관련을 맺고 있기보다는 그 자체로 초월적인 정당성을 갖는 것처럼 선언된다. 여기 '국가 발전'에서 강한 집단주의적 의미를 읽는 것은 어렵지 않다. '국가 발전'을 위해서 모든 것은 수단적 의미를 갖는다.

주체로서의 국가, 대상으로서의 국민

다시 한 번 아래 구호를 검토해 보자.

안보 없이 국가 없고 국가 없이 국민 없다

'국가 없이 국민 없다'는 언설은 국민보다 더 높은 차원에 있는 국가의 우월적 존재를 상정한다. '국민 없이 국가 없다'는 가상적 언설과의 차이를 생각해 보면 그 의미가 더욱 뚜렷해진다. 반공주의를 통해서 강해지는 것은 안보의 신성성과 절대 불가침성이다. '안보 없이 국가 없다'는 말은 안보의 절대적 중요성을 단적으로 표현한다. 안보와 반공 담론을 통해서 국가주의는 강화되고 정당화된다. 또 국가주의가 강화되면 될수록 반공 안보주의도 강해진다. 반공 담론의 위력이 약화되고는 있지만 반공주의적 안보 담론은 여전히 국가 중심적 사고와 가치체계의 지속에 중심적인 역할을 하고 있다.

국가 안보를 위해서 기본 인권이 유보, 제약될 수도 있다는 관념은 오랫

동안 한국 사회를 지배해 왔다. 대한민국 헌법 제37조는 "제한하는 경우에도 자유와 권리의 본질적인 내용을 침해할 수 없다"는 것을 명백히 하고 있지만 "국민의 모든 자유와 권리는 국가 안전 보장, 질서 유지 또는 공공복리를 위하여 필요한 경우에 한하여 제한할 수 있"다는 조항[6]은, 국가보안법에서 첨예하게 드러나듯, 항상 시민들의 기본권 침해를 정당화하는 법적 근거로 활용되어 왔다. 국가에 관련된 중요한 과업을 위해 기본권의 유보가 불가피하다는 담론은 여전히 한국 사회를 지배한다. 경제 위기가 전면화되면서 나타난 "안보가 튼튼해야 경제가 산다"는 식의 구호는, 한국 사회의 모든 담론을 어떻게 해서든 '안보'의 강화에 연결시키려는 국가주의적 노력의 일환이다. 더구나 '너와 나의 방심 속에' 국가 안보가 무너진다고 강조하는 것은 항상 국가 안보를 생각하면서 24시간 살아야 한다는 국가주의적 사고방식을 이미 정당한 것으로 전제하고 있다. 하지만 국가의 존재 이유는 단순히 안보에만 있지 않다. 사회의 모든 분야에서 국가는 이미 동의된 것으로 전제되는 어떤 목적을 이뤄나가는 주체다.

> 체육에 대해서 우리 정부는 광복 이후부터 깊은 관심을 가지게 되었다. 안으로 학교 체육을 정비, 강화하였으며, 전국 체육대회와 소년 체육대회 등을 정기적으로 개최하여 국민체력을 강화하고 스포츠 정신을 고취시켰다.[7]

초월적 국가와 국가를 '섬기는' 국민

그러나 진영적 냉전체제 해체, 남북 관계의 개선에 따른 반공·안보 담론의 약화, 정치적 민주화의 진전에도 불구하고 여전히 국가주의적 사고

---

6) 『대한민국 헌법』(1987년 개정) 제37조에서 인용.
7) 국사편찬위원회, 고등학교 『국사』(하) (교육부, 1996/2000), 227~228쪽.

방식이 강한 이유는 무엇일까? 그것은 한국이라는 국민국가의 틀을 상대화해서 바라볼 수 없는 사고 체계에서 나온다. 유치원 시절부터 주입되는 '국가'의 선험성과 편재성에 대한 교육 때문이다.

> 순정이는 어른들이 하시는 말씀을 들으면서, 오늘날 우리가 당연하다고 생각하고 있는 넉넉함과 자유가 옛날에는 없었다는 것을 새삼스럽게 느끼며, 우리 대한민국의 발전 과정을 알아보고 싶었다.[8]

> 선생님—그래요, 국민의 요구가 너무 많으면 국가가 감당하기 어렵게 되고, 국민들이 제각기 자기의 이익만 생각하고 잘못된 요구를 계속해도 정치가 제대로 이루어지기 어려울 것입니다. 그러므로 국민들이 정당한 요구를 해야 나라가 제대로 발전할 수 있을 것입니다.[9]

> 광복절(8월 15일)—……우리는 나라 잃은 설움을 잊지 말고 이를 교훈 삼아 나라의 소중함을 되새기며 더욱 튼튼한 나라를 건설하도록 노력해야 한다.[10]

초중고 교과서의 이곳저곳에서 뽑아본 위의 문장들은 '국가', '나라'에 대한 한국인들의 탈역사적 인식 체계를 잘 보여준다. 국가는 모든 것을 수렴하고 모든 것을 수단화하는 실체다. 그것에 대한 역사사회적 인식이나 상대적 인식은 찾아볼 수 없다. 그것은 원래부터 주어진 것이다. '나라 잃

---

8) 『사회과 탐구 6-2』(1997, 교육부), 5쪽.
9) 같은 책, 45쪽.
10) 같은 책, 155쪽.

은 설움'이라는 의식은 국가가 선험적으로 존재한다는 생각을 전제하며 국민국가와 조선 시대의 국가, 단군 시대의 나라 간의 차이에 대한 성찰을 가로막는다. '국사', '국문학', '국어' 등의 용어는 한국의 국가를 비교적 관점에서 접근하여 상대화하는 성찰을 이미 포기한 개념이다. 그 안에 존재하는 '국가'는 이미 초월적이다.

또한 우리가 하는 모든 일은 국가를 위하거나 국가와 관련된 일이며 국가의 발전이야말로 '나의 발전'의 기본적 토대다. 우리가 하는 일의 최종적 의미는 오로지 국가로 귀속된다. 한 걸음 나아가서 국가의 발전을 위해서 무엇을 해야 할 것인가 하는 질문이나 '국가가 없다면……' 운운하는 주장은 '국민'들의 국가에 대한 충성과 희생을 유도하는 의미를 갖고 있다. (솔직히 내가 느끼기에는 이것은 협박에 가깝다. "나라가 없으면 너도 없으니 잘 알아서 행동해!"라는.) 고등학교 『윤리』 교과서는 "국가가 없는 개인의 삶은 상상할 수 없다"며 "오늘날처럼 국가 간에 경쟁이 치열한 국제 환경 속에서는, 국가의 발전이 곧 개인의 성장과 직결된다"고 주장한다.[11]

여기서 국가는 시민들의 이익이나 요구와는 별도로 떨어져서 섬김을 받아야 하는 초월적 실체다. 그것이 요구하는 개인은 자유로운 개인, 최종적 판단의 근거를 자신의 진정한 내부에서 찾는 개인이 아니라 국민적 정체성에 의해 구성되고 표준화된 개인이다. 따라서 "개인성은 국민적 정체성이라는 정상화의 표준에서 벗어날 수 없는 차별성으로만 존재한다. 정상화하는 권능으로서 국민적 정체성의 특징은 단순한 획일화에 있는 것이 아니라 개인화를 통한 동일화라는 데 있기 때문에 그 효과는 최대로 커진다."[12] 국가주의 사유 체계에서도 개인은 존재한다. 그러나 그것은 다양하

---

11) 고등학교 『윤리』 (교육부, 1997), 119쪽.

고 주체적인 수많은 개인 중의 유일한 하나로서의 개인이 아니라 국민적 정체성을 담지하고 실현하는 집단주의적 개체로서의 개인이다.

국가의 무오류성, 삶의 목표로서의 국가

또 하나의 전제는 국가의 무오류성이다. '국민들이 정당한 요구'를 해야 한다는 얘기에는 뒤집어서 보면 국가의 무조건적 정당성이 전제되어 있다. 국가는 이미 도덕적으로 고정된 실체이며 그것에 대한 비판적 질문은 봉쇄되어 있다. '애국조회'와 '국기에 대한 맹세'에 대한 거부권이 주어지지 않은 교육 현실에서 국가의 우월성에 의문을 품거나 국가에 대한 복종 의식을 극복하기란 힘들다. 국가와 나의 관계는 무엇인가, 나는 왜 충성해야 하는가, 그것은 왜 절대적인 요구인가 하는 의문은 허용되지 않는다. 남은 것은 이미 도덕적인 국가에 내가 어떻게 이바지할 것인가의 문제이다. 다시 교과서를 보자.

> 바람직한 민족 공동체를 이루기 위해, 우리가 할 수 있는 일에 대하여 생각해보자. 국가와 민족의 발전을 이루기 위해, 자라나는 청소년으로서 우리가 할 수 있는 일에 대해 생각해 보자.[13]

> 빗물을 받아 마시며 젊음을 바쳐 지킨 독도를 잘 지켜 달라는 할아버지들의 말씀을 들으면서 우리 영토가 얼마나 소중하고 값진 것인지를 새삼 깨닫게 되었다.[14]

---

12) 임화연, 「문화적 세계화와 정체성」, 『21세기를 향한 철학의 화두—제13회 한국철학자연합대회 2000』 (2000년 11월 24, 25일) 발표 논문집, 281쪽.
13) 중학교 『도덕』 (교육부, 1999), 217쪽.
14) 『국어 읽기』 (교육부, 2000), 103쪽. 「연변에 있는 동포 친구에게」라는 제목의 편지에서 인용.

고모는, 그때에는 나라를 위해 무슨 큰일을 하겠다고 생각하면서 자원봉사를 한 것은 아니었지만, 지나고 보니 그것도 다 나라를 위한 일이었다는 것을 알게 되었다고 하였다.[15]

여기서 이미 정당한 것으로 전제된 것은 국가적, 민족적 과제다. 그리고 그것을 수행하기 위한 수단으로서의 정체성과 애국심만이 강조된다. 항상 국가를 위하여 무엇을 할 것인가라는 질문이 던져질 뿐이다. (미국의 케네디 대통령의 명언, "국가를 위하여 당신은 무엇을 할 것인가"라는 식의 질문!) '국가적 정체성'이나 '애국심'이 개인 삶과 행복의 수단이라는 인식은 전혀 찾아 볼 수 없다.

……국가 정체성이 결여되면 자연히 국가에 대한 충성심과 애국심이 약화되며, 이에 따라 국가의 중요한 과제를 수행하는 데 필요한 국민적 단합이나 결속을 기대하기 어려워진다고 하겠다.
……국가 정체성은 특히 국가가 위기에 처하거나, 전국민이 합심하여 경제 발전과 국가적 과제를 수행할 때에 그 빛을 발휘하게 된다는 사실을 인식해야겠다.[16]

국민 정체성도 아니고 '국가 정체성'이라는 시대착오적이고 무시무시한 초월적 개념을 절대화함으로써 개인과 사회는 사라진다. 남는 것은 '합심해야 할 전 국민'이고 그 정신적 태도로서의 충성심과 애국심이다.
이러한 교육의 결과로, 또 실제로 국가 중심적 발전의 결과로 우리는 습

---

15) 『사회 6-1』 (교육부, 2000), 6쪽.
16) 고등학교 『윤리』, 128~129쪽.

관적으로 '국'을 찬양하고 '국'에 의존하며 '국'의 인정을 요청하는 사고 방식에 젖어 있다. 가령 한국 사회에서 '국전'은 최고의 가치를 지니며 '국립'은 다른 것을 압도하는 권위를 갖는다. '국'을 대표하는 장관은 모든 사회적 결사체의 우두머리로 인식되는 경향이 강하다. 우리 사회 곳곳에서 볼 수 있는 '국가 경쟁력' 중심의 표어, "나의 경쟁 상대는 네덜란드의 주부입니다!", "한번의 웃음 높아지는 국가 경쟁력" 등도 마찬가지다. 모든 일상적 사고의 회로가 '국가'를 벗어나지 못하고 있다는 한 증거이다. 대한민국 국민의 개인적인 행동조차 '국위선양'의 일부이며 실제로 많은 운동 선수나 심지어 예술인조차 자신의 성과를 '조국'의 명예를 드높인 '국가적인 대사'로 인식하는 경향이 강하다. 어떤 운동 선수와 연예인의 결혼식에서 주례사를 맡은 한 대학 교수는 "요새 일부 연예인들의 무질서가 사회 문제로 불거지고 있다"며 "공인인 두 사람이 잘 사는 것은 사회적·국가적으로 중요한 일"이라고 말했다.[17] 결혼 생활에서의 사적인 행복이나 예술적·운동적 성취에 국가적인 의미를 부여하는 것은 위선적이고 우스꽝스러운 논리 비약의 결과이기는 하지만 그것이 자연스럽게 의례화되는 것은 '우리 안'에 스며들어 있는 '국가'의 선험성 때문이다. 그때문에 국가에 대한 비판 역시 국가의 틀로 다시 수렴되어 버린다. 내가 애국심을 비판하는 주장을 했더니 한 학생이 "교수님의 애국심 비판도 결국은 애국심에서 나온 것 아닙니까"라고 반박한 적이 있다. 모든 것은 '나라 사랑'의 일로 귀속되고 만다.

'애국심'이 위험한 것은 그것이 집단적 가치의 찬양을 통해서 국가 권력의 전체주의적 명령 체제를 문화화하기 때문이다. 변호사 김기중의 지

---

17) 『조선일보』 2000년 12월 6일자, 30쪽.

적처럼 불과 두 달 사이에 2,500만의 성인이 주민등록증 신규 발급을 위해서 동사무소를 방문하여 사진과 지문을 찍었다는 사실도 충격적이다.[18] 국가의 지시에 대해 별다른 저항과 도전 없이 대다수 시민들이 따랐다는 사실은 우리 안의 국가주의의 수위를 단적으로 보여준다. 국가주의적 국민동원체제의 문화가 여전히 강력하게 자리잡고 있는 것이다. 지문을 거부한 사람은 '국민'이 아닌 것으로 간주된다.[19]

국가는 우리 사회에서 최고의 권위이며 최종적 심판자다. 따라서 그것은 도덕적·정치적 정당성의 최종 근거로 여전히 강력하게 남아 있다. 때문에 심지어 폭력적 국가 권력의 피해자조차 자신의 정당성을 국가의 '도장'을 통해 확인받기 위해서 그렇게 기를 쓰게 되는 것이다. '정부' 혹은 '정권'을 비판해도 최근까지 '국가'에 대한 근본적 비판이나 질문이 거의 없는 것도 이런 이유에서다. (과거의 권위주의 정권하에서 많은 정치범들에게 가장 치명적인 딱지는 '빨갱이' 혹은 '반국가사범'이었다. 독재 정권을 반대하는 많은 외국인에게 주어진 명칭도 '반한파'였다.)

그러나 이러한 과도한 국가주의 문화 속에서 오히려 국가에 대한 불신이 강한 것은 어떻게 설명할 수 있을까? 김동춘은 한국전쟁에 관한 한 연구서에서 다음과 같이 주장한다. "……이미 한국전쟁 과정에서 '애국적인' 국민들이 한강 다리를 건너려다가 물에 빠져죽은 일을 알고 있는 대다수 민중들은 국가가 더 이상 국민의 생명과 재산을 보호해 주지 못하며, 또 책임져 주지도 않는다는 사실을 잘 알게 되었다. 그것은 가장 중요하고 생생한 집단적 학습이었고 그러한 학습을 통해 국가가 자신의 생명과 재산을 보호해 주지 못한다고 판단하면서 오직 자신의 살길을 찾게 되었

---

18) 김기중, 「전체주의적 법 질서의 토대, 주민등록제」, 『당대비평』 1999년 가을호, 122쪽.
19) 같은 글, 135쪽.

다.……오직 자신의 머리 위에 포탄이 떨어지지 않기만을 빌면서, 당장 내일 무슨 일이 일어날지 모르는 상황에서 언제나 자신과 가족의 안위만을 단속하는 존재가 된 것이다."[20] 과도한 국가주의는 오히려 한국 사회에서 공공성을 파괴하고 개인의 생존과 행복을 위한 믿을 만한 수단으로서 이기적인 쟁투를 강화하는 역설적 결과를 낳았다. 개인주의가 강한 서구에서 개인의 기본적 생존권을 국가가 보장하는 복지국가가 출현한 반면 개인주의가 약하고 국가주의가 강한 한국 사회에서는 개인 복지의 방편으로서 가족적·혈연적 연결망이 강화되는 아이러니가 생겨난 것도 바로 이런 역사적 배경과 관련 있을 것이다.[21]

한국의 수많은 개인이 공공성을 무시하며 이기적·연고주의적 쟁투에 몰입하는 것은 아마도 과잉 사회화로서의 집단주의, 그 중에서도 민족 중심적 국가주의에 대한 반작용에서 비롯된다고 본다. 어떤 의미에서는 한국의 국가주의 문화가 공론의 차원에서만 지배력을 발휘하는 매우 위선적인 이중성을 갖고 있다는 증거다.

국가주의와 인권

국가란 무엇인가? 그것은 공공재의 창출과 배분을 주도하는 강제 권력으로 기능하면서 법적·제도적 일관성을 위해 '국민'을 하나의 획일적 기준에 정렬시키고, 독점적 폭력의 위협을 통해 사회 구성원들에게 일정한 복종을 강제하는 외생적 메커니즘이다. 따라서 그것은 근본적으로 수많은

---

20) 김동춘, 『전쟁과 사회』(돌베개, 2000), 303~304쪽.
21) 이러한 생각은 홍세화의 칼럼 「공교육과 국가주의 교육」에서 암시를 받았다.
　　http://my.dreamwiz.com/2000baby/hong/red/0820.htm

개개인의 특성과 사정을 외면할 수밖에 없는 단순한 기계다. 그렇기 때문에 근대 국가의 민주화 역사에서 국민국가의 형성과 팽창은 시민사회에 의한 끊임없는 견제와 확장을 동시에 불러일으켰다.

자생적인 시민사회의 견제 없이 단기간 내에 확산된 한국의 국가주의 문화가 인권의 침해와 억압을 정당화하는 사고 체계 및 행위 규범을 정당화하고 조장하는 것은 당연하다. 사회 계약의 주체가 없는 거대한 통치 기계로서의 국가의 존재는 그 자체가 반인간적 · 반개인적이다. 국가주의적 인식 체계 안에 평등과 자유를 토대로 하는 보편적 인권 의식이나 다양하고 이질적인 정체성을 가진 개인과 집단의 공존이 자리잡을 수 있는가? 그러한 인식하에서 국가가 그 구성원들의 자발적 · 사회적 계약에 토대한 하나의 '기구'라는 인식은 불가능하다. 무엇보다도 국가주의는 개인을 수단적 단위, 즉 '조직 구성원'으로 바라보는 집단주의의 일종이기 때문이다. 더구나 그것은 물리적 폭력을 독점한 국가를 찬양하는 집단주의라는 점에서 다른 집단주의와는 비교도 되지 않을 위험을 띠고 있다.[22]

우선 국가주의는 개인을 국가의 단위나 부속품으로 본다. 여기서 개인은 개체적 자아실현을 위한 자율적 주체라기보다는 국가의 발전과 영광을 위한 수단이다. 개인이 수단시될 때 개인은 어떤 추상적 목적이나 대의를 위한 도구가 된다. '개인'은 실종된다. 이 경우 개인의 인권은 도외시되기 마련이다. 국가가 최우선의 목적으로 하는 반공, 안보, 발전을 위해서 개체의 권리와 자유를 유보, 억압, 희생하는 것이 암묵적으로 정당화된다. '국익'이라는 개념 자체가 반개인적이다. 국가주의적 집단주의 문화 안에서 '개인'은 부정적인 의미를 띠게 되고 '이기심'과 동의어로 인식된다.

---

22) 이 주제에 대해서는 조현연, 『한국 현대 정치의 악몽―국가 폭력』(책세상, 2000) 참조. 이 짧은 책자에서 조현연은 한국의 국가 권력에 의한 야만적 · 근대적 폭력을 비판한다.

대신 자율적이고 주체적인 개인보다는 집단적 규율에 복종하고 집단적 가치를 위해 자신을 희생하는 인간형이 찬양된다. 개인의 권리나 발전이 적어도 언술의 수준에서 완전히 배제되는 것은 아니다. 그러나 그것은 어디까지나 '국가 발전'의 궤도 위에서만 인정되고 장려된다. 이러한 사고 체계 안에서 국가 권력에 의한 개인의 권리 침해라는 것은 인식되기 어렵다. 개별적·보편적 인간으로서의 존재 인식은 약화되고 '국가', '국민'이라는 인식이 모든 정체성에 대한 인식을 압도한다. 절대 개인, 자연적·생물학적 개체로서의 인간 의식은 생겨나기 어렵다.

또한 국가주의 문화에서 재생산되는 국민적 주체는 성·성별·계층 등 소수적 정체성을 거부, 억압하거나 자신의 하위 단위로 종속시킨다. 당연히 다양한 사회적 소수자의 인권 침해 및 그것의 은폐를 조장한다. 동질적인 국민들로 구성되는 국민국가 의식이 강화될수록 '비국민'으로 배제되는 수많은 타자들의 인권 침해는 강화된다. 만약 그러한 소수적 정체성이 인정된다 해도 그것은 어디까지나 '국민'적 귀속성의 하부 단위로서이다. 하부적 정체성은 오로지 국민적 정체성의 일부로서만 의미를 가지며 후자를 전제로 해서만 인정된다. 국민을 초월한 혹은 국민과 관련 없는 여성, 동성애자, 장애인, 예술가, 신자, 탈북자, 제3세계 이주 노동자, 주체적인 청소년과 노인, 양심적 병역 거부자, 국적 없는 주민이 존재할 수 있는 사회심리적 공간은 없다. 합법적으로 이민 가기 전에는 아무도 귀속성을 벗어날 수 없다. (당신은 주민등록이나 민방위를 거부할 수 있는가?) "예술에는 국경이 없지만 예술가에게는 국경이 있다"라는, 얼핏 보기에 매우 멋있는 경구는 그러한 귀속성을 예술가에게 결국 강제로 부과하려는 국민국가적 충동을 강하게 품고 있다.

국가주의는 국민국가의 주민들을 조직원으로 생산하며 매우 획일적인 질서를 강제한다. '단결'과 '애국'의 코드는 상호 긴밀하게 연결된다. 그러한 질서에서 벗어나거나 그것을 위반하는 주민은 '국가'를 표준으로 하는 도덕적 잣대에 의해 매도당한다. 때로 그것은 법적 강제를 띠며 이탈자에 대한 국가 폭력을 정당화하기도 한다. 국가보안법이나 징병제에 관련된 법률이 그 대표적 예이다. 자신의 양심, 사상, 종교에 따른 행동이 사법적 처벌의 대상이 될 때 당사자는 자신의 진정성을 포기해야 하는 압력에 직면하게 된다. 그것이야말로 인권 침해의 정수다.

개인 위에 군림하는 국가, 개인에게 번호를 부여하는 국가, 자연인으로서의 개인을 그냥 놔두지 않고 국민으로 반드시 포섭하고마는 국가는 이미 인권과 대립적 실체로서 존재하고 있다. 이런 의미에서 보면, 한국 사회에서 곡해되고 과소평가되어 온 개인주의 문화의 확산이야말로 국가 중심적 사고로부터 자유로워질 수 있는 한 방안이 될 것이다.

정치적 민주화만으로는 국가의 본질적인 성격이 바뀌지 않는다. 국가는 개인을 본질적으로 억압하기 때문이다. 물론 국가의 일정한 긍정적 역할의 가능성, 즉 세세하게는 국가의 민주화, 녹색화, 여성화 등을 통한 개인적 삶의 지평 확대, 인권과 행복의 증진, 특히 사회적 소수자와 하층 계급의 경제적·사회적 권리를 보장하고 확대할 가능성을 전면으로 부정하려는 것은 아니다. 사회민주주의가 강한 사회에서 보듯 국가의 역할은 사회 세력 간의 역학과 정치 문화 및 시민사회의 성격에 따라서 매우 달라질 수 있다. 하지만 그런 공간에서의 국가의 역할을 국가주의라 부를 수 있는가? 국가의 해방적 역할이 있다면 그것은 개인주의 문화의 강력한 압력과 견제하에서만 가능하다. 이런 의미에서, 한국 사회에서 경제적·정치사회적 권리의 회복이 지지부진한 것은 유행하는 '서구적 개인주의'의 범람이 아닌 개인주의의 부족 때문일지도 모른다. 제각기 다른 개개인의 권리, 존재, 욕망이 국가 이성이 판단하는 선악을 넘어서 그 자체로 존엄하고 소중하며 국가는 그것을 뒷받침하기 위한 필요악이라는 생각이 확산되지 않고서는, 항상 개인은 국가의 소모품이나 구성원으로서 규정되고 처리되는 공정에서 벗어나기 어렵다.

집단과 국가의 이름으로 사생활 및 사상을 통제하고 개인의 삶과 성취에 국가적 갑옷을 덧입히려 하는 강박과 강제력은 사라져야 한다. 그것은 어떻게 가능한가? 한국 사회에서 '국가'로부터 해방된 다양한 개인을 볼 수 있는 날은 언제일까?

'우리'는 누구인가?

'국민'적 정체성의 문화를 넘어서

"그러므로 '재일'에게 지금 가깝고도 먼 조국을 묻는 일에 의미가 있다면, 그것은…… 그곳을 회귀도 귀속도 할 수 없는 장소로밖에는 그려낼 수 없다는 통절한 인식 때문에, 주체라는 것을 허용하지 않는 국민국가의 논리에 계속 저항하기 위한 근거를 마련하는 것이라 해도 좋을 것이다. 즉 주체라는 것의 결격자로서, 스스로의 존재 안에 '타자'에 대한 배타성을 환기시키지 않는, 열린 사회를 구축하는 근거를 발견하기 위해 재일은 조국에 묻고 있는 것이다."[1]

문화와 '우리'

문화는, 넓게 보자면, 사람과 관련된 모든 언행 및 제도의 총체를 의미한다. 건축 문화, 음식 문화 등의 일상적 차원에서부터 정치 문화에 이르기까지 다양한 용례는 이런 의미를 내포한다.[2] 이 때의 문화는 일종의 집

---

1) 이효덕, 「국민국가의 안과 밖—국민국가·국가·주체」, 『당대비평』 1999년 여름호 (제7호), 217쪽.

단적 가치 체계 혹은 신념 구조를 의미한다. 예를 들어 정치와 정치 문화의 차이는 무엇일까? 정치 문화는 정치에 대한 일반적 의식/관념 체계를 의미한다. 그러한 틀지어진 의식에 의해 우리는 정치를 바라보고 우리의 욕망을 표출한다. 따라서 단순화하자면 정치는 정치 문화의 산물이며 반영이라고 말할 수 있다.

문화는 특정한 사회에서 성장과 교육 과정을 통해 습득한 의식의 총체다. 장-피에르 바르니에(Jean-Pierre Warnier)에 의하면, 문화는 "각 개인이 주어진 사회의 구성원으로서 배운 것 모두를 포함"한다.[3] 따라서 한국 문화란 한국의 각 개인이 한국 사회에서 배운 것 모두다. 그러나 여기서 한국 문화의 총체를 검토할 수는 없다. 이 글에서 묻고 싶은 것은 '우리는 누구인가' 하는 문화적 질문이다. 그것은 정체성, 즉 "어떤 사람에게 일정한 사회 집단에 자신이 속해 있다는 것을 인식시키고 그것에 동화되도록 하는 행동, 언어, 문화의 집합"에 대한 질문이다.[4] 이 글에서는 그 질문에 대한 대답, 집단적 가치체계에 바탕을 둔 대답의 문제에 국한해 논의하고 싶다. 그것은 집단적 정체성의 문제이고 개인적 정체성의 집단적 의미에 대한 문제이기도 하다. 여기서 이 문제의 모든 측면을 다룰 수는 없다. 이러한 집단적 정체성중에서 가장 지배적인 영향력을 갖고 있는 것은 '국민' 그리고 '민족' 정체성에 기초한 집단 의식, 집단 문화이다. 이러한 집

---

2) 물론 좁은 의미에서 문화는 좀 다른 개념으로 사용된다. 우선 "그 친구, 문화 생활이라는 게 없어"라고 말할 때의 문화는 일종의 심미적 활동이다. 높낮이를 따지지 않는다면 주로 예술과 관련된 분야에 대한 참여 및 몰입을 통해 즐거움을 구하는 행위다. 물론 그것은 근원적인 차원에서 인간의 심미적 만족과 관련된다. 아무리 비문화적인 사람도 노래를 부르고 싶을 때가 있고 아름다운 공간 배열에 감동한다. 이러한 문화적 경험을 통해서 사람은 실리적 실용성과 생존의 압박으로부터의 해방을 맛보게 되고 동시에 근원적 행복의 느낌에 대한 암시를 받는다. 물론 이런 의미에서의 문화와 앞서 말한 차원의 문화는 서로 연결되어 있다.
3) 쟝-피에르 바르니에, 주형일 옮김, 『문화의 세계화』(한울, 2000), 31쪽.
4) 같은 책, 20쪽.

단적 문화는 이데올로기와 밀접한 관련을 갖는다. 여기에서는 이데올로기의 일상적 내면화라는 차원에서 문화를 규정한다. '우리'라는 정체성, 즉 '우리'가 자동적으로 '국민'으로 등식화되고 수용되는 것은 '우리'가 선험적으로 존재하는 포괄적 집단이 아니라 특정한 정치사회적 메시지를 내포하면서 동시에 정당화하는 이념적 과정임을 보지 못하게 한다. 이러한 정체성의 문화를 중심으로 해서 현재의 한국 문화에 대해 비판적으로 분석해 보자.

'비동시성의 동시성'?

'비동시성의 동시성'이라는 말은 어떤 기준에 의거할 때 동시대적이지 않은 요소들이 같은 시대에 공존하는 현상을 의미한다. 역사의 발전이나 단계론적 진화가 단절적이지 않다는 일반적인 상식에서 보면 어떤 문화와 어떤 사회도 이런 특성을 벗어나기 어렵다. 문제는 여기에 어떤 기준은 인류적 보편성을 전제로 한다는 암시가 깔려 있다는 점이다. 그러한 보편성이 서구의 특수한 경험에 바탕을 둔 제한된 의미인가, 아니면 근대화 이론에서 얘기하듯 먼저 순차적 단계를 밟아가는 '선진국'의 경험에 토대한 범지구적 보편성인가 하는 문제는 매우 논쟁적이다. 나는 전근대, 근대, 탈근대라는 규정이 매우 자의적이고 서구 중심적이라는 손쉬운 비판에 동의하기 어렵다. 그 혼재를 마치 '비정상'이거나 일어나서는 안 될 역사의 '이탈적인' 현상이라고 보는 견해 또한, 제국 중심적 사고를 반영하는 것이기도 하지만, 제3세계의 전근대성과 식민지적 근대성의 강화가 근대성의 필수 불가결한 측면임을 간과하는 사고에 뿌리를 두고 있다.

내가 보기에 근대성은 두 가지 측면에서 전근대성을 포괄한다. 우선 그것은 애초에 과거의 유산으로부터 완전한 자기 분리를 해낼 수 없다. 특히 정치경제적 혁명과 문화적 변화 사이의 시간차는 분명하다. 또 때로는 문화적 양식이 갖는 특수한 성격, 즉 변화에 대한 일정한 저항이 새로운 정치경제적 제도를 향한 특정한 의도적 기획을 그 실천 과정에서 변형시킨다. 두 번째로, 앞서 말했듯 서구 사회에서 근대성의 온전한 성취가 비서구와 분리된 채로 진행되었다고 말하기 힘들다. 서구적 근대성은 식민지의 전근대성을 일정하게는 강화하고 또 다른 측면에서는 파괴하는 방식으로 획득되었다. (물론 이러한 경향은 후발국 제국주의가 점령한 식민지에서 더욱 두드러졌다.) 이런 의미에서 제3세계(후후발국)의 근대성은 그 조건부터 서구의 근대성과 다르다. 다른 말로 표현하자면, 전자는 후자의 압력 속에서 탄생한 것이다.

한국의 문화가 '비동시성의 동시성'이라는 성격을 갖고 있다고 한다면 그것은 바로 이러한 복잡한 상호 연관 관계 속에서 이해되어야 한다. 한국 사회의 '국민 정체성'의 문화는 현재 다양한 요소들의 모순적인 결합으로 구성되어 있다. '국민'은 근대적 국가의 합법적인 성원을 의미한다. 서구적 의미에서의 근대 국민은 개인의 인권과 자유를 전제로 한 국가의 의미에서 파생된다. 국가에 대한 주권의 자발적 양도를 통하여 국민은 '비국민'으로부터의 침략과 '만인에 대한 만인의 투쟁'으로 일컬어지는 야만적 무질서로부터 안전을 보장받는다. 한국의 '국민적 정체성'은 이론적으로는 이러한 원리를 포함한 것처럼 전제되어 있지만 실제로는 그 속에 근대적인 요소 이외에 매우 전근대적인 요소와 식민지적 요소가 혼재되어 있다. 나는 단순화를 무릅쓰고 그것을 전근대성, 식민지적 근대성, 근대성이라는 개념으로 포괄하고자 한다.

국민적 정체성의 전근대성, 식민지적 근대성, 근대성

국가간의 관계, 국제 정치에 대한 강의를 할 때마다 느끼는 것은 한국 학생들의 강한 '애국심'이다. 대한민국의 일원, 즉 '국민'이라는 의식과 자긍심이 대단히 강하고 적어도 언술적인 차원에서 '애국심'은 그들의 사유와 행동의 중요한 근거를 이룬다. 그것은 거의 선험적·혈연적인 본질로 각인되어 있기 때문에 그 부분에 대한 비판적 성찰을 기대하는 것은 어렵다.[5] 그것은 정서와 세계관의 일부로 내면화되어 있다. 그들에게는 '불순한 애국심'과 '순수한 애국심'이 있을 뿐이다. 한국인 다수는 국민적 정체성이 매우 강하고 그 정체성은 한국 근현대사의 복합적 전개 과정과 맞닿아 있다. 그러한 정체성은 서구에서 먼저 성취한 보편적 근대성에 '못 미치는' 성격을 갖기 때문에 억압적이기도 하고, 또 근대성의 본질적 성격을 이미 포함하고 있기 때문에 근대적 차별과 갈등의 원천이 되기도 한다.

1) 엄격하게 얘기하자면 '국민'적 정체성은 근대적 산물이다. 그것은 국민국가의 형성과 그것들 간의 경쟁과 전쟁으로 점철되는 국제 정치 체제의 발전 과정에서 생겨난다. 한국의 경우 '국민'적 정체성은 일제 등의 열강에 대한 저항 과정에서 싹텄고 다른 한편으로는 총독부 명령 체제하에서 이루어진 황국신민 교육의 결과로 정착되었다. 근대의 내셔널리즘은 기본적으로 국가 구성원 간의 형식적·법적 평등을 기초로 한다. 따라서 그것은 봉건적 신분 질서와는 모순되는 운동이다. 그러나 자생적인 근대

---

5) 흥미 있는 것은 대체로 여성이 남성에 비해 '애국심'이 덜하다는 것이다. 근대 사회에서 주체로 인정받지 못하고 사적 영역에 머물러 있기를 강제당하는 여성이 공적 영역에 대해 관심이 떨어지는 것은 당연하다. 그러나 그러한 상대적 무관심은 여성이야말로 근대적 '국민'의 정체성으로부터 먼저 자유로워질 수 있는 가능성을 함축한 존재임을 역설적으로 암시한다.

적 개혁이 좌절되면서 식민화되었던 역사적 경험으로 말미암아 한국의 국민적 정체성에는 매우 전근대적인 요소가 스며들게 되었다. 혈연 집단 및 가문, 마을 공동체 수준에서 집단을 인식하였던 봉건 시대의 세계관이 근대적 국가와 국민의 개념에 상당 부분 이전되었다.

한국은 근대적 개혁을 자생적으로 이루기 전에 식민화되었고 그 결과 한국의 근대적 문화 안에는 식민지적 강박이 녹아 있다. 식민주의에 대한 저항은 근대에 대한 전근대 및 반근대의 저항 뿐만 아니라 근대적 개혁에 대한 지향성을 같이 포함한다. 역으로 우리 역사에서 근대에 대한 지향은 식민지적 흡수에 대한 우려를 떨구어낼 수가 없었다. "근대화는 민족 독립을 위한 방편으로 인식되었거나, 아니면 식민성과의 결합 때문에 경원시되었다"[6]는 지적은 바로 식민지적 근대성의 자기 모순을 적절히 표현하고 있다. 그 결과 전근대성은 식민지 경험을 통하여 제국주의적 지배에 맞서는 방어벽의 일부로 유지된 측면이 있다. 더욱 중요한 것은 일본이라는 후발국 제국주의가 식민지 통치를 위해 식민지 이전 조선 사회에 존재하던 전근대적인 질서를 근대의 도구적 이성과 결합시켜 오히려 강화한 측면이다. 식민지적 근대성이 근대성과 차별화되는 측면이 있다면 그것은 전근대성의 온존과 강화다. 그후 이루어진 '성공적인' 근대화, 즉 산업화가 근대성의 부분적 성취에 머물게 된 중요한 원인은 바로 이러한 배경에서 나온다. 근대적 공공성에 턱없이 못 미치는 시민 윤리, 혈연 및 지연·학연 등에 토대한 반능력주의적 결정 구조, 가부장적인 성차별 문화는 이러한 식민지적 근대성이 이월한 전근대성의 이름으로 포괄될 수 있다.

오늘날에도 '국민국가'적 정체성의 전근대성은 다방면에서 보인다. 국

---

6) 정진성, 「여성 억압기제의 전통과 근대 — 한국과 일본의 비교」, 『창작과비평』 1996년 겨울호 (통권 94호), 161쪽.

가라는 말 자체가 가족의 확대판으로서 국가를 의미하는 전근대성을 함축하고 있지만 21세기 한국의 국가 역시 봉건적 의미 규정에서 자유롭지 않다. 주권의 일시적 피양도자인 정부 최고 수반은 '국가 지도자'로서 왕의 이미지를 갖고 있다. 대통령에 대한 '충성'을 맹세하고 필요 이상으로 허리를 굽혀 절하며 악수하는 의례는 그러한 위계의 반영이다. 지금은 사라졌지만 '국부' 혹은 '국모'라는 어휘는 근대적 국가의 위계질서에 봉건적·가족적 위계질서를 덧입힌 결과다. 일부 정치 지도자와 주변에 존재하는 인적 집단 간의 관계를 '주공-가신'으로 서슴지 않고 부르는 것은 바로 이러한 질서의 건재를 보여준다.

'국민'을 규정하는 가장 본질적인 기준으로서의 가부장적 '혈통주의'는 바로 이러한 전근대성을 증거한다. (물론 이효덕의 지적처럼 봉건 시대의 혈통주의는 '국민' 규정의 요소가 아니라 사회 계급의 차이를 고정하기 위한 수단이었다.)[7] 이러한 법적 규정을 통하여 계약적 의미에서의 국민 규정은 약화되고 선험적 혈연 정체성에 의거한 가부장적 국민 규정이 머릿속에 자리잡게 된다. 따라서 아버지-아들의 관계가 교사-학생의 관계에 투영되고 그것의 확대판으로서 지도자-국민의 관계가 설정된다. 자아-가계-국가는 불가분의 연장선상에 놓여 있다. 정치 지도자의 '질책', '꾸지람', '대노'는 지도자와 피지도자간의 관계를 전근대적 인격 관계로 설정하는 데서 발생하는 것이다. 효도와 충성 간의 친화적 관계를 강조하는 정치 문화 역시 이러한 전근대성의 전형적 예다. 아직까지 한국 사회에서 '국민'은 '가족'의 외연적 의미를 내포하고 있고 그 결과 '우리는 단군의 후손이다', 혹은 '우리는 한 핏줄이다'는 전근대적 자기규정이 강하게 남아 있

---

7) 이효덕, 앞의 글, 208쪽.

다. 그것은 사적인 이해관계와 연줄이 공적인 논의와 결정을 쉽게 압도하는 경향을 불러온다. 그리고 '국민'은 '국가'에 혈연적으로 포박된 운명적 공동체로 인식된다. 이러한 전근대적 의식은 사회적 계약의 결과로서의 '국가'라는 근대적 인식을 방해하고 있다. 또한 전근대적·가부장적 의식은 '국민'의 절반인 여성을 공적 영역에서 실제적으로 배제하는 역할을 해왔다. 그 결과 최근까지만 해도 '국민'과 '국가'는 남성의 독점적 영역이었다. '공적인 남성-사적인 여성'(public men-private women)의 이분법은 근대로 이월된 전근대의 가치 체계다.

2) '국민 정체성'의 식민지적 근대성은 무엇보다도 '국민'이라는 번역어의 유래에서 나온다. 잘 알려져 있듯 '국민'(國民)은 원래 일제하에서 국가주의의 체화인 천황의 신민이라는 의미를 갖고 탄생한 개념이다. 국민은 국가의 부속물로서 국가라는 초월적 실체의 번영과 생존을 위한 개체적 수단으로 인식된다. 그것은 식민지 국가의 '국민동원체제'에 그 근원을 두고 있다. 근대성의 식민지적 성격이 낳은 코리아 문화의 특성은 무엇인가? 그것은 일본 군국주의 파시즘의 식민지적 유형이라고 이름지을 수 있다. 시민혁명을 겪지 않은 일본과 같은 후발 국가에 의한 근대성의 성취가, 선발 국가의 그것과 다를 것임은 상식적으로 알 수 있다. 그러한 근대성은 자유와 평등이라는 시민혁명적 가치의 수용 없이 형성되었다. 전면적 통제력을 가진 국민국가의 건설과 산업화를 성공적으로 이뤘지만 근대적 주체로서의 '개인'의 권리를 보장하는 제도와 가치 체계는 함께 형성되지 못했다. 더구나 그것은 식민지에 폭력적으로 이식되면서 더 극단적인 모습으로 나타났다. 군국주의적 폭력성과 억압성은 식민지 조선의 문화에서 정점에 도달했다.

오늘날 한국의 '국민'은 이러한 식민지적 근대성의 경험으로부터 전혀 자유롭지 못하다. 국가에 대한 맹목적 충성이 선험적으로 전제되고 시민적 자유와 인권이 최우선적으로 보장되지 않는 이유도 이러한 식민지 정체성과 맞닿아 있다. 개인이 국가에 맞설 권리, 국가에 거리를 두고 그것을 불안하게 바라보는 시선, 사회와 개인의 안전과 권리를 보장하는 불가피한 수단적 장치로 국가를 보는 가치 체계 모두가 상당히 결여되어 있다. 과잉 국가주의의 지배적 흐름은 여기에서 나온다.

덧붙여 개발독재 모델의 정착, 분단으로 인한 군사 안보 국가 강화, 자생적 시민 계급의 부재 등은 한국에서 그 유례를 찾아보기 힘든 국가주의적 문화를 만들어냈다. 그 결과 한국 사회에서 '국'은 최고의 권위를 갖게 되고 모든 영역에서 최종적 심판자와 분배자로서 기능하게 되었다. '국민' 역시 다른 집단적·개별적 정체성을 압도하는 단일 주체로서의 패권을 갖게 되었다. 한국 사회에서 '비국민적' 정체성, 즉 성적·성별적·계급적·계층적 정체성이 극도로 약한 것은 바로 여기에서 비롯된다.

초·중·고교에서 여전히 반복되는 '애국조회'나 모든 의례에서 질기게 강요되는 '국기에 대한 맹세' 등에서 드러나는 군사주의·국가주의적 위계질서, 국민동원체제 문화는 식민지적 근대성의 증거다. 교장-교사 혹은 교장-학생 간의 '훈시'적 관계의 일상화, 군사주의적 제식훈련, 주민등록제 및 주민등록증, 반상회, 국가보안법 등은 '국민'을 국가의 수단적 관리 단위로 보는 국가관·국민관의 반영이다. 그것은 중세적 도그마로부터 해방된 나름대로의 과학적 이성과 합리적 계산에 바탕을 두고 있다는 점에서 조선 시대의 전통적 통제와는 확연히 구분된다. 따라서 그것은 전근대성과는 거리가 있다. 그것은 전통 사회에서 찾아보기 힘든 사회 구성원에 대한 기술적 통제에 토대하여 탄생에서 죽음까지의 전과정을 국가의 검열하에 둔다. 거기에서 '국민'적 주체로부터의 도피나 탈퇴는 일체 허용되지 않는다. 저항이나 불복종의 권리도 인정되지 않고 오로지 '반국가' 사범만이 존재한다. 남한의 반공주의 체제나 북한의 반제국주의 체제는 어떤 의미에서는 이러한 식민지적 근대성의 표현이다.

1948년 분단과 독립 국가의 선포로 식민지적 근대성이 사라졌다고 믿을 사람은 없다. 그러한 성격의 문화가 단순히 정치권력의 제도적 변화로 사라지지도 않거니와 해방 후 남한 정치권력의 성격이 근대성에 충실한 전형을 보여주지도 않았기 때문이다. 더구나 분단체제의 지속으로 인한 '총력전'(total war) 시스템의 구축, 그리고 전형적인 제3세계식 개발독재의 성공으로 인해 식민지적 근대성에 뿌리를 둔 집단적 정체성의 문화가 지속될 수 있었다. 해방 이후 남한에서 국민국가 자체가 매우 극단적인 반공 폭력의 메커니즘을 통해 탄생했기 때문에, 국민적 정체성의 식민지적 근대성은 오히려 더욱 강화된 측면이 있었다.

박정희 정권은 사실상 철저한 식민지 근대성의 표출이었다. 박 정권의 장기적 집권이 단순히 철권 정치와 외부적 개입에 의한 것이었다고만 말할 수 없는 것은 그것이 일종의 국가주의적 문화에 토대했기 때문이다. 단순화해서 박 정권의 등장은 일본군 출신의 군사 지도자를 중심으로 한 군부 엘리트 세력의 돌출적 사건이었다기보다는, 국민 동원주의적 식민지 문화에 익숙해 있던 '국민'이라는 단일적 주체의 정치 문화에 기초한 것이었다. 박정희 정권은 특히 농촌 사회에 남아 있던 전근대성을 겨냥한 근대 국가적 압박을 통하여 전통적 신분 질서를 파열시킴으로써 '국가'에 대한 충성심을 생산할 수 있었다.[8] 그 결과 '국민'은 '국가'에 한반도 역사상 가장 효과적으로 통합되었다. 즉 강제력과 유인된 자발성을 혼합적으

---

8) 황병주, 「박정희 시대의 국가와 민중」, 『당대비평』 2000년 가을호, 56~60쪽 참조.

로 동원하여 '국민적 주체'를 극단적으로 확산, 강화했다. '국민교육헌장'
이나 '국정 홍보 영화', 각종 '대통령배 쟁탈 ○○대회'는 이러한 식민지
적 '국민 문화'의 정점이었다.

이러한 유산은 21세기에 접어든 현재의 한국 사회에도 여전히 강력하
게 남아 있다. 박정희에 대한 요즘 일부에서의 향수는 식민지적 국가주의
의 상징에 대한 그리움이다. 강력한 국가를 통해 모든 혼란과 대립을 일시
에 해결하려는 충동의 뿌리가 여전히 남아 있는 것이다. 교육부는 교육의
수뇌부이고 문화관광부는 문화, 체육 등에 관련된 모든 개인의 총수로 인
식된다. '국립' 등 '국'이 붙은 기관이나 상에는 자동적, 문화적으로 최고
의 권위가 부여된다. '장관' 직책에 대한 지식인 사회의 열망과 그것을 최
고, 최종의 성공으로 여기는 가치관의 편재는 여전히 국가의 강력한 권위
를 보여준다.

물론 이러한 식민지적 근대성이 과연 서구 선발국에서 발현된 근대성과
얼마나 다른 것인가 하는 질문이 가능하다. 서구의 근대성이 신학으로부
터 과학의 해방, 그것에 토대한 합리적 이성의 사회를 지향했다고 하지만
사실 그 근저에는 인간을 비인간적인 목적의 수단으로 대상화하는 '도구
적 이성'이 자리잡고 있다. 그리고 그러한 도구적인 이성이 일종의 전체주
의적 국가 질서의 근본 바탕을 이루고 있음을 많은 비판적 학자들이 지적
해왔다. 그러므로 사실 식민지적 근대성은 말 그대로 근대성의 일부이기
도 하다. 실제로 동원체제나 국가주의적 군사주의는 전근대적인 사회에서
우선 기술적으로 가능하지 않은 질서이다. 그것은 일정한 과학기술과 그것
에서 비롯되는 사회적 인간관계의 획일적 통제하에서만 가능하다. 근대성
도 국가의 검열과 감시 체제의 성격을 갖고 있다. 하지만 최종적으로 개인
의 양심과 사상의 자유는, 적어도 원칙적으로는 보장된다. 국가보안법으로

상징되는 남한의 정치 문화에서는 그러한 자유가 법적 · 문화적으로 보장되지 않는다. 자신의 종교와 양심에 따라 군대를 거부할 권리가 전혀 주어지지 않는 것이 한국의 현실이다. 징병 기피에 대한 반대 여론만 있을 뿐 징병을 거부할 수밖에 없는 개인의 양심과 신념에서 나오는 사유는 인정되지 않는다.

결국 한국의 문화 속에서 길러진 '국민' 적 주체는 '국가' 의 목적을 위한 도구다. 그것은, 조한혜정의 표현을 빌려, "권위주의적이고 동원 가능한 동일자"로서의 '국민' 이다. 이러한 집단적 정체성이 문화화된 사회는 "진지한 성찰을 방해하고 자동 반사적으로 기다리는 사람들", "자신과 다른 생각을 하는 사람을 보면 참을 수 없어지도록 길러진 사람들", "즉 동일자의 복제 원리로 움직이는 사회의 사람들"로 가득 찬 사회다.[9] 그것은 여전히 근대성에 기초한 사회와는 일정한 거리가 있는 공간일 수밖에 없으면서도 동시에 전근대의 느슨한 원심력이 말살된 근대의 '국민' 적 공간이기도 하다.

물론 이러한 '국' 에 대한 숭배에 기초한 동질주의적 문화는 개발독재적 경제 체제에서 강화된 국가의 자원 분배력 및 관료 집단의 힘, 그리고 분단체제에서 과대 성장한 안보 관련 군사적 집단의 힘에도 원인이 있다. 특히 한반도의 분단체제는 공산주의 침략으로부터 '나라' 를 지킨다는 명분 하에 안보에 절대적 정당성을 부여하는 안보 지상주의적 가치 체계를 강화했다. 그 결과 안보를 독점적으로 담당하는 국가의 존재는 어떠한 비판과 도전으로부터도 스스로를 면제시킬 수 있었다. 그것은 개인과 집단의 사적 이익을 초월하는 성역화된 실체로 인식되었으며 불법 체포와 고문을

---

9) 조한혜정 · 김수행, 「반공반제 규율 사회의 문화/권력」, 『통일연구』 제2권 제2호 (1998), 103, 105쪽.

포함한 어떠한 희생도 정당화할 수 있는 초역사적인 존재로 여겨졌다. 강상중(姜尚中)과 요시미 슌야(吉見俊哉)의 지적처럼, 한반도에서의 국가 폭력에 의한 '20세기의 비극'은 "식민지 지배의 반사 작용으로서 '단일 민족 내셔널리즘' 이데올로기가 분단 국가를 지배하고, 그 영역의 확보와 주민의 강제 합의 획득을 위해 식민지 지배를 웃도는 폭력의 행사가 시인되어 왔기 때문이다."[10]

국가가 개인 위에 군림하는 존재로 인식되는 현상, 그 개인을 국가의 종속적 단위인 '국민'으로 인식하는 경향은 이런 배경에서 나온다. 개인의 사상 및 양심도 국가의 목표를 위한 수단이기 때문에 통제의 대상이 된다. 특정한 대상, 특히 좌파 사상은 현재 국가의 제재 대상이다. 국가가 처벌하지 않는다 해도 좌파 사상, 동성애, 혼외 사랑 및 동거 등은 여전히 회사나 학교에서 금기의 대상이다. 그것을 공개적으로 선언한 사람이 별다른 사적인 압력 없이 정상적인 생활을 하기가 어렵다. 개인 사생활에 대한 국가의 개입 및 감시가 정당화되었던 것도 이런 연유에서다. 이런 문화 속에서 자유로운 개인들의 자발적 주권 양도를 통한 연합체로서의 국가는 논외일 수밖에 없다.

3) 4·19 혁명에서 드러나듯 식민지적 근대성에 저항하는 서구적 근대성의 세력이 성장하고 있었다. 식민지적 근대성, 전근대성으로 규정되는 문화를 벗어나는 흐름은 아마도 4·19 시민혁명에서 그 기원을 찾아야 할 것이다. '국민' 정체성에 근대적 자유 시민의 요소가 수용되기 시작한 중요한 계기는 이승만 정부에 대한 민중적·부르주아적 도전에서 찾아볼

---

10) 「혼성화 사회를 찾아서―내셔널리티의 저편으로」, 『당대비평』 2000년 봄 특별호, 225쪽.

수 있다. 그리고 그것은 1970~1980년대의 민주화 운동을 거쳐 1992년 이후의 민주적 정부의 등장과 궤를 같이 한다. 어떻게 보자면, 독재 세력과 민주화운동 세력 간의 균열은 두 가지 경로의 근대성 간의 충돌에서 비롯된 것이다. (물론 그밖에, 현실적으로 실패했지만 사회주의적 경로를 생각해볼 수도 있다.) 그리고 현재까지 한국의 문화에서 드러나는 두 가지 큰 흐름은 이러한 두 가지 경로와 맞닿아 있다.

국가주의적 정체성의 문화는 경제 성장을 통해 두터워진 중간 계층의 자유주의적 세계관과, 다른 한편으로는 '국민'으로부터 실제적으로 배제된 민중의 계급의식에 의해 끊임없는 도전을 받아왔다. 김영삼 정부 이후 '국민'에서 풍기는 총화 단결 체제의 전체주의적 분위기는 상당히 약화되었다. '국민의 정부'에서는 더욱 그렇다. 민주주의적 성격이 강화되면서 평등한 권리를 가진 개인들의 집합으로서의 국가라는 개념의 공간이 넓어졌다. '인권'에 대한 관심의 증가, 개인 사생활에 대한 국가 및 다른 권력의 침해에 대한 민감한 반응, 국가 권력에 대한 비판 자유의 확대 등은 바로 이러한 흐름에서 나오고 있다. '국민적 정체성'의 전체주의적·동원주의적 규정이 약화되고 그것을 민주주의적 차원에서 바라보는 관점이 강화되고 있다. 아직 일부에 국한되고 있지만 '개인 독립 만세'에 대한 동조적 분위기, 국수적 민족주의에 대한 거부감, 시민 및 계급 운동의 활성화, 성적 정체성에 토대를 둔 자아의식 등은 대표적 예들이다. 1987년의 민주화, 1990년대 초반 냉전체제의 붕괴, 그 이후 가속화되고 있는 지구화 속에서 나타나고 있는 것은 전근대성과 식민지적 근대성의 혼존으로부터 점차 서구적 근대성에 뿌리를 둔 다원주의·개인주의·자유주의 문화로의 이동이다. 상징적으로 말한다면 한국 사회에는 제사 문화에서 드러나는 가부장적 권위주의, 조직 문화에서 지배적인 군사주의적 질서가 국민국가적 질서에 의해 통합되어 있으며, 신세대 문화와 도시 신중간 계층에서 드러나는 반권위주의적 개인 중심 문화가 공존하고 있다.

21세기 초엽에 와서야, 많은 문제점에도 불구하고 비로소 보편적 근대성에 근접한 정체성의 문화가 의미 있는 수준으로 나타난 것이다. 이러한 근대성을 단순히 '서구적 가치'라고 비판하기는 어려울 것이며 '아시아적 가치'라는 틀에 의존하여 외면할 수도 없다. 그것은 서구적인 것이면서 인류의 보편적 가치이기도 하다. 엄밀하게 얘기하면 제국주의 선발국의 내부적 가치 체계가 먼저 도달한 근대적 국민국가관의 반영이다. 그것은 식민지 착취로 생겨난 물질적 토대로 가능해진 정치적 공간 속에서 제국주의가 내부적으로 성취해 낸 논리이며, 제국주의의 식민지에 강요된 반인간적 가치 체계의 반대쪽에 서 있는 논리이다. 그러한 서구적 근대성은 한편으로는 한국 사회가 체화하지 못한, 따라서 당분간 도달하기 위해서 노력해야 할 가치 체계다. "근대 사회에서 '하나 된다는 것'은 '다양성을 조직화'함으로써 가능한 일일 텐데, 여전히 동일자를 복제함으로써 하나로 묶어두려 한 남북 양 국가의 노력은 세계사적 흐름에서 '이탈적'인 면이 있다"[11]는 지적은 부분적으로는 근대성에 대한 동의를 함축한다.

그러나 아직도 이러한 서구(내부)적 근대성에 기초한 집단적 정체성은 한국 문화의 중심적인 흐름에 있지 못하다. (물론 나중에 살펴보겠지만, 근대성을 극복하려는 여러 탈근대적 노력의 타당성에 비추어볼 때 그것이 한국 사회가 지향해야 할 최종적 목표라고 말하기는 힘들다.) 앞서 살펴보았듯이 국가 우위적 국민관, 국가의 무조건적인 구성 요소로의 국민관은 여전히 문화적인 힘으로 강력하게 남아 있다. 그것은 무엇보다도 국가주의적 법, 예산

---

11) 조한혜정·김수행, 앞의 글, 109쪽.

편성, 집행 등으로 집약되는 현실적 힘에 기반하고 있다. 그 중에서도 특히 교육부 검증 교과서 제도, 국가주의적 교육 제도, 징병제, 국가보안법, '중앙' 관료 중심적 정책 결정 제도에 의해 뒷받침되고 있다.

한국 문화에서 '우리'의 문제

이런 세 가지 차원에서 한국 사회에서의 '국민'적 정체성의 문화가 형성되었다고 볼 수 있다. 그것은 상호 모순적이며 동시에 유기적으로 결합되어 있는 집단적 정체성의 문화다. 그렇다면 앞으로 근대성에 입각한 '국민'적 정체성을 점점 넓혀나가는 일이 한국 사회의 목표가 되어야 할 것인가? 전근대성과 식민지적 근대성의 극복이야말로 당면의 과제인가?

1) 한국 사회에서 "내가 누구인가?" 하는 질문은 대체로 국민적·민족적 정체성에 의해 규정된다. 그때의 나는 이미 생물학적 개체가 아니라 국민과 동일시된 '나'다. 동시에 '나'는 '우리'다. 따라서 앞의 질문은 "우리는 누구인가?"라는 질문으로 자동적으로 전환된다. 길지만 다시 재일동포 학자 이효덕(李孝德)을 인용한다.

> 그러한 '우리' 가운데의 '나'의 주체성은 결코 '나' 자신만으로 획득된 것은 아니다. 그 '나'의 주체(subject)는 그러한 커뮤니케이션을 보증하는 국민국가의 논리에 예속되는 것(subject)과 교환함으로써 확보된 것에 지나지 않는다. 그러한 기제에 있어서 '내'가 주체가 되는 한 '나'는 '나'라는 주체를 손에 넣기 위해서 어디까지든지 국가와 동일화해 가지 않으면 안 된다. '나'는 국가에 의해 인정되는 '국민'이라는 이유에 말미암지 않고서는

그 주체성을 행사할 수 없게 되기 때문이다. 그 때문에 그러한 커뮤니케이션이 보증되지 않는 '타자', 즉 '내'가 주체이기 때문에 예속하는 '국가'는 '타자'로 규정된 자를 철저하게 배제하는 것이 될 것이다. 현실적으로 그것은, '우리들' 가운데도 여러 가지 차이나 균열이 존재하는 데도 불구하고, 그 투명한 커뮤니케이션 속에서 그러한 '차이'를 해소하여 억압하고, '우리'의 외부에 언제나 '타자' = '외국인'을 만들어내어 배제시킴으로써, '내'가 무매개적으로 '우리'의 일원이라는 강압적인 안심감과 바꾸는 것에 의해 이루어진다.[12]

　　'우리'는 한국 사회에서도 국민적 정체성을 일상적으로 드러내는 말이다. '우리'는 반드시 '남'을 필요로 한다. '남' 없이 '우리'는 규정될 수 없다. '국민'이 타자의 배제 속에서 태어나는 개념이라는 것은 많은 지식인들이 이미 지적하고 있다. '비국민'을 상정하지 않고서는 '국민'은 성립될 수 없는 개념이다. '비국민'은 '우리' 사회에서 무슨 뜻을 가질까? 북한인, 매국노, 반역자, 반민족분자, 외국인은 '비국민'에 속한다. (해외 거주 동포는 '비국민'이지만 '민족'의 일원이기 때문에 완전히 배제되지는 않는다.) 따라서 '국민'은 항상 '비국민'을 생산하고 유지하고 타자화하게 된다. 이런 의미화 과정 속에서 '우리'와 '남'은 이분법적으로 갈라지고 '우리'는 동질화된 집단으로 인식된다. 또 '남'은 유사시에 '우리'의 생존과 번영을 위해 희생될 수도 있는 타자가 된다. '우리가 남이가?' 하는 지역주의적 표현은 '남'에 대한 배타적 차별의 논리를 함축하고 있다. '국민'을 길러내는 문화 속에서 사람들은 '우리'와 '남'을 구별해 낼 수 있는 능력,

---

12) 이효덕, 앞의 글, 212~213쪽.

즉 '문화적 식별' 능력을 갖게 된다. 화교, 조선족 및 필리핀 등지의 제3세계 출신 노동자에 대한 차별, 심지어 재일 동포에 대한 차별 의식은 이러한 '국민' 문화의 결과다. 그리고 유사시에 '비국민', '비민족'은 근대적 제노사이드(genocide)의 대상이 될 수 있다. 한국 현대사에서 '국민'은 '반공 국민'이었고 따라서 '빨갱이'는 '국민' 자격을 상실한 존재이며 '인간 이하'로 간주되었다.[13] 언제든지 합법적·비합법적 폭력의 대상이 될 수 있었다는 의미다. 근대 국민적 정체성은 한편으로는 '비국민', '타국민'에 대한 전쟁(즉 타자에 대한 집단 학살)에 항상 대비하기 위한 문화적 훈련의 일부이기 때문이다. 이러한 의식은 근대성의 본질적인 성격에 토대하고 있으며 따라서 한국 사회에만 국한된 것은 아니다.

2) 국민 정체성의 일상적 표현인 '우리 나라 사람'은 과연 뭘 의미하는 것일까? '우리'는 실체인가? 그것은 남한 인구 전부의 공통적 이익을 발견할 수 없다면 존재할 수 없는 허구적 인식이다. 그러한 허구가 '우리'라고 하는 내면화된 집단적 상징에 의해 가려지고, 사람들은 실제로 관념적인 '우리'를 통하여 자기 이익을 규정하는 경향이 있다. '개인'은 '우리' 혹은 '국민'과 무매개적으로 동일시된다. 그것은 따라서 매우 이데올로기적 개념이다. 물론 남한에서만 통용되는 화폐가 있고 남한의 국가가 '국민'들에게 요구하는 세금, 징병, 여권 발급과 법 집행의 권리를 독점하고 있는 상황에서 그 안에 살고 있는 '국민'은 다른 나라의 '국민'들과 비교하여 어느 정도 동질적인 이해관계를 가지게 된다. 그러나 '우리'라는 개념은 주변부 혹은 반주변부의 불평등한 체제하에서 혜택을 받는 계층이

---

13) 김동춘, 「20세기 한국에서의 '국민'」, 『창작과비평』 1999년 겨울호 (통권 106호), 36~38쪽.

중심부의 중심부와 이해관계를 같이할 가능성, 동일 국적자 혹은 동일 민족적 주체 간의 비동질성의 현실(즉 '같은' 국민이라도 '지옥과 천당'의 차이를 안고 있다는 당연한 사실)을 아예 거부하고 있다. '우리'는 권력과 자원의 불평등한 분배를 강제하는 메커니즘 속에서 허구일 수밖에 없다. 그것은 항상 소수의 특권적 이익을 포장하는 이데올로기적 개념이거나 아니면 다수의 자의적 판단과 횡포를 정당화하는 도구다. '우리 국민' 문화 속에서 기만당한 다수는 소수에 저항할 수 있는 문화적 기반을 박탈당하거나, 혹은 다수가 다양한 정체성을 가진 소수의 권리와 존엄성을 짓밟아버리게 된다.

3) 현실에서의 또 한 가지 문제는 '국민 정체성'이 다른 정체성을 압도하고 그것들을 매우 부차적이고 종속적인 것으로 만들어버린다는 점이다. 가령 '우리'는 이제 여성과 남성, 노동자와 부르주아, 이성애와 동성애 등의 다른 차원의 자기 규정을 배우고 있다. 그렇지만 대부분의 '국민'들에게 그것은 '국민'이라는 거대하고 본질적인 틀 안에 존재하는 하부 단위적 정체성에 불과하다. '계층과 성과 지역'을 초월해서 "한 마음 한 뜻이 되자"라는 식의 구호가 되풀이되는 것은 여전히 '국민'적 정체성이 문화적 우위를 확보하고 있기 때문이다. '국민'적 정체성의 문화 속에서 민주화 이전까지만 해도 성별적 주체나 계급적, 시민적 주체는 매우 허약하였다. 따라서 여성 문제는 민족 문제의 하부적 아젠다로 편입되고 '내부' 모순을 인지시키는 계급적 의식은 금기시되었다. 노동운동의 발전과 합법화에도 불구하고 그것은 여전히 '애국적' 담론의 강박에서 자유롭지 못하다. '국론 분열'을 두려워하고 금기시하는 풍토도 바로 '국'이 가장 중요한 자기 규정이라는 인식에 토대하고 있다. 그것이 분열되어서는 안 되는

선험적으로 단일하고 동질적인 단위이기 때문이다. 그것에 토대한 문화는 다양한 소집단과 개인을 추상적 규율에 가둬놓고 개성적 자아실현 및 자기 규정을 억압하는 역할을 충실히 맡고 있다.

4) 한국 사회에서 가장 강력한 문화적 힘은 집단주의이고 그 중에서도 민족주의 혹은 국민국가주의다. 모든 집단주의가 그렇듯이 그것은 내부의 합리적 의사소통과 자율적 사유와 책임에 기초한 협업을 어렵게 만든다. 왜냐하면 집단주의는 기본적으로 획일적 압박과 소수의 의사 결정에 따라 집단을 운영하는 원리이기 때문이다. 따라서 사람들의 일반적 기대와는 달리, 이러한 문화 속에서 '공공성'은 약화되고 개인과 소집단의 이기적 쟁투가 판을 치게 된다. 개인의 자유로운 의사와 개인 간의 합리적이고 자율적인 타협을 토대로 공동의 합의를 이뤄낼 수 있는 문화적 훈련의 기회가 봉쇄되어 있기 때문이다. 내셔널리즘이 유례 없이 강한 한국 사회에서 공공성을 찾아보기 힘들고 이전투구가 기승을 부리는 이유가 그것이다. 이런 조건에서 사람들이 의존하게 되는 것은 권력, 물리적 힘, 그리고 비공식적 연줄이다. 국민국가적 정체성이 강할수록 시민사회의 힘은 약화되고 이익 집단 및 개인 간의 갈등을 통제할 수 있는 공공적 원리는 자리를 잡기 어렵게 된다. 그것을 대체하는 해결책은 국가의 물리적 힘에 토대한 강압이다. 강압에 의한 해결 문화에 익숙해 있을 때 갈등의 폭발은 또 다시 물리적 폭력의 동원을 초래하는 악순환이 발생한다. 다시 말해 물리적 강압이 없는 곳에서는 무질서와 반공공적 야만이 기승을 부리게 된다. 개인의 이익 추구와 개성적이고 독자적인 정체성 추구가 '이기주의'로 매도되는 집단주의 문화 속에서는 더욱 그렇다. 그 중에서도 공언 즉시 정당성을 얻게 되는 것은 '국민'의 문화다.

'국민' 정체성의 문화와 '탈근대'의 문화적 주체

한국에서 '국민적 정체성'에 토대한 정치 문화는 매우 복합적인 요소로 이루어져 있다. 앞서 살펴보았듯 거기에는 전근대(부분적으로 반근대), 식민지성, 근대성이 중첩되어 있다. 3), 4)의 예는 전근대성과 식민지적 근대성이 중첩되는 데서 오는 문제이고 1), 2)의 경우는 근대성 자체에서 오는 문제다. 3), 4)의 극복이 반드시 필요하다는 인식은 자칫하면 근대성을 최종적 기준으로 전제하는 판단으로 연결될 가능성이 높다. 정체성 문화에 대한 비판적 반성이 근대성에 '이르지 못한 이유'를 찾는 데만 머문다면 그것은 오히려 국민국가의 논리를 정당화하는 결과를 빚게 된다. 그러나 과연 오늘날의 많은 지구적 · 지역적 문제들이 근대성, 근대 국가의 틀이 부족한 데서 발생하는 것일까?

오히려 그것들은 근대성에 충실한 국민국가적 논리의 강화에서 발생하는 것이기도 하다. 국민국가와 민족주의는 근대적인 '발명'이다. 높은 수준의 민주주의와 인권 보장 제도에도 불구하고 서구 사회에서 오히려 강화되고 있는 소수민족 차별과 타자에 대한 적대적 증오의 문화는 근대성을 넘어서려는 노력의 정당성을 보여준다. 또한 다른 한편으로 오늘날 서구 혹은 일본에서 발견되는 민주주의나 복지국가도 전쟁중 '총동원'(general mobilization) 문화를 통해서 이루어진 근대적 '사회적 통합'에 빚지고 있으며, 그러한 통합의 기반 위에서 민주주의는 서구 사회에서도 여전히 국민국가적 충성에 의해 제약될 수밖에 없었다는 논리는 설득력이 있다.[14] 또

---

14) Yasushi Yamanouchi, J. Victor Koschmann & Ryuichi Narita, eds., *Total War and 'Modernization'* (Ithaca, New York: Cornell University, 1998). 하지만 일본 및 서구의 탈근대 론자들 사이에서 하나의 흐름을 이루기 시작한 이런 논리는 식민지-제국주의의 문제를 제국주의-제국주의 문제와 '오십보백보'로 간주한다는 점에서 매우 위험한 정치적 메시지를 초래할 수 있다.

한 이 글의 주제에서 조금 벗어나기는 하지만, 서구적 근대성은 기본적으로 확대 재생산 메커니즘을 통한 산업화적 발전을 지향하는 세계관이다. 따라서 그것은 매우 반환경적이며 반생명적인 가치 체계다. 자연을 대상화하고 그것을 효율적으로 착취하는 생산과 소비를 문화적으로 정당화하는 과정을 통해 인간과 환경 간의 진화적 균형을 근저에서부터 뒤흔드는 작업은 근대성의 본질적 성격과 맞닿아 있다.

가장 중요한 문제는 근대성을 충실하게 모방하고 그것의 완성을 지향하는 세계관이 결국은 국민국가적 정체성에 토대한 국민의 문화를 강화함으로써 다양한 개체들의 다양한 자아실현과 '차이'의 공존을 방해하는 획일주의적 경향을 재생산한다는 점이다. 국민적 정체성의 문화는 본질적으로 집단주의에 기초하고 있기 때문이다. 집단주의는 사실 개체적 행복 추구와 개체의 사적 영역을 방해하고 그것을 추상적으로 정의될 수밖에 없는 집단 이익에 종속, 희생시키는 체계다. 집단주의 중에서도 국제적 정당성을 부여받고 국내적 폭력의 독점을 통해서 사회 구성원에 대한 전일적인 지배력을 행사할 수 있는 유일한 것은 국민국가적 집단주의이다. 국민적 정체성의 집단주의적 문화 속에서 '개인의 해방'은 여전히 어려운 과제이다.

근대성에 토대한 국민적 정체성이 강화되는 것은 이러한 위험을 갖고 있다. 즉, '우리'가 서구적 근대 국가의 모습이나 근대적인 정체성을 최종적이고 이상적인 목표로 설정하고 그것을 위해 노력한다면 오히려 그것은 폭력, 차별, 억압을 만들어내는 원인이 될 수 있기 때문이다. 오늘날 무서운 속도로 확산되는 지구화는 이런 차원에서 어떤 의미를 갖고 있을까?

지구화는 국경과 국적의 유효성을 제거함으로써 국민적 정체성과 민족주의적 문화를 약화시킨다고 얘기된다. 그러나 사실은 지구화가 그 대신

탈국민국가적 · 친자본적 소비 주체를 '개인'으로서 재생산한다는 비판이 가능하다. 또한 그 과정에서 중심부의 이익 재생산에 유리한 '서구적' 주체를 전세계에 확산시킨다는 비판도 일리가 있다. 그렇다고 그러한 비판에 맞서서 여전히 민족 주체, 국민 주체를 재생산하는 문화를 신자유주의적 세계주의에 대한 방파제로 삼아야 할까? 지구화는 단순히 자본 간 혹은 자본-노동 간의 싸움뿐만 아니라 국가 간의 관계를 융합함으로써 비국민국가적 · 다중적 정체성을 확장하는 과정이기도 하다. 다문화에 대한 노출과 경험을 통해 다양한 타자를 실제적으로 인지함으로써 '차이들의 공존'을 모색할 수 있는 실천적 근거를 제공할 수도 있다. 국제 노동력 이동을 통해 '국민'과 '민족'의 실제적 공간 재배치가 일어나고 운송과 통신 수단의 발달로 가치들 사이의 경쟁이 확대되면서 다중적인 국가 횡단적 · 탈민족적 주체가 생겨날 수도 있다. 그러한 주체들 속에서 '우리'는 '국민' 혹은 '민족'이 아니라 '여성', '동성애자', '생태주의자', '아시아인', '탈국적 코리안', '주변부 노동자' 혹은 '개인' 등으로 다르게 혹은 중층적으로 규정될 수 있다. '우리'를 넘어서 공동체가 생산해 내는 사회적 주체로서의 '나' 아닌 좀 더 근원적이고 개성적인 '나'로 재탄생할 수도 있다. 그 때 질문은 "우리는 누구인가?"에서 "나는 누구인가?"로 바뀌어도 좋을 것이다.

　나는 이 짧은 글에서 한국 문화의 핵심을 이루는 국민 정체성에 대한 비판적 분석을 시도했다. 그렇지만 그것을 넘어서는 방법이나 대안, 또 앞으로의 방향이나 전망을 얘기하는 것은 능력과 지면 밖의 일이다. 여기에서는 어설프게 근대성에 기초한 국민적 정체성의 문화를 벗어나는 탈근대적 '위치의 정치학', 혹은 다른 대안적 논의를 전개하고 싶지 않다. 다만 강조하고 싶은 것은, 근대를 아직도 '우리'가 기필코 도달해야 할 이상, 따라잡아야 할 목표로 보거나 혹은 근대의 완성 다음에 근대의 문제를 얘기해도 늦지 않다는 식의 발상은 '근대적' 사유의 틀 안에 무성찰적으로 눌러앉는 교조에 지나지 않는다는 점이다. 더 이상 동질적 공간과 동질적 주체에 포박된 '우리'의 인식 체계로는 '민족' 내부에서 공간적으로 분리되며 '국민'을 문화적으로 파열하는 다양한 개인의 행복과 자아실현, 그리고 '비국민'적 주체와의 평화적 공존을 보장할 수 없다는 각성이 필요하다.

나는 이 자리에서 일반적으로 얘기되는 탈근대적 인식 체계, 그것에 기초한 정체성이나 문화가 대안이라고 확언할 자신은 없다. 하지만 이런 차원에서 한반도, 특히 남한의 주민들은 탈근대적 논리나 가치 체계를 쉽게 '우리와는 먼 이야기'로 밀어내기보다는 서구적 근대성의 문제에 대한 반성적 성찰을 통해서 비동시적이고 '비동공간적'인 혼성적 정체성에 기초한 문화를 어떻게 '최대 국민화'된 한반도/코리안의 역사와 중층적 공간에서 찾아내고, 그것에서 어떤 미래 지향적 암시를 받아야 할지를 고민해야 한다. 이러한 고민은, 글머리의 인용문에서 보듯이 '국민'으로서 '결격자'인 '자이니찌 초센진'(재일 조선인) 지식인들 사이에서 본격화되고 있다. 코리아에 거주하는 지식인들도 '우리'가 누구인지, 아니 '우리'는 존재해야 하는지에 대해 이제 묻지 않으면 안 된다.

병역 의무의 정치학
평화, 인권, 징병제

"국방과학연구소 여직원들이 협동심과 공동체 의식을 기르기 위해 30일 육군 32사단에서 각개전투 훈련을 받고 있다." 2002년 1월 31일자의 어떤 신문이 군복을 입은 여성들이 총을 들고 뛰는 사진 밑에 붙인 설명이다. 같은 신문의 1월 25일자 기사는 영주권을 포기하고 군 입대한 네 명의 젊은이들을 소개했다. 그들의 '늠름한' 모습을 담은 사진 밑에는 "외국 영주권을 포기하고 한국 육군에 입대, '진짜 사나이가' 된……"이라는 설명이 붙어 있었다. 그 어떤 신문이 『조선일보』였을 때는 별다른 느낌이 없었다. 그러나 거의 똑같은 내용과 사진이 『한겨레』에 실린 것을 보았을 때는 놀라지 않을 수 없었다. "외국 영주권 포기 군복무중인 젊은이들 — '한국인으로 떳떳한 삶 살고 싶어요'"가 기사 제목이었다. 어떻게 해서 네 명의 사병이 한자리에 모여 여러 신문의 기자들과 인터뷰를 하고 똑같은 사진을 찍을 수 있었는지를 따지고 싶지는 않다. 가수 유승준 씨의 미국 시민권 취득에 대한 분노에 의해 가동되기 시작한 '국민 정서'를 달래고 싶은 지배 엘리트들의 무의식적 욕망이 무비판적으로 수용된 결과라고 해석하고 싶다.

병역 의무에 대한 새삼스런 강조는 최근 한반도의 심상치 않은 국제 정세와 맞물려 더욱 정당성을 얻을 것처럼 보인다. 미국 정부가 이분법적 패권주의 정책에 기반해 '반테러 전쟁'을 집요하게 추구함으로써 전쟁의 위협은 전지구적인 차원에서 확대되고 있다. 더구나 부시 미 대통령의 대북 강경 정책으로 서서히 고조되고 있는 한반도의 군사 정치적 긴장은 강제적 병역 의무 제도에 대한 비판적 문제 제기를 어렵게 할지도 모른다. 하지만 분단체제의 근본적 불안정성이 징병제와 국가 안보주의에 대한 비판적 성찰을 막아온 것은 어제오늘의 일이 아니다. 오히려 현재 미국의 집요한 패권주의 정책에 의해 조성되고 있는 상황은 1994년에 이어 '안보-군사' 절대주의가 한반도에서의 물리적 충돌을 얼마나 쉽게 점화시킬 수 있는지를 설득력 있게 보여준다.

여기서 문제는 단순히 미국이라는 패권 국가의 반생명적 군사 대결주의에만 있지 않다. 또 하나의 문제는 병역 의무 및 안보에 대해 철저히 무비판적이고 비성찰적인 사회적 관점이 여전히 지속되는 한국 사회 현실의 근원이다. 물론 최근 종교적 소수자들이 병역 거부로 가혹한 실형을 자동적으로 받게 되는 일이 점차 공론화되면서 많은 논란이 벌어지고 있다. 특히 불교 시민단체에서 일하는 오태양 씨가 살생하지 말고 생명을 존중하라는 불교의 가르침에 따라 입영을 거부하고 '양심적 병역 거부'의 길을 택한 후 문제는 점차 확대되고 있다. 한 지방법원에서 드디어 병역법의 위헌 심사를 요청하기에 이르렀다. 하지만 대다수 언론이 전달하고자 하는 병역 의무의 메시지는 여전히 한국 사회에서 압도적으로 지배적인 흐름을 형성하고 있다.

우선 이러한 시각이 암시하거나 강제하고 있는 것은 병역 의무의 신성성이다. 그것은 선험적으로 정당하며 병역 거부나 기피는 부도덕한 것으로 이미 전제하고 있다. 아마도 그것은 분단과 전쟁, 독재 속에서 강화되어 온 국가주의/군사주의 이데올로기 및 문화에서 비롯된다. '적'의 실제적 혹은 가상적 위협 속에서 징병제 군대와 군사력 증강은 의문의 여지 없이 정당화되었고 따라서 국가가 요청하는 병역에 대한 도전은 반국가적 혹은 불온한 행위로 여겨질 수밖에 없었다. 물론 그러한 강제는 독재 권력의 도구로 수시로 동원되었다. 병역 의무가 신성화됨에 따라 그것을 비판 혹은 거부하는 자에 대한 '응징'은 매우 폭력적인 모습을 띠었다. 공론의 장에서의 어떤 반론권도 주어지지 않은 채 그들은 매도되고 투옥되었다. (그들은 '이단'으로 불리는 종교적 소수자 '여호와의 증인'들이었기에 사회적 처벌은 더욱 은폐되었다.) 1987년 이후의 민주화 과정에서도 병역 의무에 대한 비판적 논의가 일어나지 않은 것은 무슨 이유 때문일까? 병역 기피를 질타하며 자신의 병역 의무 수행을 자랑스러워하는 목소리는 수도 없이 많은 반면 의무 그 자체에 도전하는 목소리는 왜 이리 적을까?

반세기의 분단체제하에서 우리 몸속에 내면화된 의식이 몇 개 있다. 첫째, 국가 안보는 초월적이다. 그것은 개인과 소집단의 이해를 초월해서 누구에게나 소중한 목표다. 그것을 지키기 위해 요구되는 희생은 정당하거나 어쩔 수 없다. 희생 과정에서 일어나는 문제는 인권 유린이 아니고 군대라는 특수 사회의 반영일 뿐이다. 둘째, 군대 경험은 긍정적이다. 그것을 통해서 협동 정신과 극기력을 기르고 성숙한 어른으로 성장한다. 셋째, 병역 의무 수행은 남자로서 당연한 것이다. 징병을 기피하는 짓은 '사나이답지 못한' 비겁한 행동이다. 넷째, 병역 의무를 수행하지 않는 자는 정상적인 '국민'이 될 수 없다.

이러한 의식들이 여러 가지 방식으로 혼합되어서 징병제에 대한 문제 제기를 은폐하는 이데올로기적 기능을 수행해 왔다. 역으로 이러한 병역의 경험과 이데올로기적 기억은 다시 국가주의, 집단주의, 남성주의, 국민주의, 비장애인주의를 강화하는 역할을 담당해 왔다. 징병제를 통한 병역의무 수행은 단순히 군사적 문제가 아니라 한국 사회 전체를 관통하는 매우 핵심적인 이데올로기 및 제도의 문제와 연관되어 있기 때문이다.

"모두 군대를 기피하면 누가 나라를 지키느냐?", "국가 안보 없이 평화 없다" 등의 얘기는 바로 한 예다. 안보 논리에 대한 무비판적 지지가 군 경험에 의해 정당화된다. 국가 안보가 과연 무엇을 의미하는지, 누구를 위한 것인지, 그것과 자유 혹은 개인과의 복잡한 관계가 무엇인지를 따져보려는 의지조차 상실된다. '국방의 의무'와 그것에 기초한 국가 안보는 자동적으로 정당성을 얻는다. KBS에서 『한겨레』에 이르기까지, 『조선일보』에서 『대한매일』까지 "영하 20도를 오르내리는 혹한을 견디며 오늘도 최전선 초소에서 우리의 씩씩한 장병들은 국토 방위를 위해 군복무에 헌신하고 있다", "유사시에 초개같이 몸을 던져 나라를 지키겠다는 각오로 근무하고 있습니다! 충성!" 하는 식의 이데올로기적 보도를 습관적으로 반복하고 있다. 미사일이 목표물에 명중해서 터지고 제트기가 연기를 뿜으며 날아가는 장면을 보여주는 보도에서 기자들의 설명은 한결같이 "철통 같은 안보 태세"고 "우리의 든든한 국방력"이다. 이 같은 안보 논리가 위험한 것은 그것이 국가적인 것을 초월적인 것으로 전환시킴으로써 국가와 군사를 정치로부터 분리시키기 때문이다. 국가 및 안보는 정치에 대해 우위를 점하게 된다. 그 결과 갈등, 다양성, 비판적 논의를 축으로 하는 정치는 그만큼 위축된다.

권위주의적 집단주의 역시 군 경험에 의해 강화된다. "군 생활 덕분에 이기심과 나약함에서 벗어나서 협력 정신과 극기 정신을 키울 수 있었다," "군에서 배운 협동심과 자립심을 간직하여 전역 후에 사회에서 인정

받는 사람이 되겠다", "군대는 한 번쯤은 꼭 와볼 만한 곳이라고 생각한다"는 식의 얘기는 흔하다. 기업에서나 학교에서 단기 입영을 통해서 군대식 극기 훈련을 체험하는 과정이 아무런 의문 없이 받아들여지는 것은 바로 이 때문이다. 강제성과 위계질서를 축으로 한 군대 집단 조직의 논리가 보편적 정당성을 부여받으면서 사회 안으로 침투하게 된다. 자율성과 자발성을 축으로 하는 시민사회는 위축된다. 위계질서와 차별의 군대식 질서는 '협동'과 '공동체'의 이름으로 기업, 학교, 민간 단체에서 재생산된다. 한마디로 군 경험을 통해서 권위주의적 의사 결정에 순응하는 비민주적 문화가 만들어지고 유포된다. 그 문화를 여성학자 김현영 씨는 '생각하지 말 것', '튀지 말 것'을 축으로 하는 '전체주의적 규범'이라고 부른다.[1] 개개인의 차이는 지워지고 오로지 집단의 부품으로서의 동질적 개인이 강조된다.

명령-복종 논리는 군대에서 보편적이다. 그 명령의 최종적 윤리성과 도덕성에 대한 질문은 불필요하거나 비현실적인 것으로 간주된다. "명령은 그것이 설사 부당할지라도 일단 따라야 한다"는 생각이 자신이 속한 집단 목표의 윤리에 대한 무감각과 무관심으로 이어진다. 난 단지 명령에 따랐을 뿐이다! 광주 학살을 포함한 수많은 제노사이드에서 반복된 자기변명이 아닌가? 명령은 엄격한 위계질서에 기반하며 그것으로부터 발생한다. 자신의 의지와는 전혀 관계없이 취향, 성격, 가치관이 전혀 다른 남성들이 한자리에 모여 입대 날짜를 기준으로 엄격한 서열을 매기고 그것을 기준으로 한 사람이 다른 한 사람에게 어떤 강압도 행사할 수 있는 권리를 갖게 되는 상황을 생각해 보라. 그러한 공간에서 2년 이상을 보내고 났을 때

---

1) 김현영, 「병역 의무와 근대적 국민정체성의 성별정치학」, 이화여대 여성학과 대학원 석사학위 논문 (2002년).

남자들이 수평적 타협과 논의를 축으로 하는 민주적 문화를 멀리하고 수직적 질서에 대한 향수를 표현하는 것은 당연하다. 또한 어떤 부당한 조건에도 적응할 수 있는 순응주의가 자리잡는다. 그것을 세속적으로는 "군대 갔다와야 사람 된다"라고 표현한다. 명령–복종 체제의 폭력적 주입 속에서 '현실'은 무서운 것, 개인의 힘으로 도저히 바꿀 수 없는 것이 되기 때문이다. 그것을 깨닫는 것은 성숙한 성인의 몫이기 때문이다.

앞서 인용한 '진짜 사나이', '당당한 한국인'이라는 발상도 마찬가지다. 군대 경험을 통하여 성차별적 남성성은 완성되고 정당화된다. 말머리에서 언급한 기사에서 한 장병은 "국가가 내게 필요로 하는 일을 충실히 수행하면서 얻게 된 자부심과 또래들과 동고동락하며 싹틔운 전우애를 통해 '사나이의 진정한 힘' 혹은 '정신'이 무엇인지를 새삼스럽게 깨우치고 있다"고 얘기한 것으로 인용된다. 힘든 육체적 훈련과 엄격한 위계질서 및 집단에 대한 복종심 교육을 통해서 남성은 여성으로부터 완전히 분리된다. 그것은 당연히 남성만의 전유물이 된다. 더구나 그것은 국가가 합법적으로 인가한 전유물이다. 그 결과 '신체 건강한' 성인 남성이 국민적 정체성을 독점적으로 대표하는 현상이 일어난다. 국가에서 요구한 어려운 일을 성공적으로 해낸 사람이 갖는 특유의 자부심을 통하여 "너희들은 국가에 대해 뭐라고 말할 권리가 없다"는 담론이 생겨난다. 국민에서 여성과 장애인, 미필자, 병역 거부자, 정주 외국인 등은 철저히 배제될 수밖에 없다.

한 걸음 나아가 군대 경험이 조장하는 '당당한 한국인'의 논리를 통하여 '국민' 밖에 위치한 사람을 타자화하는 국민국가의 논리와 정서는 더욱 강화된다. 그것이 오늘날 근대적 전쟁과 제노사이드의 핵심적 메커니즘이라는 주장은 점점 설득력을 얻고 있다. 국민은 항상 암묵적으로 '비국민'에 대한 차별과 억압을 전제하기 때문이다. 더구나 군대는 국민과 국가의 이름으로 유사시에 '비국민'에 대한 집단적 살상을 강제할 수 있는 수단이다. 군 경험을 통하여 강화되는 '진짜 사나이'는 '국가가 부르면 언제라도' 공격성과 조직적 폭력 동원에 기꺼이 자신을 내맡길 수 있는 존재다. 따라서 군 경험은 유사시에 매우 폭력적인 집단 행위를 내면으로부터 동원할 수 있는 일종의 예비적 심리/신체 훈련 과정에 해당된다고 말할 수 있다. 그것은 "평화를 원하거든 전쟁을 준비하라"는 그럴 듯한 구호와 같은 맥락 위에 놓여 있다. 대다수 집총 거부자의 근본적 윤리는 이러한 세계관과 충돌하지 않을 수 없다.

한국 사회에서 유달리 개별 생명의 존엄성에 대한 의식이 엷은 것은 징병제에 의한 군 경험의 보편화에 의해 이러한 공격적 폭력 집단 문화가 깊고 넓게 퍼져 있기 때문인지도 모른다. 9·11 동시 다발 테러와 미국의 아프간 '침공 테러' 전쟁에서 희생된 무고한 생명에 관심이 유달리 적었던 것이나 그러한 희생을 쉽게 이데올로기적으로 규정하고 해석했던 것도 여기에 이유를 두는 것은 아닐까? 또한 사소한 남북한 간의 충돌이 쉽게 북한에 대한 물리적 응징 요구로 이어지는 것도 사실은 이러한 징병제의 안보-공격주의 문화와 반공 반북주의의 결합에서 오는, 정치학자 김근식 씨의 표현을 빌면, '우리 안의 대결주의'에 기인하는 것인지도 모른다. 그것이 미국의 군사적 패권주의 욕망과 결합될 때 한반도 주민의 운명이 어떻게 바뀔 수 있는지 이미 1994년에 드러났으며 또다시 그러한 징후가 최근 심각하게 나타나고 있다.

이 자리에서 징병제, 대체 복무제, 모병제, 군사주의와 전쟁 그리고 근대 국민국가와 군대 조직에 대한 본격적 논의를 할 수는 없다. 반생명적 약육강식의 공간을 대체하는 공공질서의 한 가지 장치로서 군대의 불가피한 필요성을 완전히 부정하지 않는다. 또한 공공 정신을 갖고 헌신적으로 살아가는 수많은 직업 군인을 매도하려는 게 아니다. 다만 얘기하고 싶은 것은 한국 사회가 사람의 각자 본성과 생각에 따라 행복하고 평화롭게 살 수 있는 곳이 되기 위해서는 그동안 성역화되었던 모든 영역에 대해 침착하고 사려 깊게 논의하는 일이 필요하다는 점이다. 분단 국가의 군대라고 해서 예외가 될 수는 없다. 만 20세의 남자를 자신의 의지와 조건에 관계없이 군 조직에 무조건 편입시키는 징병제는 인간의 기본적 권리를 침해하고 있다. (따라서 징병 거부나 기피를 단순히 도덕적으로 매도하는 것은 현실을 오도, 단순화하는 논리다. 물론 특권층의 병역 기피는 부도덕하다. 그것은 평등권의 침해에 해당된다. 하지만 병역 기피를 둘러싼 공정성과 평등성에 대한 논의가 병역 의무 자체의 반인간성을 외면하는 방향으로 가서는 안 된다. 두 문제는 전혀 다른 차원의 것이다.)

거기서 가장 기본적인 것은 개인과 국가가 관계 맺는 방식이다. 민주주의 사회라면 그것은 자유로운 계약에 바탕해야 하며, 개개인의 사정과 차이에 따라 그 방식은 여러 형태로 최대한 열려 있어야 한다. 사람은 언제 어디서나 사상과 양심의 자유에 따라 살아갈 권리가 있다는 것이 민주주의 사회의 가장 중요한 원칙이라는 것에 동의한다면 그것을 어떤 명분으로도 제한해서는 안 된다. 안보가 중요하다고 하면 최대한 개인의 인권을 침해하지 않는 안보의 논리와 군 제도가 마련되어야 하는 것이지 안보를 위해 개인이 희생될 수 있다는 논리가 되어서는 안 된다. 많은 경우 개인의 희생을 자동적인 담보로 삼는 안보는 가짜다.

어떤 이념적 명분, 어떤 대의, 어떤 집단의 이익의 이름으로도 개개인의 존엄성과 자유는 침해되어서는 안 된다는 것, 이 세상의 어떤 가치관—안보, 국가, 조국 등등—보다도 개개인의 자유와 권리가 우선되어야 한다는 것, 자신과 생각과 생활 방식을 달리하는 사람들의 권리를 존중해야 한다는 근대 자유주의적인 생각조차 한국 사회에 너무도 부족한 게 아닐까? 존엄성과 자유의 권리를 집단, 그 중에서도 특히 국가가 불가피하게 제한할 수 있다는 생각을 너무도 쉽게 받아들이는 것이야말로 한반도의 주민이 얼마나 안보-군사-징병주의에 의해 억압되고 있는지를 여실히 보여준다. 전시 상황의 비정상성이 여전히 정상으로 인식되고 있는지도 모른다. 한반도 분단 국가의 특수성 담론에 의해 유보되고 억압되었던 민주주의의 역사를 다시 기억해야 하지 않을까?

징병제는 단순히 군대 제도의 문제가 아니다. 그것은 여러 가지 사회적 이해관계, 제도, 이데올로기, 국제 정치경제의 역학과 중첩되어 있다. '병역 의무의 정치학'은 개인과 그 위에 군림하는 집단 및 국가 간의 문제, 여성과 남성의 문제이며, 근대적 폭력의 독점을 바탕으로 전쟁을 준비하는 국가와 국가 간의 문제, 세계화되어 가는 군-산-학 복합체의 문제이기도 하다.

개인의 권리 제한을 집단 및 국가의 이름으로 안이하게 정당화하려는 시도, 국가주의적 복종과 애국심을 통해서 전쟁을 야기하는 시도는 이제 도전에 직면해 있다. 그동안 획일적 집단주의 신화에 끊임없이 문제 제기를 하며 평화와 인권을 위해서 지구적·사회적 소수자의 권리에 주목하려는 노력을 해온 사람이나 단체라면 이러한 문제를 깊이 고민하지 않을 수 없다. 나는 최근에 형성되고 있는 한반도 긴장 고조의 진원을 제대로 바라보고 그것에 지혜롭게 대처할 수 있는 근간은 병역 의무의 신성성을 깨뜨리고 징병제를 근간으로 한 안보 군사주의를 철저히 비판하는 자세로부터 나온다고 믿는다. 진정으로 전쟁을 반대하고 평화적 해결을 바란다면 '당당한 한국인' 운운하며 병역 의무를 무비판적으로 찬양하는 군사주의 목소리부터 문제삼아야 한다.

'국가 안보' 담론에 대한 비판적 성찰

특정한 '안보관'의 보편성

지난 6년간 나는 몸담고 있는 대학의 특수 대학원 군사안보학과 석사과정 프로그램 때문에 군부대에서 출장 강의를 해왔다. 그 덕에 일주일에 최소한 한 번은 군부대 안 혹은 근처의 부속 건물에서 군 장교들에게 국제정치 및 북한 정치에 관련된 과목들을 가르쳐야 했다. 젊은 시절 사병이었던 기억, 군 병영에서 겪은 참혹한 개인적 경험 때문에 처음에는 군부대 안으로 들어가서 대위에서 대령급에 이르는 장교를 접하는 일이 쉽지 않았다. 하지만 가장 어려운 문제는 평화나 인권을 기초로 하는 내 국제정치학, 정치학계 내에서도 주변부에 속하는 내 이론적 입장이 어떻게 안보와 전쟁을 축으로 하는 군인들에게 받아들여질 수 있는가 하는 문제였다. 매 수업 시간마다 약간의 긴장감을 갖지 않을 수 없었고 학생이며 동시에 군 장교인 이들을 어떤 '페다고지'(pedagogy)에 입각해서 가르쳐야 하느냐 하는 문제 때문에 혼란을 겪었다.

처음에 조심스럽게 문제에 접하던 나는 점점 '민주화 시대의 열린 공간' 이라는 점을 믿고 전혀 낯선 각도에서 도발적인 질문을 던지고 강의를 했다. 『20세기의 문명과 야만』, 『전장의 기억』, 『전쟁과 인간』 같은 매우 진보적이고 논쟁적인 책을 텍스트로 사용하고도 별 문제가 없었던 것은 1970, 1980년대를 생각하면 기적이었다. 생각했던 것보다 군 장교들은 소박하고, 덜 오염되었고, 공적이었으며 열려 있었다. 열혈파 '극우 장교' 의 이미지를 갖고 있는 이들은 극소수였다. 상대적으로 유연한 위관급 장교들은 국가, 민족, 전쟁, 적의 개념에 대해 혼란을 느끼거나 내 문제 제기에 대해 골똘히 생각하는 눈치였다.

하지만 전반적으로 내 문제 제기는 그저 수업용 이론에 그치고 말 수밖에 없었다. 그들은 현역 군인이었다. 학위를 받기 위해서 어느 정도 교수에 대해 예의를 갖출 수밖에 없는 군 장교들이었지만 '북한', '안보', '전쟁', '국방' 등의 논쟁적인 문제에 접하면 군인 본연의 자세로 돌아갔다. 물론 그들은 최근 시청 앞에 자주 출몰하는 극우 '애국' 세력에 비하면 훨씬 유연하고 합리적이었다. '주적 개념'의 필요성을 정면으로 부인하고 심지어 노다 마사아키(野田正彰)의 『전쟁과 인간』을 읽고 나서 일어난 논쟁에서 상관의 반인도적 명령에 대해 불복종할 권리를 인정해야 한다는 애국 장교도 여럿 있었다. 민주화의 진전에 따라 군 장교들의 의식도 점점 열리고 있었다.

어느 날 부대에 일찍 도착하여 장교 전용 식당에서 간단히 식사를 한 적이 있다. 대학교의 학생 식당과 별반 다를 바 없는 크고 썰렁한 공간에서 밥을 먹다가 벽 전면에 걸려 있는 현판을 보았다.

평화를 원하거든 전쟁을 준비하라

그 순간 밥을 입에 넣지 못하고 멍하니 그 구호를 한참 바라봤다.[1] 내 어떤 문제 제기도 이 구호 앞에서 무력할 수밖에 없다는 생각이 들었다. 이것은 모든 군인들의 기본적 사상이 아닐까? 전쟁을 준비할 수밖에 없는 게 군인들의 운명이고 그렇다고 전쟁 자체를 정당화할 수 없는 이들은 적어도 이론적으로는 '평화'를 궁극적인 목표로 전제한다. 하지만 전쟁을 준비하지 않으면서 평화를 추구하는 것은 이들에게 위험천만한 일, 어린아이들의 몽상 같은 것이다.

내게는 학생이며 일반 사회에서 접하는 그 연령의 민간인에 비하여 덜 오염된 군 장교들, 하지만 국가에 절대적으로 충성하며 전쟁을 준비하는 것을 직업으로 삼으며 평범한 가정을 일궈나가고 있는 그들을 국제 정치에 대한 내 생각에 어떻게 포함시키느냐 하는 것은 군부대 강의 내내 내 머릿속을 떠나지 않았고 지금까지도 애매하게 남아있는 과제다.

군대 존재 자체를 부정하지 않는 한 군인들이 갖고 있는 이러한 '국가 안보관'은 불가피하다는 생각이다. 그것이 조금 더 합리적이 되고 이성적인 논의의 틀 속에 수렴될 수 있다 해도 기본은 변하지 않을 것이다. 정치 군인들이 사라지고 군과 정치의 분리가 성공적으로 정착한 한국 사회에서 군인들이 갖고 있는 안보관이 크게 문제가 되지는 않는다.

하지만 문제는 '안보관'이라 불리는 특정한 입장의 군사주의 안보 담론이 일반 사회에서도 지배적 위치에 있다는 데 있다. 가령 대학 새내기들을 처음으로 만나는 일 학년 교양 과목에서도 해마다 이러한 담론을 항상 쉽게 접한다. 국제정치학 이론에 대해 전혀 교육받은 적이 없고 자신들이 의식하지 못하면서도 그들은 '국가 안보' 중심적 현실주의(realism) 국제

---

1) 물론 이 구호는 라틴어에서 유래된 것이고 국제정치학 고전에 자주 인용되는 문구다.

정치 이론 패러다임과 사상적 체계에 익숙해져 있다. 그 패러다임에 젖어 있는 대다수 신입생에게도 평화는 뭔가 불안하고 비현실적이고 전쟁 준비, 즉 안보 강화는 가장 중요하며 필수적인 일이다. 심지어 국가간 전쟁은 인류 문명사에서 불가피하고 때로는 진보의 동력이라는 생각까지 하는 학생들도 꽤 있다.

이데올로기에 대해 배울 때까지 대학생들은 이미 그들이 특정한 안보관을 이미 갖고 있고 그것이 매우 협애한 이데올로기 교육과 문화 속에서 자연스럽게 습득된 것이라는 점을 인식하지 못한다. 그리고 이러한 이데올로기적 의식 체계는 국제 정치, 남북한 관계를 둘러싼 안보와 평화에 대한 이성적이고 합리적인 생각을 방해한다. 그것은 국제적 긴장, 남북한 관계의 갈등시에 '우리 안의 대결주의'를 충동하며 물리적 공격의 방향으로 여론을 몰고 가는 경향이 강하다. 뿐만 아니라 그것은 일종의 미시 권력이 되어 사람들이 자유롭고 다중적인 주체로 사고 실천하는 데 끊임없이 제동을 건다.

안보 담론의 헤게모니와 이데올로기적 토대

한국 사회에서 '안보'는 '국익'과 더불어 모든 정치적이고 사회적인 논쟁을 중단시키는 초월적 개념 혹은 이미지로 자리잡았다. 적어도 공적인 영역에서 '굳건한 안보'라는 이미지를 심어주지 못하면 어떤 정파나 개인도 공격으로부터 자유로울 수 없다. 반공주의가 쇠퇴한 민주화 이후의 시기에도 '안보'는 여전히 어떤 공격으로부터도 자유롭다. 김대중 정부가 햇볕 정책을 내세우면서도 동시에 어김없이 '튼튼한 안보 태세'를 강조하지 않을 수 없었던 것은 안보가 초월적인 가치이며 국가의 담당자들이 자동적, 무조건적으로 지켜내야 하는 보편적 가치라는 전제와 관련된다.

안보는 상비군과 더불어 모든 근대의 국민국가를 뒷받침하는 기본 개념이다. 특히 국민국가의 배타적 영토 점유권이라는 개념 위에 바로 안보가 위치해 있다. 따라서 안보에 대한 호소가 유독 한국에서만 강력한 힘을 발휘하는 것은 아니다. 하지만 안보가 무소불위의 권력 담론이 되고 그것에 대한 어떤 문제 제기도 금기시되며 (금기시되었다는 문제의식조차 없다.) 사람들의 일상적·공적 의식에 보편적으로 스며든 것은 어떤 이유에서일까? 나는 그게 크게 보아 국가주의, 분단으로 인한 반공 반북주의, 과도한 '국민' 의식과 깊게 연관되어 있다고 생각한다.

1) 최근에 와서 대안적 안보에 대한 논의가 활발해지고 있지만 한국 사회에서 왜 안보는 자동적으로 국가 안보를 의미하게 되었는지 곰곰이 따져볼 필요가 있다. 왜 개인 안보, 인간 안보[2] 혹은 마을 안보라는 말이 어색하게 들리고 아래 구호에서처럼 안보는 국가와 잘 어울리는 한 쌍이 된 것일까?

잊어버린 안보 의식 다시 찾는 나라 사랑

국가주의적 배경 속에서 개인은 국가의 '구성원'으로서의 의미를 우선적으로 갖게 되고 국가라는 거대한 존재를 위한 의무만 강조된다. 개인과

---

2) 현재 대안 안보 논의에서는 비판적 구성주의, 페미니즘 그리고 인간 안보론의 세 가지가 주요 흐름을 이루고 있다. 여기서는 이 문제에 대해 논의할 지면이 없지만 한 가지 일단 지적하고 싶은 것은, 일부에서 논의되는 '인간 안보', '환경 안보' 등은 되려 안보주의를 다른 영역에 침투시켜서 안보의 이론적 헤게모니를 강화할 위험이 있다는 점, 그리고 개념 확장이 갖게 되는 무의미성의 문제를 수반한다는 점이다. Ronnie D. Lipschutz, ed., *On Security* (Columbia University Press, 1995)의 서문, 46~86쪽 참조.

국가의 모순적 관계, 국가를 여러 개개인의 자발적 연합체로 보는 관점, 자유와 권리 실현 수단으로서의 국가에 대한 인식이 부족한 것은, 여러 가지 복잡한 역사적 원인이 있겠지만 한국 국가의 후후발국 기원과 오랜 개발독재적 성격의 결합에 기인한다.

　이런 상황에서 사실 안전과 별다른 구분 없는 안보라는 개념은 국가만의 독점적 안전 문제로 전환되어 있다. 'security'라는 개념이 일상생활의 여러 차원에서 그대로 쓰이는 데 비해서 한국에서 안보는 당연히 국가의 안보만을 의미하며 안전과 안보는 다른 차원의 것으로 인식된다. 이러한 언어적 구별을 통해서 개인의 안전, 공동체의 안전보다 우선시되는, 혹은 그것들 위에 초월적으로 군림하는 (국가) '안보'가 존재하게 된다. 따라서 국가 안보는 이미 개인이나 지역 공동체, 소집단의 'security'를 넘어서는 특수하고 동시에 보편적인 것으로 인식된다.[3]

　국가주의는 일종의 국가 중심적 사고이다. 근대 국가 체제에 있어 국가는 항상 물리적 강제력과 세수권에 대한 독점을 통해 사회의 모든 다른 영역에 대한 우위를 점했다. 따라서 근대 국가가 기본적으로 국가주의적 성향을 갖게 되는 것은 불가피한 일이다. 모든 근대 국민국가는 외부의 물리적 위협으로부터 자국을 방위할 수 있는 자주적 능력을 주권의 중요 요소로 전제하기 때문이다. 하지만 선발국의 경우 근대 국가의 형성과 발전은 동시에 민주주의와 시민사회의 성장을 통한 견제력의 확대를 수반했다.

　이와는 대조적으로 16~20세기에 걸쳐 식민지를 경험한 '후후발국'의 경우, 위로부터 국가가 사회를 만들어나가는 방식으로 근대를 경험했으므

---

3) 정확하게 얘기하자면 national security의 번역어는 '국민 안보'가 적절하지 않을까? 국가 안보는 state security의 번역에 가깝다. 이런 혼란은 '국가'가 영어로 nation과 state를 동시에 의미하기 때문에 일어난다.

로 사회적 구성원 개개인들의 자발적 주권 양도를 통해 탄생한 국가, 즉 사회적 구성물로서의 국가라는 인식이 자리잡기 어려웠다. 특히 한국에서 초국가주의적 식민지 통치, 분단, 개발독재의 경험은 국가를 사회나 개인, 사적 집단 위에 군림하는 초월적 실체로 각인시켰고 '안보'는 당연히 '국가 안보'를 의미하게 되었다. 그리고 국가 안보는 번영(경제)과 더불어 국가 및 그것에 귀속된 '국민'들이 의문의 여지 없이 자동적으로 추구해야 할 보편적 가치로 자리잡게 되었다. 이러한 사유 방식이 얼마나 질기도록 한국 사회를 지배하고 있는지는 주요 일간지 정치·사회면을 대충 훑어보아도 쉽게 확인할 수 있다. 가령 11만여 명이 참가했다는 최근의 '6·25 국민 대회'에 대한 논설에서 한 신문은 이렇게 쓰고 있다.

> 6·25 국민 대회에 참석한 11만여 명은 여느 이익 단체처럼 '내 몫을 달라'고 떼를 쓰는 것이 아니다. 그들이 바라는 것은 '나라의 안보'와 '경제의 안정'이었다.[4]

여기서 확인하는 것은 안보와 경제에 대한 관념이 비당파적·초월적이라는 신념 같은 것이다. 그것은 '몫'과는 차원을 달리하는 국가 차원의 문제이기 때문이다. '안보 없이 국가 없다', '안보가 바로 서야 나라가 바로 선다'는 구호는 안보의 절대적 중요성을 단적으로 표현하면서 동시에 국가의 기본 의무가 안보임을 명백히 한다. 안보 담론을 통해서 국가주의는 강화되고 정당화된다. 또 국가주의가 강화되면 될수록 안보주의도 강해진다. 국가가 초월적인 존재인 만큼 안보도 그렇다. 따라서 '국가 안보'에 대

---

4) 『조선일보』 2003년 6월 25일자 논설.

한 무시나 소홀함은 이들에게는 바로 그만큼의 열정적 분노를 일으키게 된다. 양심적 병역 의무 거부자에 대한 한국 사회의 폭발적 반응의 이유는 그것이 초월적 성역의 뇌관을 건드렸기 때문이다. '국가 안보'는 '누구에게나' 절대적 선이기 때문이다. 비교적 개혁적인 매체에서도 이 점은 유사하다. '국가 안보'가 철저히 당파적일 수 있으며 또한 그것의 구체적인 언어 작동을 통해서 발생하는 정치사회적 파장이 계급적, 성별적일 수 있다는 생각은 전혀 일어나지 않는다.

특히 1997년 12월 IMF 구제 금융 이후 경제 위기가 전면화되면서 나타난 기존 담론에 대한 거센 비판 속에서도 '안보'는 전혀 도전을 받지 않았다. 당시에 슬쩍 나타났던 '안보가 튼튼해야 경제가 산다'는 구호는 안보나 경제를 초정치적·초당파적인 것으로 확인함으로써 그것의 차별적 성격을 무화시키려는 의식적·무의식적 발상이기도 하다. 그것은 위기 속에서도 한국 사회의 삶과 진로와 관계없이 '제자리'를 지켜야 할 절대 고정의 성역으로 간주되었다.

대중 언론 매체에서 국가 안보가 과연 무엇을 의미하는지, 누구를 위한 것인지, 그것과 자유 혹은 개인과의 복잡한 관계가 무엇인지를 따져보는 관점은 희귀하다. '국방의 의무'와 그것에 기초한 국가 안보는 자동적으로 정당성을 얻는다. 진보에서 극우에 이르는 대다수 언론에서 국방의 의무, 안보 태세의 강화, 든든한 '우리 국방력,' 최전선에서 나라를 위해 묵묵히 복무하는 군인 등에 대한 비판적·성찰적 기사를 보는 것은 거의 불가능하다. 그것은 거의 선험적인 전제고 성역이기 때문이다.

2) 한국의 국가 안보 담론이 다른 후후발국과도 다르고 또한 강력한 것은 그것이 민족 내부의 적을 전제로 하는 '분단'적 사고와 현실, 그것이 세

계적 차원의 냉전과 결부되어 발생한 반공 반북주의 이데올로기와 겹쳐 있기 때문이다. 그것은 분단체제에서 과대 성장한 안보 관련 군사적 집단, 군산과학 복합체의 이해관계와 관련되어 있기도 하다. 물론 역사학자 홉스봄이 지적하듯 제1차 세계대전 이후 인류는 "총성이 멎고 포탄이 터지지 않을 때에도 세계대전이라는 관점에서 생활하고 생각해" 왔다면,[5] 전쟁에 대한 불안과 국가 안보에 대한 고정 관념은 단순히 분단 국가의 전유물은 아닐 것이다.

하지만 지난 반세기간 형성된 상호 적대적인 코리아 분단체제는 공산주의 침략으로부터 '나라'를 지킨다는 명분하에 '남한'(과 '북조선' 양측 모두)에서 안보에 절대적 정당성을 부여하는 가치 체계를 강화했다.

따라서 반공주의를 통해 더욱 강해지는 것은 안보의 신성성과 절대 불가침성이다. 사실 반공주의는 안티 테제인만큼 궁극적인 정당성을 갖기 어렵다. 따라서 반공을 하는 이유가 존재해야 하는데 과거 한국에서의 국가는 그것을 두 가지 축, 즉 안보와 경제 발전에 두었다. 동시에 안보나 경제 발전의 정당한 근거도 반공주의로부터 일정 부분 빌려오는 상호 의존 관계가 존재한다. 김대중 정부의 남북한 화해협력정책 강화 이후 반공 담론의 위력이 약화되고는 있지만 여전히 그것은 안보의 중요성을 거듭 확인하는 데 중요한 역할을 맡는다.

화해와 협력은 튼튼한 안보 속에
확고한 안보의식 평화통일 앞당긴다.
안보로 뭉친 정신 세계화 앞당긴다.

---

5) 데이비드 헬드 외, 『전지구적 변환』(창작과비평사, 2003), 143쪽에서 재인용.

심지어 세계화나 남북한 화해 협력 속에서 평화 통일에 대한 기대감이 고조되는 것에 불안감을 느끼는 안보의 주체들은 '국민'들에게 이러한 구호들을 통해 긴장을 풀지 않고 계속 안보주의를 지켜나갈 것을 명백히 요구한다. "평화로울 때가 가장 조심할 때"라고 다시 한번 경종을 울린다.[6] 지배적 안보 담론은 여전히 그 정당성을 유지하고 있는 것이다. 고등학교 교과서에도 비슷한 발상이 엿보인다.

> 한 가지 빼놓을 수 없는 것은 통일 의식과 안보 의식 간의 균형이다. 청소년들로 하여금 통일 국가의 실현 의지를 가지게 하는 것은 물론 필요한 일이다. 그러나 그와 동시에 국가의 안위를 우선시하는 안보 의식의 중요성도 무시할 수 없다. 북한의 대남 적화를 위한 기본 노선이 변하지 않는 한 이러한 두 가지 의식 간의 균형은 반드시 필요하다.[7]

균형을 강조하고 있지만 통일 담론 속에서 행여나 국가 안보의 최우선이 약화되지 않도록 애써 안보 의식을 강조하는 관습은 전혀 변하지 않고 있다. 그것은 "안보가 흔들리면 평화도 통일도 없다"(한국자유총연맹 ○○도 지회)라는 발상과 동일선상에 놓여 있다.

> 흔들리는 안보정신 경제불안 사회불안
>
> 빈틈없는 대공태세 안정 속에 국가발전
>
> 국가발전 가로막는 용공책동 분쇄하자

---

6) 국가정보원 명의의 서울 지하철 4호선 홍보물.

7) 교육부/서울대학교 사범대학 1종 도서 『도덕·윤리』 연구개발위원회, 고등학교 『윤리』 (대한교과서, 1997), 44~45쪽.

국가 안보에도 안테나가 필요합니다.

111, 여러분의 신고를 기다리고 있습니다.

나라 위한 신고정신 다져지는 국가안보

흐트러진 안보의식 파고드는 좌익세력

북한인식 똑바로 안보의식 새롭게

이런 구호는 반공적 안보 태세가 안정의 밑거름이고 그게 '국가 발전' 및 경제의 조건, 심지어 평화와 통일의 토대라는 점을 전달한다. 역으로 '국가 발전'을 위해서는 '용공 책동'을 분쇄해야 한다. 안보 의식이 해이해지거나 흐트러지면 모든 번영과 안정, 그리고 국가 자체가 붕괴할 것이라는 협박에 가까운 메시지가 여기에 깔려 있다. 특히 마지막 세 가지 구호는 개인들의 반공적, 일상적 경계 태세가 국가 안보의 중요한 요소임을 강조한다. 그것은 일상적 삶과 생활의 태도에조차 안보의 논리가 스며드는 '생체 권력'의 정치학을 보여준다.

반공 담론에 관한 내 기존 연구에서 확인한 것은 대부분의 반공주의 표어들이 안보나 경제 발전을 자기 정당화의 전제로 삼고 있었다는 점이다.[8] 그것들은 서로 의지하면서 일종의 자동적 순환 고리를 만들어내고 유지한다. 반공이 안보를 받쳐주고 안보가 발전을 받쳐주며 동시에 경제 발전 및 안보가 반공주의에 정당성을 부여하는 구조다. 하지만 과연 안보는 경제나 반공과 친화적인 개념인가?

3) 안보주의 담론에서 보이지 않는 역할을 하는 것은 국제적 차원에서

---

8) 졸고, 「반공주의 회로판 읽기—한국 반공주의의 의미체계와 정치사회적 기능」, 『통일연구』 제2권 제2호 (연세대 통일연구원, 1998) 참조.

의 배타적 타자의 전제다. 안보는 가상의 적, 잠재적 적으로부터 '우리'를 지키는 것이다. 근대 국민국가 체제에서 그것은 항상 다른 '국민'(nation) 으로부터 '우리' 네이션(nation)을 지키는 것을 의미한다. 따라서 안보 담론은 국민 의식에 기초하고 있으며 후자의 강화는 전자를 부추기는 데 기여하게 된다. 즉 네이션(민족, 국민) 의식의 강화는 '우리'와 다른 타민족 및 국민의 존재를 부각시키고 그러한 타자의 존재에 대한 끊임없는 불안감은 '우리'의 보위에 대한 필요성으로 이어진다. 따라서 네이션을 강조할수록 '우리'를 지키기 위한 안보주의는 정당성을 얻으며 강화된다.

한국은 식민지 경험, 분단체제 등으로 인하여 다른 어떤 근대 국가보다도 국민 의식이 강한 사회적 공간이 되어버렸다. 민족이라는 동질적 요소를 공유하는 다른 네이션, 분명하게 적대적인 네이션(즉 북한)의 존재나 동북아 국제 정치 공간이 갖고 있는 매우 긴장된 성격은 이러한 의식을 더욱 과도하게 분출시켰다. 그것은 원래 '국민'이 갖고 있는 배제적 성격을 증폭시켰고 역으로 그 증폭된 배제와 차별의 논리는 남한의 국민주의를 더욱 자폐적이고 따라서 더 불안한 자기 방어의 함정으로 넣어버렸다. 타자에 대한 지속적인 불안감은 결국 자기 방어의 메커니즘을 강화한다.

안보가 국가 안보로 성립되는 건 '타자'에 대한 배타적 설정과 더불어 '개개인을 과거와 특별한 방식으로 관계 맺게 하는 메커니즘'에도 중요한 원인이 있다. 어떤 개인이 '개인사'를 갖는 게 아니라 자기가 속한 국가, 민족, 인종의 역사를 갖게 되고 그게 자기 역사가 되게 하는 것, 내가 태어나기도 전에, 나와 상관없는 사람들이 했던 일들이 곧 나의 과거며 전통이며 운명이라고 믿게 만드는 '국민', '민족' 교육은 사실상 안보 논리의 근본적 기초다. 자신이 속한 커뮤니티의 과거는 곧 '나'의 과거가 되고, '나'는 그 과거에 대해 책임감, 죄책감, 수치심, 프라이드 등을 느끼게 된다. 여기서 국가 안보의 신화는 탄생한다. 따라서 '국민', '우리' 의식은 사실은 잠재적인 전쟁에 대비하는 개념이며 따라서 그것을 강조하면 할수록 안보주의 담론은 강화될 수밖에 없다.

안보 및 '힘' 담론과 평화

로스(포츠머스 조약이 체결된 기지 내 박물관 관리원)에게 말했다. "강대국엔 포츠머스의 이미지는 평화지만, 한국은 비참한 운명의 시작이다. 그는 "제국주의 시대의 비극"이라고 답했다. 평화를 지킬 힘과 능력이 없는 국민은 평화를 맛볼 자격이 없다. 구걸하는 평화는 썩고, 국론은 갈리고 평화를 잃는다. 평화의 속성은 포츠머스 회담 때나 마찬가지다.[9]

2003년 어떤 일간지의 논설위원이 포츠머스를 둘러보고 쓴 이 글은 많은 한국의 지식 엘리트들이 공유하는 애국적 현실주의를 전형적으로 드러낸다. 이 지식인의 평화에 대한 생각은 '평화를 원하거든 전쟁을 준비하라'는 군인들의 생각과 한 치의 오차도 없다.

정전 회담의 증인 유재흥 전 국방 장관에 대한 기사 제목은 "전쟁은 영화 아닌 엄연한 현실—확고한 안보관으로 북을 봐야"이며 끝머리는 "지금이야말로 젊은 세대들이 정전의 의미를 다시 한 번 깨닫고 확고한 안보 의식으로 북한의 도발에 철저히 대비해야 할 때입니다"라는 그의 발언을 인용하는 것으로 끝난다.[10] 이런 전형적인 내용은 해마다 6월이나 7월 혹은 국방 관련 기사에서 쉬지 않고 똑같이 반복된다.

---

9) 박보균, 「포츠머스 조약을 찾아서」, 『중앙일보』 2003년 7월 3일자 '중앙포럼'.
10) 『동아일보』 2003년 7월 24일자 기사.

　지배적 안보 담론에서 '힘'은 항상 긍정적인 요소로 부각되고 평화는 믿을 수 없는 불안감을 암시한다. 따라서 불안한 평화는 힘으로 뒷받침되지 않으면 안 된다. 이런 논리를 펴는 사람들의 머릿속에는 여러 가지 논리가 전제되어 있다. 그것을 한국형 안보주의라 부를 수 있다면 다음과 같이 정리할 수 있다.

　<1> 나, 현실주의자야말로 국제 정치 현실이 약육강식의 정글이며 참으로 냉혹하다는 걸 잘 알고 있다. 전쟁은 영화 아닌 엄연한 현실이다. 이와 대조적으로 평화를 외치는 자들은 순진하기 짝이 없는 이상주의자다. 후자는 대체로 평화운동가, 학자, 여성, '요즘 젊은 세대'를 의미한다.

　<2> 국제 정치 현실에서는 누가 뭐라고 해도 힘, 특히 군사력이나 전쟁 준비 태세가 가장 중요하다. 힘 없는 평화는 위험하다. 국가는 자국의 이익만을 추구하는 이기적인 존재이기 때문이다. 우리만 평화를 외치다가는 결국 당하고 만다.[11]

　<3> 국익을 우선시하고 만약의 도발에 대비하는 확고한 국가관, 안보관이 필요하다.

---

11) 항상 이런 논리를 정당화하기 위해 인용되는 것은 뮌헨 협정을 체결했던 영국 수상 체임벌린의 '유화 정책'이다. 최근에 한 언론 엘리트도 이점에 착안하여 평화 논리의 위험을 강조한다. "국민적 영웅이 되어 돌아온 체임벌린은 '영광스러운 평화'를 역설했지만 이듬해 9월 독일의 폴란드 침공으로 유럽 전역은 제2차 세계대전에 빠져들고 말았다. 체임벌린의 오판이 초래한 엄청난 재난을 수습한 것은 뮌헨 협정에 반대했던 처칠이었다. 평화는 순수한 열정이나 유화 정책으로 이룩되지 않는다는 역사적 교훈이다." (이선민, 「진정한 '한반도 평화'를 외치는 사람들」, 『조선일보』 2003년 8월 19일자 '조선데스크'.) 하지만 상황 판단에서의 오류를 유화 정책 자체의 문제로 이끌어 가는 것은 무리한 논리다. 다른 상황에서는 유화 정책이 적절하고 강경책이 전쟁을 유발할 수도 있다. 1차 세계대전 직후의 상황에서는 강경책이 되려 독일의 전후 군사주의를 유발했다는 주장이 설득력 있게 받아들여진다.

이런 논리 체계하에서 일종의 조건반사적 회로가 생긴다.

a 회로:
국제 정치 현실 → 냉혹한 정글 → 약육강식 → 자구적 힘의 필요성 →
국력 증강 및 국익 강화 ↔ 안보 태세 강화 ↔ 국가 강화

b 회로:
평화 → 이상주의 → 무방비 → 불안 → 도발 가능성 → 유비무환

이러한 안보주의 조건반사 회로를 통해서 국제 정치 현실에 대한 대안
적 · 비판적 인식, 국익 · 국력 · 국가 등을 매개로 하지 않는 안보에 대한
인식의 가능성은 사라진다. 과연 국제 정치 현실은 정글인가? 약자는 아
무런 발언도 하지 못하고 있는가? 약자가 생존하는 것은 오로지 힘을 키
울 때뿐인가? 국력이나 국익이라는 개념이 실제로 성립 가능한 개념 혹은
실체인가? '우리'와 '적'은 정말 이해관계가 갈리는 두 개의 이질적 집단
인가? 안보 태세 강화보다는 평화를 강력하게 정착시키기 위한 노력, 국
가의 물리력에 대한 시민적 통제와 국제적 협력이 대안은 될 수 없을까?
이러한 다양한 질문들은 묻혀버린다. 오로지 힘의 증강을 통한 국가 안보
의 강화만이 최우선의 목표가 되고 그것이 내포하고 있으며 유발하는 정
치사회적 영향과 암시에 대한 생각도 묻혀버린다. 이러한 안보 담론의 종
착역, 그 정치사회적 암시는 무엇일까?

1) 현재 지배적인 안보 담론이 위험한 것은 그것이 국가적인 것을 초월
적인 것으로 전환시킴으로써 국가와 군사를 정치로부터 분리시키기 때문

이다. 국가 및 안보는 정치에 대해 우위를 점하게 된다. 그 결과 갈등, 다양성, 비판적 논의를 축으로 하는 정치는 그만큼 위축된다. 국가 안보의 문제가 정치의 장으로부터 분리될 때 그것은 그 문제에 대해 헤게모니적 입장을 점유하는(일반 시민들의 의식에 인식되지 않는) 특정 집단의 이해관계를 고스란히 반영하기 마련이다. 특정한 계급, 성, 집단의 이익을 반영하는 안보 논리가 보편적인 것으로 잘못 인식되면서 그것의 이데올로기적 효과는 최대화된다. 가령, 평화와 전쟁에 대해 한 학기 배우며 비판적인 의식을 높이고 학기 말에 입대한 제자조차 이런 편지를 남겼다.

> 안녕히 계십시오. 잠깐 사라졌다가 다시 돌아오겠습니다.
> 제가 나라 잘 지키고 올 테니 두 다리 쭉 펴고 주무십시오.
> 교수님도 푹 쉬세요. 제가 무슨 일 생기면 총 들고 바로 도와드리겠습니다.……[12]

꽤 의식이 있었던 이 학생의 생각에도 '나라를 지키는 일'에 대한 정치적 판단은 별로 없다. 배웠던 여러 가지 비판적 이론과 나라 지키는 일을 연관시키는 생각은 전혀 고려되지 않고 있다. 더구나 그것이 교수를 포함한 '민간인'을 돕는 일로 자연스럽게 전제되고 있다. 안보라는 개념이 어떤 정치적인 논쟁이나 이론을 넘어선 초월적인 것으로 이미 침투되어 있음을 잘 보여준다. 이런 과정에서 가령 안보의 주체인 남성의 가부장성("나라를 지키는 것은 '사나이'니까!"), 국민주의("병역 의무를 다한 자만이 '국민'의 자격이 있으니까"), 집단주의("한 마음 한 뜻으로 뭉쳐야 나라가 산

---

12) 2002년 제2학기 '제3세계 정치론'을 들었던 P군이 방명록에 남긴 글.

다”) 등은 자연스럽게 강화된다.

2) 거기서 발생하는 것은 유사시에는 그리고 최종적으로는 국가 안보라는 초월적이고 절대적인 가치를 위해 기본적 인권이 유보될 수 있다는 생각이기도 하다. 국가 안보를 위해서 인권이 유보, 제약될 수도 있다는 관념은 오랫동안 한국 사회를 지배해 왔으며 현행법에도 그런 요소들이 적지 않게 남아 있다. 국가에 관련된 중요한 과업, 혹은 ‘국익’을 위해 개인이나 소집단의 희생은 ‘어쩔 수 없다’는 인식이 여전히 강하다. 많은 진전이 있었지만 표현과 결사의 자유, 사생활의 절대적 보호 같은 기본적 인권에 대한 논란이 여전한 것은 ‘국가 안보’를 축으로 하는 사유 방식과 문화와 관련되어 있다.

3) 여기서 사실 또 한 가지 심각한 문제는 안보 담론에서 모든 상황은 이미 절대적으로 결정되어 있고 시민들에게는 ‘따라야 할 의무들’만 있는 상태로 그들을 조직화해 버리는 경향이다. 따라서 안보 논리의 내용 자체가 문제이기도 하지만 그러한 국가주의적 조합이 만들어내는 일정한 인간 유형은 안보 문제에 대해서는 물론 다른 정치사회적 문제에 대해서도 같은 방식으로 사고하고 대응하고 실천하게 만드는 경향이 강하다.

4) 하지만 민주화 이후의 민주주의 사회에서 1), 2)는 점점 도전받고 있다. 안보 담론에서 끈질기게 살아남으면서 여전히 유포되고 있는 생각은 앞서 얘기한 ‘평화를 원하거든 전쟁을 준비하라’는 식의 논리다. 힘의 담론은 2003년 오늘도 강력하다. 그것은 어떤 정치적 역할을 담당하는가? 힘의 논리는 언제든지 군산복합체의 이해관계를 반영하는 도구가 될 수

있으며 동시에 군축, 화해, 협상 등의 비군사적 접근의 공간을 위축시킬수 있다. 힘의 담론이 강할수록 타협과 외교의 폭은 줄어든다. 동시에 안보 담론은 '국민국가'라는 단위를 기초로 하는 배타적 사유 방식을 자연스레 강화하면서 그것을 넘어서는 관계/유대, 초국민적 협력의 가능성에대해 눈을 가려버린다.

여기서 생각해야 할 것은 국가 안보라는 개념에 의해서 생겨나는 '힘'이 사실은 전쟁을 유발하고 국가의 안전을 훼손하는 경향을 갖는다는 점이다. 국제정치학에서 '안보 딜레마'라고 불리는 현상은 바로 이 점에 주목한다.[13] 안보를 강화하기 위한 군비 증강이 상대방의 잇따른 군비 증강으로 인해 되려 안보를 약화시키는 결과를 초래한다는 것이다. 따라서 평화를 위해 전쟁을 준비하는 것이 오히려 안보의 기반을 훼손하고 결국 전쟁 가능성을 높이는 결과를 가져올 수 있다.

사실 안보 담론은 항상 반안보의 가능성을 잉태하고 있다고 해도 과언이 아니다.

남은 이야기

따라서 우리가 (한 국가 안에서 통일된) 문명화된 국민이라면 그런 타락한상황에서 하루 속히 벗어나기를 희망한다고, 그것도 빠를수록 좋다고 생각하는 것이 당연할 것이다. 그러나 사실은 이에 반하여, 각 국가는 국가의 존엄을(국민의 존엄이라고 말하는 것은 불합리하기 때문에) 어떠한 외적인법적인 강제에도 굴복하지 않는다는 점에 두고 있다. 그럼으로써 국가의 통

---

13) Barry Buzan, *People, States & Fear* (Brighton: Harvester, 1991); 조지프 나이, 양준희 역,『국제분쟁의 이해 — 이론과 역사』(한울, 2000), 34~35쪽 참조.

치권이 갖는 위력은 수많은 사람들로 하여금 국가의 명령에 따라 자신들과
아무런 관계가 없는 일에도 희생하도록 하고 그리고 국가에 필요치 않는 한
에서 국가를 최소한의 위험에도 빠져들지 않게 한다.[14]

여기서 안보와 관련하여 국제정치학의 오래된 논쟁, 현실주의와 자유주
의, 구조주의 간의 차이와 갈등을 소개하고 조명하고 싶지는 않다. 왜냐하
면 그것들은 근본적으로 현재 진행중인 안보와 평화의 문제를 검토하는
데서의 중요한 한계, 즉 근대적 국민국가의 틀을 전제·긍정하고 있기 때
문이다. 여기서 내 주요 관심은 한국 사회에서 지배적인 안보 담론을 어떻
게 바라보며, 평화 지향적인 흐름 속에서 그것을 어떻게 해체하고 변화시
킬 것인가 하는 문제이다. 적어도 내 생각에 그것은 개인이나 집단의 기억
을 특정 '국가'로 전환시키고 유지하는 담론과 정치경제에 뿌리를 두고
있다. 앞서 얘기한 것에 어느 정도의 결론이 들어 있다. 즉 국가주의, 반공
주의, 국민 의식 그리고 힘의 논리와 중첩되고 얽혀 있는 안보 의식을 개
인과 구체적인 생활 공동체의 실제적 안전과 행복에 관련지어서 해체해
나가려는 움직임에서 답을 찾을 수 있다. 사실 개인 및 마을, 지역 공동체
의 안전이란 되려 '국가 안보'에 의해 훼손되거나 파괴되는 경향이 크기
때문이다. 앞에서 인용한 칸트의 『영원한 평화를 위하여』에서의 발언은
바로 국가가 갖는 강제적 통치권이 개개 시민들의 안전과 모순된다는 점
을 지적한다.

또한 오늘날 국민국가(nation-state)의 테두리 안에 살고 있는 주민들의
공동 안전 역시 국가 안보 논리가 제시하는 제도 및 힘에 의해서 보장되지

---

14) 임마누엘 칸트, 이한구 역, 『영원한 평화를 위하여』 (서광사, 1992), 제2장 31쪽.

않는다는 점이 점점 명백해지고 있다. 사실 많은 군사학자들이 지적하듯 이제 사실 "국가 안보 담론은 국가 행동의 단순화된 표현, 정당화 도구에 불과하다."[15] 일국가적 차원의 안보는 현대 군사의 지구화 과정 속에서 불가능해졌기 때문이다. 그것은 선진 자본국들의 군사적 주권, 자율성의 개념을 무너뜨리고 있다. 방위 산업의 토대는 이미 많은 선진국에서 초국화되고 있으며 이것은 '국가 방위'라는 개념을 훼손한다. 차라리 국가 안보보다는 국제 안보라는 말이 현실에 더 적합하다.[16]

그럼에도 불구하고 대다수 시민들이 기꺼이 '국민'이 되어서 국민국가가 요구하는 전쟁 준비 상태에 놓이게 되는 것은 '국가 안보'의 신화를 그대로 수용하고 있기 때문이다. 구체적으로는 '국가 안보'가 마치 대다수 구성원들의 공통적 운명의 보장을 지칭하는 것으로 오인하기 때문이다. (이런 점에서 최근 노무현 정부가 과감하게 제시하는 '자주국방론'도 민족주의적 반미 정서에는 호소력이 있을지 모르나 코리아 반도에서의 지속적 평화에 대한 현실적 대응으로는 한계가 뚜렷하다.)

안보가 문제가 되는 건 금 그어놓은 경계, 즉 자신이 소속된 국민국가 밖의 무언가에 대해서 배타적이 되기 때문이다. 따라서 '그들의 평화'와 '우리의 평화'는 공존할 수 있는 게 아니라 '우리의 평화'를 위해 '그들과 전쟁을' 벌여야 한다는 논리가 성립한다. 그런데 그 '우리'라는 걸 현실적으로 규정하고 있는 것은 국적에 기반한 여러 가지 권리와 의무의 복합체다. 여기서 지배적 안보 담론의 틈새를 파고들어갈 수 있는 전망이 보일지도 모른다.

경계의 소멸이나 보편적 윤리에 의한 세계 공동체 같은, 지금으로서는

---

15) 데이비드 헬드 외, 앞의 책, 제2장 「조직화된 폭력의 확산」, 225쪽.
16) 같은 책, 215~230쪽 참조.

너무나 머나먼 거리에 있는 어떤 이상체가 아니더라도, 안보를 움직이는 가장 기초적이고 딱딱한 토대를 좀 흐물거리게 만들 수 있는 단계에 들어가는 게 가능하다. 물론 안보 담론이 갖는 여러 장치 자체는 사람들로 하여금 이 '흐물거리는 상태'를 견딜 수 없게 만드는 작용을 기반으로 작동되고 있다. 국가 안보가 국민국가의 경계를 기반으로 작동되고 있다면 현재 지구화(globalization)와 맞물리며 국민국가가 자신의 경계를 어떻게 탄력적으로 운영하고 있는지를 검토해 봐야 한다. 더 강해지기만 하는 것도 아닐 테고 완전히 무력해지는 것도 아니지만, 점점 국민을 안정적인 범주로 만드는 기반이 흔들리고 있다.

따라서 국가 안보를 둘러싼 담론의 해체 작업은 전쟁과 평화에 대한 대안적 접근을 축으로 하는 운동·교육·문화뿐만 아니라 '국사'·'국민 교육' 등 개개인을 특정 집단의 과거와 관계 맺게 하는 담론의 해체를 필요로 한다. 이 때 해체는 단지 특정 관점에서 조명된 내용을 다른 관점으로 다시 쓰는 차원에 그치는 게 아니라, 어떤 집단의 만들어진 '특정한' 기억을 그 시공간과 뚝 떨어진 특정 개인에게 연결시키고 그 개인의 어떤 감정의 원천으로 작용하게 하는 관계의 총체적 메커니즘을 해체한다는 의미가 되어야 한다.

그래서 '우리'의 개념과 현실적 강제력을 움직이는 법적·정치적 경계, 그 '우리'의 배타적인 경계가 허물어져서 '우리-그들'의 이분법이 해체되어야 안보에 대한 논리도 '그럼에도 불구하고 우리의 평화를 위해 어쩔 수 없다'와 '위험하기 짝이 없는 대책 없는 평화주의'라는 구도를 벗어나 새로운 문제틀로 옮겨질 수 있다.

물론 단순히 지배적 안보 언설의 해체와 재구성만이 문제가 아니라 안보 담론의 물질적 기초를 이루는 정치경제 메커니즘, 안보 산업을 둘러싼

시장과 국가 간의 복합적 관계망도 평화를 지향하는 사람들의 주요 표적
이 되어야 할 것임을 잊지 말자.

2부
지구화 시대의 '국민', 제국, 미국

세계화와 미국 인식
미국 패권주의와 반미주의를 넘어서

한국의 대학에서 제3세계에 대한 미국 정책에 관한 첫 강의를 맡았을 때 나는 당연히 교재 중의 하나로 노암 촘스키(Noam Chomsky)의 저서 『미국이 진정으로 원하는 것』을 선택했다. 미국에 대해 무비판적이고 환상을 갖고 있는 대학생들의 의식에 지적 자극을 주기 위해서였다. 그러나 학생들이 쓴 그 책에 대한 소감을 읽고 난 후로는 촘스키 책을 포기해야 했다. 한결같이 그들은 '이런 천인공노할 미국 놈들!' 이라는 식의 반미 감정만을 토로하고 오히려 이미 갖고 있었던 폐쇄적 민족주의 가치관을 한층 강화한 모습을 보여줬기 때문이다. 그 책을 통해서 한국 대학생들의 민족-외세의 이분법과 그것에 수반된 힘의 논리, 즉 '우리도 빨리 힘을 길러 미국에 당하지 말아야 한다' 는 생각은 더욱 강화될 것임이 명백했다.

1990년대 중반 이후에 큰 논란이 되고 있는 세계화에 대한 논의에서도 이런 문제점이 드러난다. 세계화에 대한 일방적 찬양이 경제 위기를 맞으면서 한풀 꺾이기 시작하더니 최근에 와서는 지구적 차원에서의 반세계화 운동에 한국인들도 오히려 주도적인 참여를 하고 있는 현상이 벌어지고 있다. 하지만 세계화에 대한 대중적 인식은 복합적 이해관계에 대한 구체적 계산과 전망에 기초하기보다는 한국-외세, 특히 한국-미국을 구분하고 그 관계를 설정하는 막연한 한국의 민족주의 및 대미관에 의해 규정된다. 좀 단순화한다면 세계화를 찬성하거나 혹은 반대하는 사람들의 입장은 부분적으로는 그들이 갖고 있는 미국관에 의해서 영향을 받는다. 즉 미국을 어떻게 인식하느냐에 따라 세계화에 대한 관점과 입장이 달라지는 것이다. 그리고 미국을 바라보는 관점은 한국에서 가장 지배적인 민족주의 담론의 토대 위에서 형성된다. 한국인은 어떻게 세계화를 인식하고 있는가? 그 인식에서 미국에 대한 관점, 특히 반미적 민족주의는 어떤 역할을 하는가?

미국에 대한 인식의 변천

한국에 사는 사람들의 미국에 대한 감정은 매우 복합적이며 몇 가지 역사적 단계를 거쳐 오늘에 이르렀다. 1980년대 초까지만 해도 대다수 한국인들에게 미국은 한국전쟁에서 남한을 구해준 구세주이며 전후의 경제 발전에 원조를 아끼지 않은 나라로 인식되었다. 1960년대에 본격화된 경제 발전은 잠재적으로는 미국처럼 잘사는 선진국이 되고 싶다는 집단적 의지의 표현이었다. 근대화=미국화로 인식되었으며 주한미군은 공산주의의 침략으로부터 남한을 지켜주는 든든한 성채로 여겨졌다. 따라서 이 시기에는 모든 미국에 대한 비판적 언행은 반미로, 반미는 다시 '용공', '친북'으로 연결지어 인식되는 경향이 강했다.

그러나 1979년 박정희 전 대통령의 암살 이후에 보여준 미국의 애매한 행동에 대한 의구심과 1980년 5월의 광주 학살을 미국 정부가 주한미군을 통하여 암묵적으로 승인하고 지지했다는 인식이 확산되면서 1980년대

남한은 반미주의의 돌풍 지대로 변모했다. 민주화와 통일을 위한 사회운동이 진행되면서 '양키 고우 홈', 혹은 '미국 제국주의'라는 말은 오랜 금기를 깨고 일상화되었다. 한국전쟁 이후 처음으로 미 대사관 및 시설은 점거 농성의 표적이 되었으며 성조기를 태우는 의식이 빈번하게 거행되었다. 미국은 남한의 자주, 민주화, 통일, 평화를 가로막는 '악'으로 인식되기 시작했으며 그것은 급속도로 일반 대중에게 확산되었다. 반미=민주화=통일, 친미=독재=반통일이라는 등식이 새로 형성되었다. 특히 1988년도 서울 올림픽에서 남한의 대중들은 구소련팀에게 환호를, 미국팀에게는 대체로 냉담한 반응을 보냄으로써 친미 반공 세력에게 당혹감과 불안을 불러일으켰다.

1987년부터 본격화된 절차적 민주주의의 확대 과정에서 한국인들의 미국관은 또 한 차례의 변모를 겪게 된다. 경제적 측면에서 준주변부로의 완전한 진입과 탈권위주의적 정치 과정은 한국인들의 민족적 자존심을 높이게 되었다. 한국 재벌 기업의 전지구적 진출은 애국심과 미국에 대한 자주적 태도를 강화하게 되었다. 따라서 1980년대의 미국에 대한 강한 비판적 태도는 지속될 수밖에 없었다. 또한 냉전체제의 붕괴와 일정한 수준에서 성공적으로 진행된 민주화와 야당 정치인의 집권은 반미주의 담론으로부터 급속도로 급진성을 탈각시켰다. 반미주의는 민족주의 정서를 토대로, 이번에는 부국강병적 기업주의와 결합되어 한국 자본의 세계적 진출을 부추기고 정당화하는 기능을 담당했다. 1997년 경제 위기가 터지자마자 그것을 '미국의 음모'로 보는 시각이 자연스럽게 확산되었던 것은 바로 이런 사정에서 연유한다. 동시에 여전히 한국 사회에서 강한 것은 미국에 대한 동경과 숭배다. 영어 공부에 대한 전국민적인 집착, 유학 대상국으로서 미국의 독점적 지위, 할리우드 영화와 미국 대중 음악에 대한 열광, 미국식 패스트푸드 체인점의 번성, 미국의 메이저리그 야구와 NBA 농구에 대한 열광 등은 정치경제적 측면에서의 반미 감정과 함께 한국인의 대미국관을 구성하고 있는 중요한 요소이다.

이러한 배경으로 인하여 현재 한국 사회에는 미국을 바라보는 세 가지 시각이 병존한다. 첫째, 과거의 반공-친미적 입장은 지배층 및 중간 계층에서 여전히 강하다. 그것은 다시 냉전주의적 권위주의에 경도된 입장과 자유주의적 입장으로 나눌 수 있다. 두 번째, 급진적 관점에서 미국에 대해 비판적인 입장을 유지하고 있는 세력은 주로 진보적 지식인이나 노동 운동을 중심으로 한 기층 운동에서 강하다. 세 번째로, 일반 대중들은 민족주의적 정서에 토대하여 미국에 대해 비판적인 입장이 강한 편이다. 하지만 이 경우 막연한 반미 정서가 꼭 정치적 반미주의로 연결되는 것은 아니다. 첫 번째의 반공-친미의 경우도 정치적으로만 그럴 뿐 문화적으로는 매우 보수 권위주의적인 입장에서 미국을 비롯한 서구 문화의 개인주의나 개방성, '퇴폐성'을 부정적으로 보는 복합성이 존재한다.

세계화와 미국 인식

현재 세계화를 둘러싼 한국에서의 논쟁과 대립에는 미국을 바라보는 이러한 여러 가지 입장이 농축되어 있다. 우리가 세계화를 기본적으로 국가적 경계의 철폐와 시장 경제에 대한 국민국가 개입의 최소화를 지향하는 현상으로 규정할 때 그것을 둘러싼 논쟁은 복잡하다.

첫 번째는 대체로 신자유주의에 동조하는 관점으로 나타난다. 이러한 관점은 김영삼 정부에서 시작한 세계화 지지 정책, 그리고 경제 위기의 한복판에서 등장한 김대중 정권의 구조조정 정책에 의해 본격화되었다. 신자유주의자들에 의하면 그것은 국경과 관세·비관세 장벽의 경계를 허물며 국제적 생산과 교역의 가능성을 최대화함으로써, 그 결과 지구촌의 대다수 국가들이 상호 번영의 혜택을 얻게 되는 과정이다.[1] 동시에 경제적 관계의 강화를 통한 상호 의존은 국민국가 간의 물리적 충돌을 방지하며 국제적 평화를 보장하는 방향으로 나아가게 된다고 한다. 따라서 세계화에 긍정적인 시선을 보내는 사람들은 보호주의적 경제관이나 급진적 민족주의에 대해 비판적인 관점을 갖게 된다. 가령 경제 위기가 전면화된 지 얼마 안 되어 한국의 대표적인 보수지의 한 칼럼은 "요즘 비즈니스 세계에서 국적을 따지는 것은 촌사람이나 할 일"이라며 "우리가 진정으로 걱정해야 할 것은 M&A를 하러 오는 외국인들이 아니라 그들을 막고 있는 외국인 공포증이다"라고 단언한다.[2]

그들은 세계화와 미국화를 동일시하는 관점에 대해서 유보적인 태도를 갖고 있지만, 한편으로는 미국화가 꼭 나쁜 것만은 아니고 또한 불가피한 과정이며 그것을 통해서 유지, 강화되는 한미 관계는 한국의 안보와 발전에 필수적인 조건이라고 주장한다. 물론 이들은 한국의 문화가 미국 문화로 대체되는 것에 대해 적어도 표면적으로는 반대하며 일부는 경제적 개방과 정치적·문화적 보수주의를 결합하는 이중적 입장을 보여준다.[3] 이들은 여전히 반미주의의 위험성을 경계하고 그것을 '불순-용공-안보 불안'의 등식의 연장선상에 놓음으로써 한국 정치에서 미국식 자유민주주의

---

1) 최근에 번역된 『뉴욕타임스』 기자 토머스 프리드만(Thomas L. Friedman)의 『렉서스와 올리브나무』(창해, 2000)는 미국 중심적인 관점의 노골적 표현에도 불구하고 베스트셀러가 되었다.
2) 변용식, 「한국인의 애국심」, 『조선일보』 1998년 2월 9일자.
3) 계간 『사상』 2000년 겨울호 특집 "미국"에 실린 글들은 대체로 미국에 대한 주류적 입장에 서 있다. 특히 함재봉은 「사대와 반미 사이에서—문화사적으로 본 한미관계」에서 친미와 반미를 비판하면서도 세계화를 통해 오히려 한국 전통에 기반한 '문화적 정체성'을 살릴 수 있다는 이색적 주장을 편다. 나는 거기서 유교에 바탕을 둔 문화적 보수주의를 경제적 개방과 병행하려는 목소리를 듣는다.

의 요소를 오히려 유보하는 데 기여한 모순적인 전력을 갖고 있다.

두 번째로 신자유주의적 세계화에 대한 비판적 관점을 들 수 있다. 최근 들어 다시 경제 위기의 가능성이 보이면서, 그리고 구조조정으로 인한 한국 경제의 취약성이 전면으로 드러나면서 세계화에 대한 비판적인 입장도, 한동안 수세에 몰려 있었지만, 상당한 지지를 얻고 있다. 그것은 두 갈래로 나타난다. 한쪽에서는 세계화가 결국은 자본 자유화의 논리이며 따라서 자본주의가 내포하고 있는 본질적 속성, 즉 불평등의 재생산을 벗어날 수 없다고 본다. 국민국가적 틀이 가로막고 있던 생산과 소비의 전지구적 통합이 세계화를 통해 본격화되고 있으며 그 결과 중심부와 주변부, 그리고 각 국가 내부의 빈부 격차가 심화될 것이라고 본다. 세계화란 지구적 불평등의 확대이며 구체적으로는 사회적 약자와 주변부 민중의 희생 위에서 초국적 자본의 전지구적 팽창과 통합의 기회를 최대화하는 과정이다.[4] 다른 한편으로 민족주의자들에게는 그것은 외국 자본의 침략, 민족 자본의 쇠퇴, '국부 유출'로 인식된다. 그것은 WTO 같은 국제 기구를 통한 강대국의 약소국에 대한 경제적 전쟁의 명분이자 도구일 뿐이다. 양쪽 다 세계화로 인해 국제적 평화의 길은 오히려 멀어지고, 크고 작은 물리적 충돌을 전지구화할 위험이 나타나고 있다고 본다.

세계화가 미국 중심의 패권질서(Pax Americana)와 중심부-주변부 간의 불평등한 경제 질서를 정당화하는 방향으로 나아가고 있는 것은 사실이다. 특히 아시아 경제 위기 이후에 나타나고 있는 현상은 준주변부에서 지난 30년간 괄목할 만한 성장을 이룬 아시아형 자본주의의 몰락과 경제

---

4) 세계화를 비판하는 많은 서적들이 번역되고 있는데 그 중에서도 가장 인기를 끈 서적 중의 하나는 독일의 저널리스트 한스 피터 마르틴(Hans Peter Martin)과 하랄드 슈만(Harald Schumann)이 공저한 『세계화의 덫』(영림 카디널, 1997)이다.

개방의 가속화에 따른 중심부 자본의 유입이다. IMF의 구조조정 프로그램에 따른 한국 경제의 개편 과정에서 초국적·다국적 기업의 한국 기업사들이기와 외국 투자가의 국내 주식시장 진출이 두드러지고 있다. 한국 경제의 개혁은 재벌/관료의 결탁에 토대한 한국형 자본주의를 무너뜨리면서 동시에 중소기업의 도산, 대규모 실업, 노동권의 위축이라는 문제를 만들어내고 있다. 최근에 나타난 여러 차례의 파업과 농민들의 강도 높은 시위, 아셈(ASEM) 회의를 전후해 조직되었던 신자유주의 반대 투쟁은 바로 이러한 변화에 대한 사회적 약자들의 저항이다.

이러한 일종의 세계화·구조조정 반대 투쟁에서 미국에 대한 비판적 정서와 관점이 강화되고 있다. 왜냐하면 한국인들은 세계화나 IMF 주도의 구조조정이 미국의 이익을 강화하는 방향으로, 심지어 미국의 '음모' 하에 진행되고 있다고 믿기 때문이다.[5] 미국에 대해 비판적인 한 책에서는 "미국 주도의 신자유주의적 세계화의 이념과 가치가 가진 사회적 의미를 온전히 파악함으로써, 우리 사회의 내부에 역사적으로 강고하게 똬리를 틀고 있는 미국 중심주의적 정치·경제·문화의 양상들을 비판적으로 성찰하고, 나아가 우리 사회의 바람직한 대안을 모색"하자고 주장한다.[6]

세계화와 반미주의가 결합되어 나타나는 데는 또 다른 이유가 깔려 있다. 김대중 정부의 출현은 여러 문제점에도 불구하고 민주주의의 공간을 상당히 확대해 놓았다. 특히 최근 남북 정상회담 이후의 한반도 긴장의 완화는 과거에는 금기시되던 주한미군 철수에 대한 여러 가지 의견 표출을

---

5) 가령 "우리는 5·18 항쟁이나 6월 항쟁 등의 역사적 계기나 역대 정권의 등장 과정을 미루어보아, 미국이—은밀한 개입이기에 실증적인 증거를 통해 입증하기는 힘들겠지만—어떠한 형식으로든 이번 한국의 IMF 경제 신탁 통치 체제에 개입하였다고 볼 수밖에 없다"는 발언은 그 대표적 예다. 「한미관계사—38선에서 IMF까지」, 강치원 편, 『미국은 우리에게 무엇인가』(백의, 2000), 83쪽.
6) 강치원 편, 앞의 책, 머리말.

용이하게 만들었다. 이러한 정치적 공간에서 주한미군의 범법 행위에 대한 비판적 의견이 더욱 강하게 나타나고 있다. 매향리 주한미공군 폭격 연습장에 대한 저항, 주둔군지위협정(SOFA, Status of Forces Agreement) 개정에 대한 압력, 노근리 학살 사건을 둘러싼 논란 등은 앞에서 말한 세계화에 대한 저항과 맞물려 한국인들의 반미주의를 강화하고 있다. 이러한 이유로 현재 세계화에 대한 저항은 한국의 민족주의를 자극하면서 미국에 대한 강한 반발로 나타나고 있다. 역으로 반미 감정은 세계화를 미국화와 동일시하게 만들면서 세계화로 현실화될 '한국 사회의 미국화' 혹은 '주권 상실'에 대해 우려하는 목소리를 강화시키고 있다.

일반적으로 한국 사회에서 이러한 민족주의적 관점에서의 미국 비판이나 반대는, 그것이 주한미군 철수라든가 미제국주의 규탄 등의 급진적 반미주의적 방향으로 나아가지 않는 한, 정당한 것으로 받아들여진다. (물론 급진주의적 주장은 여전히 현재 주류를 이루고 있는 친미 보수 담론에 의해서 '위험한 것', '불순한 것'으로 인식되는 경향이 있다.) 주한미군이 지난 반세기간 보여준 오만한 태도와, 처벌이 면제된 수많은 폭력적이고 불법적인 범죄에 대해 분단 이후 최근까지 미국 정부가 한반도에 취해 온 각종 조치나 정책을 검토해 본다면, 미국 국가 비판 혹은 미국의 제국주의적 정책에 대한 비판은 당연한 것이다. 주한미군의 존재나 그것이 한반도에서 갖는 군사·정치적으로 압도적인 힘으로 인해 한국이라는 국가의 주권 문제는 항상 민족주의적 비판에 취약하다. 또한 분단체제하에서 친미 반공 독재 국가로 성장해 온 한국 국가의 이념적 조건은 미국을 반공 독재와 불가분의 관계에 놓이게 만들었다. 따라서 1987년까지 미국 비판은 반공주의에 대한 공격이며 안보 국가의 독재 구조에 대한 비판과 궤를 같이 했다. 물론 자유주의자들은 미국의 독재 정권 지원 정책을 비판하는 데 머물렀지만,

급진적 민족주의자들이나 좌파는 미국 자체의 제국주의적 성격에 초점을 맞추었으며, 오히려 통일과 민주주의를 방해하는 결정적 세력으로 미국을 손꼽았다. 민주화 운동에 참여한 386세대들이 반미주의의 정서가 강한 것은 바로 이 때문이다.

나는 한국인들의 반미 감정이 일단 그 배경을 감안할 때 자연스러운 것이라고 생각한다. 주한미군 및 주일미군을 통해서 드러나는 미국의 대동아시아 정책의 반인간성 및 폭력성에 대해 매우 비판적으로 보지 않을 수 없다. 한미 관계의 본질이 종속적 군사 관계에서 나오며 동시에 그것에 안주하는 한국의 지배층이 갖는 문화적 헤게모니 때문에 진보적 정치가 억압되고 있다는 주장에도[7] 동의한다. 따라서 철저히 친미-반공적 입장에서 주한미군 주둔 및 미국의 대한반도 정책을 바라보는 세력이 한국 사회의 다원적 민주주의와 평화를 가로막아 왔다는 인식은 타당하다. 미국은 세력 균형자로서의 역할보다는 패권 중심국으로서의 역할에 주력함으로써 동북아의 평화를 오히려 위협하고, 한반도의 평화와 협력을 위한 모든 노력을 미국 국익이라는 목표에 종속시키며 때로는 희생시킨다. 그리고 그 과정에서 주둔국 주민의 환경권과 인권을 침해하고 있으며 그것에 대해 정당한 보상이나 사과를 하지 않음으로써 반미 감정을 지속시키고 있는 것도 사실이다.

그러나 미국의 정책이나 제국주의적 성향에 대한 비판이 반미 감정을 매개로 해서 반미적 민족주의로 손쉽게 전환되는 것은 문제다. 미국에 대한 비판적 의식과 반미 민족주의는 구분되어야 한다. 미국의 정책 및 성향에 대한 구체적인 비판이 반드시 한국인 대 미국인, 혹은 한국 국가 대 미

---

7) 이삼성, 『미래의 역사에서 미국은 희망인가?』 (당대, 1996), 158쪽.

국 국가 간의 구분을 토대로 한 민족주의를 강화하는 방향으로 나아갈 필연성을 갖고 있는 것은 아니다. 친미–반공에 대한 비판과 반대가 반미적 민족주의의 강화로 나아가는 것은 정당하고 바람직한가? 미국 혹은 주한미군의 정책에 대해 반미적 민족주의의 입장에서 비판하고 반대하는 것은 어떤 정치사회적 기능을 하는가? 반미적 민족주의에 기초하여 세계화를 인식하고 세계화에 대응하는 것은 적절하며 정당한가?

반미 민족주의와 세계화 인식

미국에 대한 급진적 비판이나 주한미군 철수에 대한 문제 제기가 여전히 억제되고 있으며, 미국적인 것에 대한 환상이 존재하는 한국 사회에서 사실 가장 문제가 되어야 할 것은 미국과 미국화에 대한 무성찰적 인식과 한국 내부의 과도한 미국 중심주의, 미국 숭배일 것이다. 이런 차원에서 본다면 반미 민족주의에 대한 나의 비판적 분석은 전략적인 오류를 범하고 있다고도 말할 수 있다. 하지만 미국 정책에 대한 비판이나 반미 의식이 자동적으로 반미 민족주의로 전환되어 나타나는 문제가 사소한 것이라고 말하기는 힘들다. 왜냐하면 친미주의의 문제가 반미 민족주의를 통해서 해결된다고 볼 수 없기 때문이다. 후자는 전자만큼이나 많은 문제점을 안고 있다.

현재 한국인의 반미 민족주의에는 우선 '우리'와 '미국'에 대한 이분법적 사고가 전제되어 있으며, 전자가 강화될수록 후자의 사고방식은 더 정당화되고 강화된다. 그때의 '우리'는 대체로 국가 및 민족이며 특히 강조되는 것은 '우리의 국익'이다. '국익'이란 개념 자체가 철저히 국가 안보와 국가주의적 사고방식을 정당화하고 강화한다. 진보적 민족주의는 '국익'을 '진정한 국익'의 문제로 전환시키거나 나름대로 계급의식을 보여준

다. 하지만 민족-외세의 이분법은 여기에서도 똑같이 작동한다. 이런 점에
서는 일부 반미 민족주의자들의 사유는 친미 반공주의자들의 생각과 같은
회로판에 의거해 움직인다. 평화운동가 정욱식의 경험은 대표적인 예다.
"개인적으로나 단체 차원에서 한 번도 주한미군 철수를 주장한 적도 없는
데 반미 단체로 매도되는 것도 그렇고 주한미군 철수를 내걸지 않는 것이
마치 평화운동의 결격 사유인 것처럼 비판받는 것도 이해하기 힘든 일이
었다. 이런 홍역을 치르면서 한 가지 깨닫게 된 것은 친미와 반미의 공통
점이었다."[8]

여기에서 문제는 우리를 한 덩어리로 인식하는 사유 과정 속에서 내부
에 존재하는 다양한 이해관계 및 그들 사이의 모순, 충돌, 지배-피지배 관
계에 대한 인식은 약화될 수밖에 없다는 점이다. 따라서 성적·성별적 정
체성이나 계급·계층적 문제의식은 민족 문제의식의 뒷전으로 밀려나게
된다. 동시에 한국 사회에서 지배 블럭을 이루고 있는 계층의 이익은 '국
익'과 '민족'의 이름으로 정당화되는 경향이 생겨나고, 한국 내부에 대한
성찰이나 내부의 분열과 대립을 객관화시켜 비판하는 힘은 약화된다. 특
히 '민족'의 동질성과 단결 및 주권에 반대되는 문제 제기는 금기시되며
매우 위험한 것으로 간주된다. 가령 '주한미군범죄근절운동본부'의 사무
국장을 지낸 정유진의 지적처럼, 한 주한미군 병사에 의해 잔인하게 살해
된 윤금이 씨 사건의 경우 민족 주권의 문제로 손쉽게 치환되어 버리고 한
개인이 겪은 고통의 문제 그리고 그 문제를 둘러싼 성적 폭력성과 가부장
제의 위선적 도덕의 문제는 뒷전으로 밀려나게 된다. 그리고 기지촌 여성
의 문제는 주한미군의 문제이며 따라서 본질적으로 '민족 문제'이고 그것

---

8) 정욱식 외, 『미군 없는 한국을 준비하자』(이후, 2000), 머리말.

의 해결 없이 이러한 성폭력은 반복될 수밖에 없다는 민족주의적 담론이 전면에 등장한다.[9] 사실 이러한 담론은 성폭력이 아니라 '미군' 성폭력이기 때문에 문제가 되는 현실을 생산하고 강화한다. 그것이 위험한 것은 한 개인의 피해와 고통을 민족의 문제로 손쉽게 정형화하여 추상화함으로써 구체적 개인의 고통을 도구화하고 민족과는 다른 차원의 문제 제기, 즉 '비민족적' 문제 제기를 억압할 가능성 때문이다. 민족-외세의 이분법이 작동하기 시작할 때 다른 집단 규정과 정체성은 무시되거나 부차적이 된다. 사실 민족주의자들이 반드시 성차별적이거나 부르주아적이라는 법은 없다. 그러나 성적 · 성별적 문제나 계급 · 지역적 정체성은 항상 민족-외세의 구조에 비하면 부차적이며, 따라서 모든 논리는 후자에 종속되어 버린다. 본질-비본질, 기본-부차의 구분에 의해서 민족 문제에 다른 문제들이 하위 단위로 편입되는 것이다. 그래서 젠더를 의제화하고 일상적인 성찰의 중요한 기준으로 제기하려는 페미니스트에게 "당신들은 민족의 비극을 외면한다", "페미니즘은 서구의 논리다!"는 식의 무지한 언어 폭력이 자행될 수 있는 것이다.

이러한 문제의식은 '외세'에도 그대로 투영된다. 미국 역시 단일한 실체로 인식되며, 한국에 대칭되는 또 하나의 국가 혹은 민족으로서의 의미가 부여된다. '반미'라는 단어 자체가 미국의 모든 것을 일체화하여 반대하는 의미를 내포한다. 그것은 마치 일사불란한 조직처럼 전세계를, 한국을 지배하는 실체이다. 마찬가지로 그 안에서의 모순되고 때로는 충돌하는 다양한 집단, 개인, 계급 등에 대한 의식은 은폐되고, 동질적인 이해 집단으로서의 미국만이 부각된다. 물론 미국의 제국주의적 군사주의 정책의

---

9) 정유진, 「'민족'의 이름으로 순결해진 딸들?—주한미군 범죄와 여성」, 『당대비평』 2000년 여름호.

강화로 미국의 국익이 강화되는 측면도 있지만, 그것에 의해 희생되는 미국 내의 다양한 집단이 있으며 따라서 그것에 대한 저항 세력도 있다는 사실은 잊혀진다. 한미 관계의 핵심은 사실 '한국 내 냉전 세력과 미국 내 군사주의 세력 간의 비대칭적 동맹'[10]이라는 차별적 인식은 들어서기 어려워진다. (이러한 사유 방식은 대일본관에서도 똑같은 방식으로 작동한다.) 동시에 이러한 사유 방식은 평화와 인권을 위한 국제주의적 연대, 국민국가 인식틀에 갇히지 않는 연대를 어렵게 하고 미국 등의 제1세계 내부의 양심적 지식인이나 민중들의 활동을 철저히 '우리' 중심적으로 바라보는 문제를 일으킨다.

결국 미국에 대한 비판적 문제 제기는 반미적 민족주의 코드의 자동적 작동에 의해 미국 대 한국의 문제로 전환된다. 그래서 미국에 대한 비판적 입장이 한국의 부국강병적 민족주의를 부추기고 오히려 매우 반평화적인 정책 및 제도를 정당화하는 방향으로 나아갈 위험을 낳게 된다. (물론 매향리 폭격장 폐쇄 운동, 소파 개정 운동, 노근리 학살 진상 규명 운동 등에 참여한 한국 운동가들의 미국 비판 의식에는 평화, 인권 등을 핵심으로 하는 보편적 가치 체계가 내재되어 있다. 하지만 그게 공론화될 때 한국 사회에서는 대체로 민족주의적 반미 의식으로 단순화되어 수용되고 만다.)

이러한 인식의 문제는 결국 한미 관계에서 발생하는 여러 다양한 사건이나 행위를 민족 대 민족의 문제로 단순화시켜 보게 만든다는 점에 있다. 그러한 단순화 과정에서 발생하는 것은 민족이나 '국익'의 이름으로 작동하는 이데올로기에 정당성을 부여해 주는 기존의 보수적 가치 규범의 강화이자 힘의 우열에 대한 현실주의적 의식이다.

---

10) 이삼성, 앞의 책, 160쪽.

이러한 반외세적·반미적 민족주의 담론은 세계화 인식에 어떻게 작용하는가? 세계화는 경제적으로 미국 등의 선진국 자본에 의한 민족 자본의 흡수 및 지배이며 문화적으로는 미국 등 자본주의 중심부의 소비주의적 대중문화를 전세계에 확산하며 다양한 토착 문화를 파괴함으로써 미국 문화에 의한 획일주의적 통합을 가져오는 과정에 지나지 않는다. 그 결과 민족적 정체성/자본은 현저히 약화되고 대신에 서구적 정체성/자본이 그 자리에 들어설 것이라고 주장된다. 그것은 '문화적 제국주의' 혹은 최근에 유행하는 용어로 '맥도날드화'다. 여기에서 대표적인 예로 최근 발표된 김승희의 시를 분석해 보자. 미국 체류 기간 중서부에서 목격한 미 원주민의 현실에서 제국주의-식민지 구조를 재발견한 김승희의 시는[11] 그러한 미국 자본의 진출과 광주 학살의 이미지를 성공적으로 결합하여 미국의 이미지를 극명하게 보여준다.

> 맥도날드가 신촌 로터리까지 와 있구나.
> 피흘리며 허공 중에 솟구쳐 매어달린 젖가슴.
> 여기까지 먹여주려고 어느새
> 반도에까지 맥도날드가 왔구나.
> ……
> 대로에서 잘려진 유방은
> 1980년 5월 19일 광주

---

11) 아래의 시는 김승희의 『빗자루를 타고 달리는 웃음』(민음사, 2000)에 실려 있다. 김승희는 1952년 생으로 여러 권의 시집을 낸 중견 시인이다. 1995년부터 1998년까지 캘리포니아 대학에서 한국문학을 강의했으며 현재 서강대 국문과 교수로 있다. 여기에서의 비판은 시 자체가 아니라 이 시에 드러난 미국 인식에 국한된다. 이런 분석을 떼어놓고 본다면 개인적으로 나는 이 시가 아주 좋은 작품이라는 느낌을 갖고 있다.

좌유방부 자창 우측흉부 관통상

열아홉 살 처녀 손옥례만의 것은 아니다. 아니지만,

신촌 로터리에서 서서

나의 허공에 전시된 너의 금빛 유방을 보면서

원주민을 말살해서는 안 된다.

원주민을 먹여주어야 한다─는

먹이는 제국주의. 강간이 아닌 유혹으로

이제 정책을 바꾼.

나는 지금 좀

그런 얼떨떨한 제목으로 서서

내 식민지의 허기를 좀 바라보고 있는 중인 것이다.……

「신촌 맥도날드 점」에서

미국 제국주의의 정책이 이제는 '유혹'으로 바뀌어 새로운 단계에 접어들었다는 인식은 자연스럽게 미국이 주도하는 세계화에 대한 비판적이고 냉소적인 관점으로 옮아간다.

거위를 맛있게 먹기 위해/ 그들은 모였다/ 살아 있는 거위의 털을/ 대가리만 빼고 모두 뽑는다/ ……1999년 11월 어느날 세계적 신용 평가 기관인 무디스의 기관원들이 왔다/ ……

그들은 한국의 신용등급을/ 한 단계 또는 두 단계 상향 조정할 수 있다고 말했다/ THANK SO MUCH, MOODIES!/ how kind you are!/ ……/ 성조기여 영원하라/ GOD BLESS AMERICA!

「거위를 맛있게 먹는 법」에서

이 시에서 거위는 한국을 상징하며 결국 그 거위를 먹기 위해 술책을 부리는 주체는 무디스로 묘사된다. 그리고 이어서 무디스는 결국 미국과 동일시된다. 한국 경제 위기를 통해서 한국을 마음대로 움직이고 지배하려는 세력은 결국 미국으로 귀착되는 것이다. 이러한 인식에 은근히 동조하지 않는 한국인은 소수일 것이다. 물론 이러한 인식에 전혀 근거가 없다고는 할 수는 없다. 김씨의 시는 매우 뛰어나다. 그러나 여기서 나타나는 반미 의식의 문제점은 자본-노동에 대한 인식이 결여되어 있고 따라서 초국적 · 다국적 자본의 침투와 그것에 대한 저항을 단순히 미국-한국의 내셔널리즘적 대립 구도하에서만 파악하고 있다는 점이다. 이러한 인식은 언뜻 보면 급진적인 것 같지만 다국적 자본의 이익과 미국 이익과의 관련성을 광주 학살에 대한 미국의 책임과 동일선상에 놓고 바라본다는 점에서 단순한 논리 비약이다. (그렇다면 '롯데리아'는 괜찮은가?) 중심부-주변부의 역사적 관계 변화, 그리고 경제적 진출과 군사적 개입 간의 명백한 차이에 대한 침착한 성찰 대신 식민지에 대한 제국주의적 착취라는 도식만이 보인다. 그것은 어떤 재벌 회사 사장의 "선진국들은 한국 경제를 요리할 프로그램을 만들어놓고 그 시기만을 기다려왔다"는 발언이나 "우리의 자주권을 짓밟고 우리 국민을 거리로 내몰고 있는 IMF의 신탁통치는 바로 이 땅에서 50년 이상 주인 행세를 하고 있는 미국입니다"라는 식의 선언과[12] 먼 거리에 있지 않다. 그것은 오히려 세계화에 대한 구조적 인식을 방해하며 '주권'이라는 코드를 통해서 자칫하면 한국 자본의 이익을 한국인의 보편적 국익과 동일시하는 경향을 정당화할 수 있다. 동시에 '생존권'과 '국부'의 이름 아래 한국의 전근대적 · 비합리적 가치 체계 및 제도

---

12) 『한겨레』 1998년 2월 19일자 광고.

가 유지될 가능성에 대한 성찰은 관심 밖으로 밀려난다. 반미 민족주의에 의해 규정되는 세계화 반대 운동의 종착점은 결국 내셔널리즘의 강화일 수밖에 없다. 세계화 찬성 헤게모니가 오히려 국민적 주체의 강화를 통해 형성되었다고 한다면, 반세계화 헤게모니도 여전히 '우리'라는 허위적 주체를 또다시 급하게 동원함으로써 만들어지고 있는 것이다.

이러한 반외세적 민족주의 담론은 식민지 시대의 상처를 이 땅의 주민들에게 공통적인 '우리의 역사', '우리 민족의 한'으로 만드는 장치의 결과이며 현재도 지속되고 있는 신식민지적 상황에 대한 비판적 현실 인식의 산물이다. 그것은 일본 및 독일 그리고 미국 등의 민족주의가 갖는 제국주의적 성격과는 일정한 차이가 있다. 제3세계의 저항적 민족주의가 갖는 정당성과 반제국주의적 투쟁의 배경에서 나오는 진보성을 한국의 민족주의도 내포하고 있다. 이러한 진보적 민족주의는 우익이 점유한 국수적 민족주의와 다르다는 것을 명확히 할 필요가 있다. (한국의 주권 회복 논리는 일본의 '주권' 찾기와는 전혀 성격이 다르다. 따라서 제1세계의 지식인들이 한국과 같은 구식민지 국가의 민족주의를 비판할 때는 이러한 배경을 염두에 둘 필요가 있다. 그렇지 않다면 제3세계 민족주의 비판 혹은 '내셔널리티의 해체'를 지향하는 탈근대적 담론은 식민주의의 옹호나 식민지에 대한 제국주의의 역사적·현재적 책임을 희석시키는 매우 보수적인 기능을 할 가능성이 높다.) 강대국의 패권주의, 특히 미국의 그것에 대한 적극적 비판 의식은 기본적인 것이다. 세계화가 신자유주의를 지향하는 미국에 의해 주도되고 동시에 세계화의 질서가 미국의 군사적 패권에 의해 유지되는 현실을 무성찰적으로 수용할 수는 없다. 그것에 대한 비판은 제3세계에서 민족주의적 성향을 띠기 쉽다. (그러나 '민족'이라는 변수를 문제화하는 방식이 반드시 민족이라는 동질적인 범주를 상정하여 수용되거나 '자연스러운' 국민국가적 인식틀 내에서 진행될 필요는 없다.)

하지만 식민지의 민족주의가 반드시 진보적인 것은 아니다. 한국의 민족주의에 대한 비판이 반드시 친미적 발상이고 서구 중심적이고 한국의 '특수한' 현실과 역사를 무시하는 것이라는 식의 주장은 지나치게 자기 방어적이다. 1990년대식 민족주의에 남한의 대자본의 이익과 국가 중심적 사유가 결합될 때 그것은 보편적 가치에서 이탈하는 매우 퇴행적이고 반동적인 모습을 띠게 된다. 그리고 민족 국가 단위의 배타적 관념을 강화하는 방향으로 나아간다. 가령 수백만 부가 팔린 장편소설 『무궁화꽃이 피었습니다』는 남북한이 힘을 합쳐 일본의 재침략 의도를 분쇄하고 그 과정에서 일본의 무인도에 공동으로 개발한 핵미사일을 발사하는 내용이 주를 이룬다. 그것이 한국인에게 그토록 인기를 끈 것은 일본에 대한 민족적 복수를 통쾌하게 실현했기 때문이다. 그 뒤에 나온 한반도 국제 정치에 관련된 대중 소설이나 만화는 대부분 강대국, 특히 미국이나 일본의 '음모'를 저지하는 용기 있는 한국인들의 활약에 초점을 맞추고 있다. 이러한 작품의 공통점은 외세-우리 민족의 이분법적 대립 구도이다. 이러한 담론을 통하여 '우리'는 더 동질화되고 강화되며 외세에 대한 경계와 분노도 강화된다. 여기에서는 제국주의 자체가 절대악이 아니라 '우리'가 제국이 되지 못한 것이 제국주의를 악으로 만든다. 저항적 민족주의의 태생적 정당성은 이러한 인식에도 선험적 정당성을 부여하기 때문에 반성적이고 성찰적인 관점은 소수화된다. 이러한 태생적 정당성을 기반으로 한 반외세적 민족주의의 사고틀은 세계화에 조건반사적으로 적용되어 반미 → 세계화 반대/ 민중 생존권 투쟁 → 민족적 정체성의 강화라는 도식으로 여전히 나타나고 있는 것이다. 그렇다면 반미적 민족주의의 한계를 인식하는 전제하에서 우리는 세계화를 어떻게 바라봐야 할 것인가?

다른 세계화(Another Globalization)—패권주의와 국민국가 정체성을 넘어서

　세계화는 서구, 특히 미국의 문화와 자본을 전지구적으로 확대하는 과정이라는 관점이 지배적이다. 그것은 탈민족적 친미국 자본의 소비 주체로서의 개인을 만드는 과정으로 인식될 수 있다. 또한 신자유주의적 시장 논리에 입각한 세계화가 지구적 불평등을 확대하며 환경 파괴를 가속화할 위험이 크다. 물론 미국화는 현 한미 관계의 주소를 감안하면 불가피한 세계화의 부수적 과정이다. 그것은 우려할 만한 현상이기도 하고 미국의 문화적·군사적 패권이 더욱 강화되는 계기가 될 수도 있다. 세계화가 중심부, 그 중에서도 미국에 근거를 둔 자본에 의해 주도되고 또한 그 내용이 시장 경제의 확산과 전지구적 통합이라는 점에서 그러한 비판에 토대한 반세계화 운동은 타당한 면이 있다는 것을 부인하기 어렵다.

　하지만 이러한 인식은 일면적이고 지나치게 고정적이다. 세계화 과정은 신자유주의적인 방향으로만 전개될 수밖에 없는 필연성을 갖고 있지 않다. 단순한 경제 결정론을 벗어나서 바라보면 통합에서 자본의 논리만이 일방적으로 관철되는 것이 아니라는 점을 확인하게 된다. 자본주의의 발전사에서 볼 수 있듯 자본에 대항하는 세력이 나타나게 되고 충돌과 타협 속에서 원래의 체제와 질서는 변화한다. 즉 세계화의 성격과 방향은 다양한 세력, 자본, 사상들 간의 각축에 따라서 끊임없이 재규정된다. 더구나 세계화는 자본의 크기와 기동력에 따라 일방적으로 정해지는 물 흐름이 아니다. 그것은 접촉과 교류의 극대화, 공간의 축소를 통해서 지구의 다양한 문화와 제도들에 접할 수 있는 기회와, 중심부와 주변부 간의 상호 교류의 폭을 넓히는 경향을 내포하고 있다. 어떤 음악 평론가의 말대로 프랑스의 식민주의는 프랑스에서 알제리로 통하는 '파이프'를 만들어놓았지만, 결국 알제리인들의 프랑스 이주의 길 또한 열어놓았다.[13] 월든 벨로(Walden Bello)의 표현을 빌면 세계화를 통해 "미키 마우스나 코카콜라도 생기죠. 그렇지만 동시에 제임스 조이스나 이사벨라 아옌데도 퍼져나갑니다."[14] 노근리 학살 진상규명단이 미국을 방문하고 소파 개정 운동가들이 미국 백악관 앞에서 시위를 하거나 아셈 회의 반대 시위가 국제화되는 현상도 이런 '파이프' 현상이다. 이러한 논리에 동의한다면 우리는 세계화를 오히려 미국의 패권주의 혹은 미국 중심주의에서 벗어나 그것을 비판할 수 있는 지구적·보편적 근거를 확보할 수 있는 기회로 인식할 수 있다.

매향리 폭격장, 주한미군 환경 오염, SOFA 문제 등을 단순히 '민족 주권'의 문제로만 인식할 때 그것은 자칫하면 해결할 수 없는 감정의 문제가 될 수도 있고 보편적 호응을 얻기도 어렵다. 사실 그것이 문제가 되는 것은 언제 어디서의 문제를 떠나 개인의 존엄성과 생존권이 부당하게 훼손되었기 때문이다. (왜 한국군에 의한 환경 오염이나 폭격장 문제에 대해서는 대중적 관심과 호응이 없는가?) 따라서 그것을 인간의 기본적 권리에 대한 치명적 침해의 문제로 인식하는 것이 윤리적으로나 전략적으로 타당하다. 이러한 인식은 일단 반미 민족주의에 토대한 세계화 거부 차원에서는 불가능하다. 그것이 허위 담론이라고 할지라도, 세계화가 표방하는 상호 의존과 평등주의는 주한미군의 한국에서의 환경권을 포함한 기본적 권리의 침해나 미국의 한국에 대한 제국주의적 정책을 비판할 수 있는 보편적인

---

13) 헨델의 오페라 「리날도」(Rinaldo) 음반 (Nuova Era Records, John Fisher 지휘, Marilyn Horne 등 출연) 해설집에 실려 있는 이순원의 글 참조.
14) 월든 벨로·권혁범 대담, 「지구화, 경제 위기, 그리고 대안적 정치경제」, 『당대비평』 1999년 가을호, 274쪽.

윤리적·논리적 근거를 제시한다. 반미 민족주의 감정의 일반화에도 불구하고 미국 정책을 비판하고 개혁을 실천하는 사회운동에 대한 관심과 참여가 극도로 저조한 것은 아마도 한국인의 의식의 지평이 지구적으로, 보편적으로 열리지 않았기 때문일 것이다. 그리고 그 저변에는 민족주의적 인식틀이 각인한 자기 중심적 사고와 특수주의적 경향이 깔려 있다고 볼 수 있다.

더구나 세계화는 미국 일변도의 문화 및 정책을 극복할 수 있는 대안에 접할 수 있는 현실적 기회를 제공한다. 세계화는 오히려 미국에 대해 편향적으로 정립되어 있던 우리의 의식과 체험의 지평을 아시아, 유럽, 그리고 아프리카 및 라틴 아메리카로 확장하는 계기를 마련할 수도 있다. 서구나 미국이 우리에게 내면화시킨 오리엔탈리즘에서 벗어날 수 있는 실제적 경험을 제공할 수 있다. 물론 여러모로 선진적인 수준에 도달한 서구 및 미국의 영향이 상대적으로 클 수밖에 없다는 점을 부인할 수는 없다. 그러나 그것을 문화적 제국주의의 침투로만 보는 것은 편향적이다. 다른 한편으로는 한국의 연줄 자본주의가 이룩하지 못한 서구의 민주적 자본주의 질서의 합리적 제도와 결정 과정을 한국에 들여올 수 있는 계기가 될 수 있다. 서구식 자본주의 사회의 여러 문제점을 간과하는 것은 아니다. 하지만 그것이 비록 효율자 생존 혹은 승리 메커니즘의 결함을 갖고 있다고 하더라도, 한국의 비근대성 및 식민지성을 토대로 한 비합리적 약육강식의 메커니즘을 극복할 수 있는 자극과 현실적 재료를 줄 수 있다. 한국 사회에서 기득권을 갖고 있는 사람일수록 '전통', '한국인의 정체성'을 강조하며 개인주의나 페미니즘을 '서구적인 것'으로 밀어내는 경향이 강하다는 사실을 생각해 볼 필요가 있다.[15]

사실 더욱 중요한 것은 세계화가 한국의 강고한 국민국가적 정체성에 토대한 의식과 문화를 넘어서는 새로운 탈민족적 전망을 열어놓을 수 있다는 가능성이다. 그것은 특정한 공간과 결합된 문화적 동질성을 침해하며 민족적 기억의 정치를 안팎의 도전과 비판에 노출시킨다. 그 과정에서 민족이나 국가에 포박되어 있던 개인으로 하여금 그것이 선험적 혈연 공동체가 아님을 깨닫고 나아가 개인들 간의 자유로운 결사체로서의 사회를 인식하게 하는 계기와 경험을 제공한다. 그래서 국경과 국적을 가로지르는 다양한 집단과 개인이 실제로 존재하며 민족 대 민족의 이분법적 대립을 넘어서 그들 사이의 연대와 우정이 가능하다는 것을 인식하게 된다. 우리는 아셈 회의때 서울에서 조직된 반세계화 시위가 사실은 한국 사회운동사에서 가장 국제주의적 연대성이 강한 행사였다는 사실에 주목할 필요가 있다. 그것은 동성애자, 생태주의자, 페미니스트, 협동조합 운동가, 미군 범죄 반대 운동가들 간의 초민족적 연대와 월경적 활동을 가능케 한다. 그것은 '상상된 공동체'(imagined community)[16]의 신화를 깨뜨리며 정체성의 혼란을 야기한다. 물론 이 과정은 판도라의 상자를 여는 격이 될 수 있다. 한편으로는 국수주의적 방어벽을 오히려 강화시킬 수도 있고 다른 한편으로는 경제적 자본의 힘에 의존한 중심부 친화적 정체성, 맥도날드 제국주의를 주변부에 재이식할 가능성을 열어놓기도 하기 때문이다. 그 과정에서 퇴행적 국민국가 정체성이 강화될 수도 있고 혹은 미국의 패

---

15) '인터넷 섹스 비디오' 사건을 통해 드러난 한국 사회의 이중적 성 가치관을 비판하는 미국 신문에 대해 한국의 대표적인 신문이 "한 마디로 웃기는 기사다. 한국인의 정체성과 한국 문화의 고유성을 미국 잣대로 재단한 오만함도 기분 나쁘려니와, 한국인을 폄하하는 주관적 견해를 실은 자체도 권위지 품위에 어울리지 않는다. 뭐 묻은 개가 뭐 묻은 개를 나무라는 식이다"(『조선일보』 2000년 12월 28일자 '만물상')라는 식으로 감정적 반응을 보이는 것도 이런 차원의 문제다.
16) 잘 알려져 있는 것처럼 이것은 앤더슨의 민족주의에 대한 책 제목이다. Benedict Anderson, *Imagined Communities* (London: Verso, 1983). 역설적으로 이 개념처럼 오해되어 이해되는 것도 드물다.

권주의를 더욱 내면화하는 '미국화' 현상이 발생할 수도 있다. 하지만 그것은 국민국가적 정체성에 묶여서 '비민족적' 소수 집단 및 개인의 해방과 자유가 심하게 제한되었던 한국 사회에서 매우 결정적인 변화의 계기를 제공할 수 있다.

이런 차원에서 세계화는 단순히 자본과 상품의 자유로운 이동, 중심부 논리의 전지구적 확대라는 관점, 혹은 '미국화'라는 시각에서만 이해될 수는 없다. 미국 주도의 신자유주의적 세계화를 비판하고 거부하는 것은, 다른 성격과 차원의 세계화의 가능성과 보편주의적 세계주의의 타당성에 대한 부인으로 나타나서는 안 된다. (물론 자본주의 생산성의 극대화의 방향으로만 세계화가 진행된다면 그것이 가져다주는 보편적 이익에도 불구하고 전지구적 재앙은 피할 수 없는 것이 될 가능성이 높다.) 다른 한편 세계화는 민족과 국가에 묶여 있던 한국의 '국민'이 진정으로 해방된 개인으로서 자유롭게 주체적 선택을 할 수 있는 조건과, 다른 국민국가의 개인이나 집단과 진정으로 만날 수 있는 기회를 넓힌다. 다양한 문화에 대한 노출, 다양한 민족 문화에서 형성된 타자에 대한 경험은 '민족'이 '상상된 공동체'의 신화임을 깨닫게 하면서 월경적·다중적 주체의 탄생을 가능케 한다.

미국의 제국주의에 의한 '민족 정체성 상실'이나 '국부 유출'이라는 키워드에 기대는 반미 민족주의의 관점만 갖고서는 미국의 패권주의적 차별 정책이나 신자유주의적 세계화에 대응할 수 없으며 세계화의 다른 측면을 이해할 수도 없다. 어떤 세계화를 어떻게 만들어나가느냐 혹은 어떻게 거부하느냐에 따라, 오히려 한국인은 미국과의 불평등한 관계를 개선하고 전근대적·냉전주의적 분단체제에서 벗어나며 동시에 근대의 국민국가적 틀로부터 해방되는 전기를 맞이할 수도 있다. 이러한 가능성은 지금까지 지나치게 과소평가되었다.

9·11 이전 혹은 이후의 세계

국민국가적 해석과 생명의 마음

하지만 야아, 카불, 야아, 칸다하르, 야아 아프가니스탄이라고 외치는 자의
시각으로, 폭격을 당해 전율하는 나무들의 절규를 듣는 자의 시각으로 세계
를 본다면 어찌 될까? 세계는 갑자기 웅성거리기 시작하면서 산이 몸을 뒤
틀고 바위가 피를 흘리며 수많은 절규와 고통으로 가득찬 존재로 바뀌지 않
겠는가? [1]

책을 뒤적이다 갑자기 표지의 사진이 눈에 들어온다. 산발을 한 아이가
깡통을 들고 땅에 고개를 떨구고 등을 돌린 채 서 있다. 9·11 테러 후에
출간된 어떤 책의 표지에 실린 사진이다. 천천히 사진을 뜯어보며 생각에
잠긴다. 쏟아져나오는 수많은 글을 읽고 정리하고 비평하고 이곳저곳의
대담과 세미나에 참석하느라 허겁지겁 바쁘게 움직였지만 과연 나는 무엇
을 느끼고 무엇을 생각하고 있었을까? 나는 테러로 도시 한복판에서 목숨
을 잃는다는 게 과연 무엇을 의미하는지, 공습으로 초토화된 마을에서 식

---

1) 오카 마리, 「오오, 아프가니스탄, 오오, 카불, 오오 칸다하르…여!」, 『당대비평』 2001년 겨울호,
183쪽.

량을 구하러 온종일 헤맨다는 게 무엇인지 진지하게, 깊게 생각해 보았을까? 『녹색평론』(2001년 11·12월호)에 실린 권정생 선생의 글 제목이기도 한 마지막 문장이 떠오른다. "제발 좀 그만 죽이십시오."

9·11 테러 이후에 한국에서도 많은 글이 쏟아져나오고 있다.[2] 소수의 글을 제외하고는 대부분 외국 지식인들이 쓴 글의 번역이라 아쉽지만, 그것을 통해 전대미문의 지구적 사건에 대해 짧은 시간에 기획하고 써낼 수 있는 지적 수준을 가늠할 수 있다. 계간지를 비롯한 인문사회 잡지에 실린 글들의 대다수는 대체로 유사한 관점을 취하고 있다. 그 성격에 따라 약간의 강조점이 달라지고 있지만 그 어느 것도 이슬람 테러리스트를 정당화하거나 미국의 아프간 '공습 테러'를 지지하지는 않는다는 점에서 기본적으로 같다. 9·11 동시 다발 테러의 방식에 대해서는 대다수가, 적어도 공론의 장에서는 반대한다. 그러나 그 원인 및 책임을 바라보는 데 있어서는 매우 다양한 관점이 보인다.

1

물론 미국의 지배 엘리트는 9·11 테러의 원인으로 이슬람 테러리스트의 야만성 및 광신을 꼽는다. '문명 대 야만'의 구도는 가장 지배적이다. 근본적으로 악마와 선을 대비시키는 관점이다. 미국을 오로지 피해자로 부각시키며 이슬람 문명 혹은 근본주의자를 '미친 악마'로 조명한다. 이슬람 문명 전체를 적으로 돌릴 위험 때문에 나중에는 말을 바꾸기 시작했

---

2) 이 글은 9·11 테러 관련 텍스트에 대한 비평이다. 여기서 검토하고 있는 책은 계간지 『이프』, 『창작과비평』, 『비평』, 『사회비평』, 『황해문화』, 『진보평론』, 『당대비평』 2001년 겨울호, 『정치비평』 2002년 상반기호, 『녹색평론』 2001년 11·12월호/2002년 1·2월호, 그리고 존 쿨리의 『추악한 전쟁』, 노암 촘스키의 『불량국가』, 평화네트워크·『당대비평』 공동기획 『전쟁과 평화』 등이다.

지만 그것은 미국 정부 및 다수 미국인의 기본적인 시각이다. '야만'이란 표현은 서구 문명 우월주의 담론에서 나오는 비서구에 대한 타자화의 결과이다. 그들은 테러리스트를 "신의 이름하에 수많은 인명을 무차별적으로 살상하는 적"으로 보며, "미국을 보호하고 전세계의 선량한 사람들을 명백한 위험으로부터 구하기 위한 이 전쟁은 정당하다"고 본다. 이제는 진부하기까지 한 새뮤얼 헌팅턴(Samuel P. Huntington)[『비평』]의 '문명 충돌론'은 좀 더 교묘한 형태의 문제 제기다. 그의 주장은 서구 보편주의의 허위성을 비판하고 다른 비서구 문명에 대한 불개입을 주장한다는 점에서는 마치 제3세계주의자처럼 들린다. 하지만 그가 "서구 문명의 고유의 장점과 특징을 보호"하는 임무가 중요하고 그것은 미국에게 맡겨진다고 강조할 때 그것이 미국의 패권적 역할 강화론과 다르지 않다는 것을 알게된다.

프랑시스 후쿠야마(Francis Fukuyama)[『비평』] 역시 테러의 근원을 "모더니티를 거부하는" "사람들을 정기적으로 만들어내는 유일한 문화 시스템"으로서의 이슬람에서 찾고 있다. 무슬림들에게 광범하게 퍼져 있다고 믿어지는 미국에 대한 증오심이 테러의 배경과 무관하지는 않을 것이다. 하지만 후쿠야마는 그 증오의 뿌리를 이슬람 내부에서 찾으려 한다는 점에서 미국의 지구적 패권 장악 및 유지 방식에 대해 별다른 의문을 제기하지 않는다.

사실 테러리스트를 야만으로 규정하며 서구 문명과 대치시키는 담론은 구체적인 사실에 기반해 있지도 않다. 그들의 자살 테러는 "부유한 자의 테러"이며 금융 자본, IT 테크놀로지, 조종 기술, 여권 위조 등 최첨단 테크놀로지를 무기로 삼은 근대적 · 서구적 테러였다. 그것은 근대로부터의 이탈인가? 르네 지라르(Rene Girard)[『비평』]의 질문처럼 "그들은 어느 정도 미국인이 아닌가?” 그들의 테크놀로지는 문명이고 대량 살인 공격은 야만이라고 구분해서 이해해야 할까? 야만은 어울리지 않는 규정이며 그들은 차라리, 장 보드리야르(Jean Baudrillard)〔『비평』〕의 지적처럼, 서구/지구 “시스템에 내장된 고유의 폭력성을 커다랗게 비춰주는 거울인 동시에 시스템에 거부된 상징적 폭력의 모델”이다. 테러에 대한 “사악한 욕망은 세계적인 주류 질서의 반대편에 서 있는 자들의 증오를 훨씬 넘어서” “이익을 취하는 사람들의 마음속에도 존재하는 것이다.” 그것은 단순히 포스트모던 수사학이 아니다.

사실 구리타 요시코(栗田禎子)〔『전쟁과 평화』〕나 존 쿨리(John K. Cooley)〔『추악한 전쟁』〕가 밝히고 있듯이 이슬람 원리주의 테러리스트 및 탈레반 정권의 핵심은 냉전 시대 미국의 국제적 테러 네트워크 형성 과정에서 미국 중앙정보국이 의도적으로 반공 반소 세력으로 길러낸 무장 세력의 일부다. 이슬람 원리주의의 발흥은 냉전 시대에 미국이 중동 및 아시아 지역에서 반소련 전략을 위해 진보 좌익 세력을 의도적으로 제거한 데서 발생한 측면이 있다. 그럼에도 불구하고 미국의 주류 언론이 9·11테러리스트를 이해할 수 없는 ‘야만’으로 보는 것은 어떻게 보아야 할까?『녹색평론』(2001년 11·12월호)의 서문에서 지적하듯, 제3세계에서 일어나는 명명백백한 현상을 도저히 이해할 수 없는 서구 지식 엘리트들의 ‘상상력의 빈곤’은 사실 지적, 정신적 오만의 결과일지도 모른다. (서구의 ‘문명화’가 아닌 ‘비문명화’를 반문명화 혹은 전(前)문명화로 가치 절하하는 위계적 이분법은 서구에 의한 비서구, 중심부에 의한 주변부 착취를 ‘진보’와 ‘발전’이라는 이름으로 성낭화하는 이데올로기다.)

2

한국에서는 선과 악의 미국식 이분법을 그대로 받아들이는 경우는 거의 없다. 보수 세력조차 테러의 역사적 배경을 검토할 때 중동 지역에 대한 미국의 개입주의 정책의 문제점을 열거한다. 반주변부의 위치가 가져다주는 인식론적 혜택의 다행한 결과일지도 모른다. 사실 9·11 테러 사건에 대한 세계 지식계 및 한국 사회의 반응에서 압도적이었던 것은 '자업자득'론이다. 이슬람 테러리스트의 행동은 근본적으로는 미국의 패권주의 정책에서 기인한다는 지적에 많은 공감대가 형성되었다. 인터넷이라는 익명의 공간에 표출된 감정적인 반미부터 매우 이성적인 미국 외교 정책 비판까지 다양한 의견이 제기되었다. 미국의 보복이 두려워서 정부 차원에서는 쿠바나 리비아조차 테러리즘을 규탄하지만 일반 시민들, 특히 제3세계의 민중들은 "미국이 결국 당했다"는 식으로 생각한다. 한국의 많은 젊은이들도 마찬가지다. 미국이 지난 50여 년간 제3세계를 비롯한 곳곳에서 저지른 군사·정치적 개입의 정서적 결과가 어떤지를 보여준다.

하지만 9·11 테러와 관련해서 쏟아져나온 반미적 의견 및 수사에 비추어보면 미국의 아프간 공습 테러에 대한 한국 사회의 상대적 무관심은 기이한 현상이다. 그 이유로 제국의 변방에 대한 무관심, 변방 거주 민족에 대한 무의식적인 비하, 전쟁과 테러를 선명하게 구분하는 이데올로기, 미국 중심의 글로벌 미디어의 선택적 보도 등을 꼽아볼 수 있다. 반미가 제국의 변방에 대한 심정적·정치적 동조로 이어지지 않는, 한국 사회의 미국 인식의 뒤틀리고 모순적인 근원을 생각하게 한다.

한국 사회에서도 이제 익숙해진 노암 촘스키(『전쟁과 평화』, 『불량국가』)의 입장은 자업자득론 중에서 가장 대표적인 시각을 담고 있다. 그는

9·11 테러의 책임을 미국에게 묻고 있으며 아프간에 대한 보복 전쟁이야말로 테러라고 비판한다. 그의 '국제정치학'에 대한 공로는 미국의 테러가 제3세계 집단의 테러보다 수십 배 더 잔인하고 강도 높은 것이라는 점을 쉼없이 실증하고 있다는 점이다. 그는 오히려 미국을 불량 국가로 규정하고 동시에 국제적 테러리즘의 생산자로 바라보고 있다. 테러에 대한 종전의 통념을 뒤집는다는 점에서 도덕적인 통쾌감을 준다. 미국이 아프간에 대한 침공을 시작할 때의 뉴스가 기억난다. 한국의 앵커와 아나운서들은 의연한 자세로 마치 역사적인 필연을 강조한다는 식으로 보도한다. 무역센터 테러 때의 비통함이 깔려 있는 보도 자세와는 전혀 달랐다. 바그너 음악이 나오지 않았을 뿐 전쟁놀이를 자축하는 듯한 느낌은 영화 「지옥의 묵시록」의 유명한 해변 폭격 장면과 동일하다. 미국의 공습으로 테러범들이 죽었는가? 미국의 공격은 '공습'이고 9·11은 테러라는 이분법은 어디서 온 것인가? (동원된 갖가지 무기에 대한 잡학적 지식을 늘어놓는 데 열중하는 보도에서 전쟁을 은근히 부추기는 폭력적 세계관을 읽지 않을 수 없었다.)

　미국의 국가 테러리즘의 폭력성과 이중성에 대한 통렬한 비판은 정당하다. 하지만 촘스키의 화살은 미국이라는 국가만을 향하고 있어서 그의 글은 방어적 민족주의 세력의 문제점에 대해서는 간과하는 경향이 있다. 물론 촘스키가 이슬람 테러리스트의 행동을 지지하거나 일부 중동 국가의 정치적 정향에 동조할 리는 없다. 약자의 테러와 강자의 테러에 대해 동일한 잣대를 들이대는 것은 공평하지 못한 양비론이기 때문에 정치적 비판은 강자에게 좀 더 집중되어야 한다는 점에는 동의한다. 하지만 촘스키 류의 미국 비판은 세3세계에서 일어나는 모든 문제의 책임을 미국에게 환원시키는 위험을 갖고 있다. 거기서 해방으로서의 근대를 이루지 못한 제3세계 사회에 내재되어 있는 모순은 종종 잊혀진다.

이슬람 문화와 종교를 한국 사회에 소개하는 데 중요한 역할을 담당하고 있는 이희수(『전쟁과 평화』)와 장석만(『사회비평』)의 글은 서구-기독교 중심의 세계관에 대한 예리한 비판이다. 이슬람 일부의 폭력주의가 사실은 "서구의 비열한 분열주의와 이중 정책"의 결과이며 미국이야말로 보편적 가치를 철저히 외면하는 오만을 보임으로써 극단적 원리주의를 부추기고 있다는 비판에 동의한다. 나는 이러한 종류의 글들이 한국 사회에서 더 많아져야 한다고 생각한다.

한국의 시민들은 과도하게 미국-서구가 지배하는 세계라는 관념에 매몰되어 있으며 비기독교 문명·비백인 문명에 대한 무관심과 편견으로 가득 찬 교육을 받아왔다. 그런 점에서 중동·이슬람·제3세계를 객관적으로 이해하고 소개하는 텍스트는 너무 부족한 게 현실이다. 하지만 그렇다고 해서 반미·반제국주의적 문화, 논리, 정서 또는 제3세계 민족 문화가 자동적인 정당성을 확보해서는 안 된다. 퇴행적인 민족 집단 내부의 논리가 정당화되면서 반서구의 기치 아래 보편적 가치(자유, 평등, 인권 등)가 뒷전으로 밀려날 위험이 크다. 자칫하면 이러한 관점은 미국 패권주의에 대한 비판적 관점을 강화하면서도 그것에 대항하는 집단의 인권 억압적, 반여성적 세계관을 강화할 위험이 있다. 미국의 도덕적 정당성 상실로 인해 거기에 대항하는 민족 혹은 종교 집단의 가치 체계가 우위를 점할 가능성이 높아질수록 그렇다.

또한 반미 민족주의적 접근은 모든 문제를 미국 제국주의의 구도로 설명하려는 단순함에 빠질 수 있다. 죄송한 얘기지만 권정생의 인식에도 이러한 단순한 반미주의가 엿보인다. "1866년 미국의 셔먼호 침략 이래 백년이 넘도록 시달리고 있는 한국에서"라는 구절은 그저 비유라고 보기에는 어렵다. 지난 백여 년 한국의 역사를 가해자 미국 제국주의 대 피해자 한국으로 정리할 수 있을까? 미국 내부에도 저항과 피해가 있고 한국에도 미제국에 대한 수용과 모방이 있었다는 복잡성을 제거한 후 '우리'는 무엇을 보장받는가? 그 대가를 누가 치르는가?

이슬람-중동에 관련한 문제에서도 마찬가지의 질문이 가능하다. 에드워드 사이드(Edward Said)[『창작과비평』]는 "대립한 것으로 보이는 문명들 사이에는 우리가 믿고 싶어하는 것보다 훨씬 더 밀접한 유대 관계"가 있다고 강조한다. 길지만 그를 인용한다.

> 이런 방식으로 쉽사리 분류되거나 무력화될 수 없는 혼란스런 현실을 이해하려 애쓰는 사람들의 마음을 오도하고 혼란시키는 것, 이것이 바로 이슬람/서구와 같은 무지몽매한 이름표가 갖는 문제점이다. 1994년 웨스트 뱅크의 한 대학에서 강연을 마칠 무렵, 청중석에서 일어나 내 사상이 '서구적'이라고, 그가 신봉하는 엄격한 이슬람 사상과 배치된다고 공격하던 한 남자의 말을 가로막았던 일을 기억한다. 내게 떠오른 첫 대꾸는 "당신은 왜 양복을 입고 넥타이를 매고 있나요? 그것도 서구적인 것인데요"라는 것이었다. 어색한 미소를 지으면서 그는 자리에 앉았지만, 9월 11일 테러 분자들에 관한 정보가 들어오기 시작할 때 이 일화가 떠올랐다.(308쪽)

테러리스트는 순결한 회교도 혹은 반제국주의 반미 투쟁가로 불린다. 하지만 그들은 인위적 관념에 자신을 함몰시킨 이데올로기의 광적 실천자일 뿐이다. 만여 명의 민간인에 대한 무차별적인 살인 공격을 어떤 이유로든 정당화할 수는 없다. 무고한 생명을 오로지 죽이기 위해 돌진한, 자신의 목숨 버리기가 신의 뜻이라고 확고히 믿으며 자살 공격을 감행한 테러리스트 전사를 제3세계 민족 해방, 인간 해방의 전위라고 볼 수 있을까?

반미가 그들에게 보편적 정당성을 자동적으로 부여한다고 생각하는 것은 오류다. 오히려 그들은 미국의 군사주의 폭력 기제가 복제해 낸 자기 동일자에 가깝다. 인도의 여성 작가 아룬다티 로이(Arundhati Roy)〔『녹색평론』〕가 그것을 "세계의 민중에 대한 또 하나의 테러 행위"라고 규정한 것은 정당하다.

3

"미국이 당했다"는 식의 접근이 위험한 이유가 있다. 그것은 수천 명 목숨의 상실을 '국가'의 이름으로 정당화할 수 있기 때문이다. 여기서 사람들은 피해자가 미국인뿐만 아니라 방글라데시인, 필리핀 사람, 한국인, 독일인 등을 포함하는 민간인이라는 점을 쉽게 지나치고 있다. 8시 45분 전에 출근한 다수 중에는 식당이나 복도 등에서 일하는 단순 노동자 및 사무직 노동자가 포함되어 있다는 사실을 어떻게 볼 것인가? 그것은 과연 미국 국가에 대한 정당한 복수로 간주될 수 있는가? 사회적·지구적 약자의 복수가 돈 많고 권력을 가진 강자(이번 테러의 경우에는 '미국인')에 향해질 때 생명 윤리는 마비되기 쉽다. 그러한 마비는 여전히 인간을 '네이션'에 따라 쉽게 구획짓고 그럼으로써 인류적 보편성을 부정하는 데 기여하게 된다. 당한 것은 다양한 국적을 가진 다양한 인종, 계급의 생명이라는 인식, 살해당한 자는 국적에 상관없는 구체적 '인간'이라는 생각은 별로 주목을 받지 못했다. 그것은 '미국 대 외부'라는 코드를 강조하는 미국 내 애국주의적 문화 및 언론 때문이고 다른 한편으로는 그러한 관점을 수용하는 한국의 언론·지식 집단 때문이다. 생명의 상실에 대한 진지한 아픔과 반성적 성찰을 나누기보다 국기를 흔들며 "USA!"를 요란하게 외치는 미국인들의 유치한 대응에서 배타적 국민 의식에 토대한 국가 테러리즘을 읽지 않을 수 없다. 그러나 오히려 그것을 미화하고 부러워하는 목소리가 한국에서 적지 않았던 것이 더 문제다. 미국 애국주의에 대한 비판이 한국의 반미 민족주의를 강화하기도 한다. 또한 반대로 그것을 찬양하는 경우도 한국 사회를 질타하며 결국은 국가주의적 애국주의를 요청하게 된다. 한국 신문에 나타난 "미국인 특유의 단결력", "위기에 지도자를 중심으로 단결하는 미국인" 등의 타이틀은 전형적인 예다.

다른 한편으로 "미국이 당했다" 혹은 "미국인이 당했다"는 식의 이해는 미국 국가가 저지른 행위에 대해서 미국인 일반이 그 벌을 받아도 마땅하다는 생각을 포함하고 있다. 하지만 미국 정부와 시민 사회를 전혀 구분하지 않는 관점은 매우 위험하다. 모든 도덕적 책임의 경계를 국민국가 소속별로 구분한다면 그것이야말로 국민 대 국민 간의 갈등과 적대를 부추기고 정당화하기 때문이다. 그러한 시각은 결국 당하지 않기 위해서는, 혹은 당한 자가 복수를 하기 위해서는 "힘을 키워야 한다"는 식의 논리로 이어질 수밖에 없다. 또한 나카노 토시오(中野敏男)〔『당대비평』〕의 예리한 분석처럼 "개개의 구체적인 죽음이 익명의 죽음이 되어버릴 때 내셔널리즘은 고개 드는 것이다." 여기서 익명의 죽음이란 "국민의 죽음"이란 것은 두말할 필요도 없다. "국민의 죽음"으로의 감동적 전환을 통해서 국민 밖에 위치한 타자에 대한 보복적 폭력을 유발하고 정당화하는 자발적 공감대가 강화된다. 이러한 국민국가 의식이 근대사의 수많은 제노사이드의 심리적 메커니즘이었다는 것을 철저히 기억할 필요가 있다. 지구적 불평등을 비판하는 시각과 목숨을 국적별로 나누어 저울질하는 시각은 선혀 다른 차원의 것이다.

이러한 관점에서 보면 번역된 많은 외국 지식인이나 국내 학자들의 글에서, 페미니스트나 오카 마리(岡眞理), 모흐센 마흐말바프(Mohsen Makhmalbaf)〔『당대비평』〕, 그리고 아룬다티 로이 등 『녹색평론』의 필자를 제외하면 문명과 국가를 가로지르는 구체적인 개인과 생명에 대한 마음이 많이 부족한 것이 아닌가 하는 생각이 들었다. 구체적인 생명의 문제는 증발하고 추상적인 이데올로기가 설명을 압도했다. 생명의 죽음을 애당초 이념틀로 찍어 쉽게 읽어내려는 그러한 마음은 도대체 어디에서 오는 것일까? 가령, 아침밥을 먹고 아이들에게 뽀뽀하고 집을 나선 (미국인으로 불리는) 한 개인이 영문도 모르는 채 죽었다. 이민 와서 죽을 고생하며 접시를 닦고 청소를 하던 (방글라데시인으로 불리는) 사람이 죽었다. 아니, 그가 혹은 그녀가 수십만 달러를 버는 회사 중역이라고 치자. 당신은 자본가가 죽었다고 생각할 것인가? "희생자에게 애도를 표시하지만……"으로 시작되는 글에는 생명에 대한 진정한 애도가 없다. 그게 있다면 "애도한다!"라고 일단 끊고 쉬고 충분히 눈물을 흘린 다음에 추상적 논지를 시작해야 한다.[3]

　이론적·정치적 해석에서 애도하는 마음, 아파하는 마음은 불필요한 것인가? 그것은 부차적인 일인가? 객관성과 엄격성을 축으로 하는 사회과학적인 분석에서 그것은 금기 사항일까? 혹시 우리는 오카 마리가 얘기한 것처럼, '정찰 위성의 시각'으로 세상을 보고 있는 것은 아닐까? 보수나 진보 모두 말이다. 특히 일반 공론의 장에서와는 정반대로 지식인의 담론에서는 오히려 미국에서 죽은 사람에 대한 애도가 약했다. 권인숙(『당대비평』)은 이렇게 얘기한다. "또한 가까이에서 4천 명 이상이 죽어가는데 그에 대한 슬픔과 애도하는 마음보다 저항하고 싶은 욕구, 자유를 찾고 싶은

---

3) 이 단락은 내가 문학과지성사 홈페이지에 게재한 사이버 칼럼 「애도와 이데올로기」의 한 부분이다.

욕구가 앞섰다는 것은 무엇인가? 나의 반미 의식이, 공평하고자 하는 비
판 의식이 어떤 면에서는 나의 휴머니즘적 기초를 많이 앗아가버린 것을
의미하지는 않을까." 슬라보예 지젝(Slavoj Zizek)〔『당대비평』〕도 미국의
애국적 서사를 비판하면서 좌파의 서사 또한 문제삼는다.

> 누군가가 "……희생자들과 완전히 연대해서는 안 된다. 왜냐하면 이것은
> 미국의 제국주의를 지지하는 것이 되기 때문이다"라고 생각하는 순간 이미
> 여기 윤리적 파멸이 있다. 유일하게 올바른 자세는 모든 희생자들과의 무조
> 건적인 연대이다. 공포스러운 개개인의 죽음은 절대적이고 비교 불가능하
> 다는 핵심을 놓친 채 죄와 공포를 도덕화하는 수학이 올바른 윤리적 자세를
> 대신한다.(65쪽)

　물론 언론에서 사라진 아프간인들의 죽음은 온갖 조명을 받은 미국인들
의 죽음과 비교된다. 전자에는 통계가 없지만 후자의 사연은 하나하나 세
세하게 묘사되었다. 미국인의 생명 상실에만 눈물 흘리고 요란을 떨지 중
동과 아프리카 그리고 아시아에서 죽어간 수없는 인간들에 대해 별다른
휴머니즘을 보이지 않았던 제1세계 중심 '관심의 정치학'을 비판하지 않
을 수 없다. 하지만 그렇다면 우리는 국적과 계급을 일단 떠나 모든 인간
생명에 대해 똑같이 소중히 여기는 마음에서 문제를 바라봐야 하지 않을
까? 물론 그러고 난 다음에는 차별적 이데올로기와 추상화의 문제와 대결
을 피할 수 없다.

4

  극단적 원리주의자의 테러리즘, 그리고 미국의 국가 테러리즘 둘 다 지지할 수 없는 딜레마에서 혼란은 불가피했다. 양비론의 위험을 넘어서면서 어떻게 두 가지 종류의 테러를 비판할 수 있는가? 권인숙(『당대비평』)의 글은 이러한 딜레마를 솔직하게 드러내고 쉬운 편들기를 거부하며 망설이는 여성주의 지식인의 단면을 보여주었다. 나는 사태를 체계적으로 정리하고 이론화하고 끝내버리는 많은 '남성주의적' 논평과는 전혀 다른 차원의 '애매하게 망설이는' 사유에 깊게 공감하지 않을 수 없었다. 그것은 아마도 탈권력적 의지와 연관되어 있을 것이다. 다른 페미니스트의 비평은 여성 인권을 전술적 무기로 사용하는 미국 정부와, 여성 인권 탄압을 '반서구 · 반제'의 기치하에 은폐 · 정당화하는 탈레반 정권 양자에 대한 동시에 적극적인 거리를 두었다. 시타(『창작과비평』), 조순경, 김신명숙(『이프』) 등 여성주의 관점을 담은 글들은 젠더 관점이 단순히 이번 사건에 대한 부문적 관점이 아니라 적극적인 실천성을 요구하는 총체적 담론이라는 점을 명백하게 보여준다. 부시와 빈 라덴을 같은 아버지 밑에서 자라난 폭력적 가부장으로 보는 김신명숙은 여성의 권리에 립 서비스로 대응하는 미국 정부와, 아프간 여성을 부르카 쓴 '유령'으로 만드는 탈레반 양자에 대해 철저하게 비판적인 입장을 보인다. 강자/폭력의 논리인 '아버지의 법'을 버릴 것을 요구한다. 조순경은 여성이 일상적인 폭력의 위험에 누구보다도 노출되어 있기 때문에 전쟁의 실체와 허구성을 꿰뚫어볼 수 있는 눈을 갖고 있다고 말한다. 바로 그 이유로 이제는 여성이 남성의 언어, 가부장적 폭력, 남성적 국가에 의해 규정되는 전쟁, 여성을 포함한 사회적 약자를 제물로 삼는 전쟁에 반대해야 한다고 주장한다.

그것은 오로지 전쟁과 국가 차원에서만 문제를 제기하는 기존 국제 정치의 틀에 매우 도전적인 관점을 제공한다. 국민국가적 틀의 유지가 오늘날의 테러와 전쟁에 깊게 관련되어 있다면 그것을 가로지르는 젠더 의식은 평화의 차원에서 매우 중요하다. 이번 아프간 공습 테러 사건 과정에서 한국의 여성 평화 단체가 보여준 역량은 이러한 점을 여실히 증거한다. 다만 여성과 국가, 여성과 전쟁을 등치시키는 사유 방식이 국제 정치의 현실과 정치경제학적 사유에 어떻게 구체적으로 대응할지에 대해 세세한 이론화가 요구된다. 여성은 전쟁에 반대한다는 구호만으로는 의미 있는 인식·실천이 가능하지 않다. 또한 문화 여성주의에 토대한 '평화와 여성'의 친화적 관계 설정이 기존 성차별적 사회가 생산해 낸 전통적 여성성에 기초하고 있는지 않은가 하는 질문에 대한 답이 필요하다. 여성주의가 열고 있는 새로운 지평의 차원에서 본다면, 9·11 테러에 대해 길게 언급한 『황해문화』의 머리글에서 "한반도의 평화를 확보하고 민족 구성원 모두가 민족 구성원이라는 단지 그 이유 하나로 서로에게 힘이 되리라고 신뢰할 수 있는 민족 윤리를 확립하"자는 주장이 되풀이되는 것은 여전히 한국 진보 사회에 탈국민국가적 페미니즘의 관점이 충분하게 고려되고 있지 않다는 사실을 잘 보여준다.

5

미국의 패권적 군사주의와 그것이 자초한 저항적 근본주의의 폭력에서 우리는 충분한 답을 찾았는가? 많은 글들에서 공동적으로 시적되고 있는 것은 9·11 테러의 좀 더 근본적인 원인 및 배경이다. 특히 존 로빈스(John Robbins), 봅 배너, 김종철(이상 『녹색평론』 2001년 11·12월호), 헬레나 노르베리-호지(Helena Norberg-Hodge), 웬델 베리(Wendell Berry) 〔이상 『녹색평론』 2002년 1 · 2월호〕 같은 생태 지향적인 비평가들이 거듭해서 강조하고 있는 것은 테러의 근본이 증오이며 증오의 뿌리가 발전주의 및 획일적 지구화가 불러일으키는 파열과 소외에 있다는 점이다. 김종철은 9·11의 테러가 "테러의 직접적인 동기와 상관없이, 미국뿐만 아니라 오늘의 이른바 문명 사회 전체에 대한 하나의 분명한 경고였다"며 "미국적 생활 방식"으로 상징되는 낭비적, 독점적, 의존적인 산업 경제-소비주의 문명과 결별할 것을 주장한다. 존 로빈스는 9월 11일에 지구 전역에서 3만 5천 명의 아이들이 기아로 죽었다는 사실을 인용하며 무엇이 견딜 수 없는 '야만성'인가를 묻는다. 그것은 세계의 다른 곳에서 벌어진 참혹성에 대해서 무신경한 미국인의 단절된 심리에 대한 봅 배너의 비판과 맥락을 같이 한다. 웬델 베리의 단순한 깨달음, "이제 우리는 세계의 한 부분에 손상을 가하면 세계 전체가 손상을 입게 된다는 것"을 알게 된 것일까? 단일한 욕망 체계의 강요와 지구적 불평등의 확대라는 모순적 상황에서 파열은 불가피할 것이다. 그것이 단순히 '남'의 문제만은 아니다. '북'에서도 균열은 점점 커지고 있다.

정반대의 입장에 서있는 것처럼 보이는 장 보드리야르(『비평』)는 이러한 논리를 좀더 근본적인 문제로 가져간다. 그의 현학적인 표현을 빌면, "단 하나의 거대 힘으로 운용되는 전세계적 커뮤니케이션 순환 시스템으로 인해 소멸의 위기를 맞았던 모든 종류의 특수한 개체들(생물의 종, 개인, 문화 등)이 오늘날 바로 테러리즘으로 복수하고 있는 셈이다." 그에 따르면 9·11과 10·7은 단순히 미국과 이슬람 간의 힘의 역학 문제가 아니라 그러한 "유령을 통해 드러나는 승승장구하던 전지구화, 그러나 자신의 덫에 걸린 지구화가 그 원인이다."

테러리즘의 근원이, 증오의 기원이 단순히 이슬람 근본주의자의 머릿속이나 미국 제국주의의 무기에만 있지 않다는 것을 인식하는 게 중요하다. 사실 9·11 테러의 진실에 가깝게 다가서는 것은 쉬운 반미주의 감정이나 반세계화 논리를 넘어서는 매우 복잡하고 끈질긴 사유를 필요로 하는 것인지도 모른다. 그것은 한편으로는 자원과 권력의 독점과 소비를 위해 군사주의적 개입을 내부화한 패권국, 중심부 내부에서의 민주주의와 외부에서의 독재를 결합하는 방식에 윤리적으로 무감각한 중심부의 지식계, 주변부의 고통과 중심부의 행복이 불가분의 관계에 있다는 것을 모르는 비윤리적 무지, 그것에 대한 저항을 '야만'으로 보는 나르시시즘, 인간의 본성적 폭력성을 선택적으로 끌어내어 확대하는 산업화–전쟁 문명, 다른 한편으로는 패권국에 의해 짓밟힌 자의 자기 파괴적 저항의 왜곡된 형태, 서구 문명에 대한 콤플렉스·경쟁적 모방·증오심의 결합, 근대적 이성에 도달하지 못한 봉건적 광신, 반미 민족주의 저항의 극단적 형태, 가속화되는 발전주의적·단일적 지구화로 인한 폭력적 긴장의 표출, 이 모든 것인지도 모른다. 단선적·이분법적 사유를 넘어서는 노력, 구체적 생명의 존엄에 다가서려는 노력 없이는 의미 없는 평화주의적 수사에 빠지거나 혹은 현실주의의 미명하에 군비 증강과 테러의 악순환에 빠져들 수밖에 없다. 다시 장 보드리야르를 읽어본다.

모든 담론과 분석은 사건 자체와 그 매력에 대해 거대한 해제 반응(억눌렸던 감정의 분출)을 드러내보인다. 테러리즘에 대한 도덕적 정죄나 신성한 단합은, 세계 최상을 파괴하는 모습, 더 낫게는 세계 최상이 스스로 파괴되어 자살하는 '아름다운' 모습을 보고자 하는 환희와 정비례한다. 왜냐하면, 최강의 파워가 자신도 주체할 수 없는 엄청난 힘으로 세계에 미만해 있는 모든 폭력을 잉태하였고 우리(도 모르게) 모두를 사로잡는 테러리즘의 상상력을 낳았기 때문이다.……극단적으로 말해 테러 분자들이 일을 강행했지만, 그것은 우리가 원하는 바였다.……힘(파워)의 힘찬 상승이 그것을 파괴하려는 의지를 자극한 것이다. 파워의 힘찬 상승은 자기 파괴와 공모 관계에 있다.(258~259쪽)

월드컵 '국민 축제' 블랙홀에
빨려들어간 '대한민국'

독립적 지성은 어디에 있었는가?

들리지 않았던 목소리

'붉은 악마 현상'에 관한 한 토론회에 대한 어느 인터넷 신문 기사는 제목으로 "'내가 하면 사회혁명, 남이 하면 군중심리냐?' ─붉은 악마, 지식인층의 '파시즘화' 우려에 일침"이라는 글귀를 뽑았다. 나도 발제자로 참여한 그 토론회에서 다른 한 분이 쓴 표현이었다. 그것은 확실히 매우 전달력이 강한 '촌철살인'의 메시지였다. 누구나 웃으며 동의하게 만드는 해학성과 입장 바꿔 생각하기를 통한 자기비판이라는 점에서 붉은 악마 현상에 대한 외부의 비판적 접근을 일거에 무력화시킬 수 있는 표현이다. (더구나 '파시즘'이라는 무시무시한 단어를 월드컵 현상에 대한 비판 언어와 동일시할 때 이미 그 비판에 동조하기 어려운 상황이 된다. 그렇게 순수한 열정으로 신나게 몰려다녔던 사람들에 대해 누가 '파시즘'의 딱지를 붙일 수 있을까?) 진보적 지식인이 그가 직접 참여한 시위에 대해서는 긍정적으로 보고 그렇지 않은 경우 폄하한다는 비판을 담은 이런 암시에 어떻게 지식인이 반론을 펼 수 있을까? 그것은 6월의 광란에 대한 이성적이고 객관적인 해부를 어렵게 한다. 여기서 '나'는 지식인이 되고 '남'은 대중을 의미하기 때문에 자칫하면 대중문화의 건강성을 이론 중심적이고 자기중심적 지식인이 (혹은 엄숙한 기성 세대가 자유분방한 신세대를) 오만하게 재단하고 비하한다는 혐의를 쓸 수 있기 때문이다. 더구나 그 지식인이 '먹물'로 표현될 때는 그 혐의는 자동적인 정당성을 부여받는다. 그러나 이러한 식의 비판은 월드컵이나 붉은 악마 현상에 비판적으로 접근하려는 지식인에게 큰 압박이 될 수 있다.[1]

2002년 6월 한 달 동안 내가 가장 문제로 느낀 것은 한국 사회에 '외로운 지식인', 이런 압박에 대항해서 거대한 붉은 물결을 객관화해서 보려는 지식인이 너무도 부족하고 그 독립적 지성에 대한 존중은 더 부족하다는 점이었다.[2] 월드컵에 대한 비판이나 무관심, 문제 제기는 희귀했으며 그마저 주변화되었다. 때로는 강력한 압박의 대상이 되었다. 대중의 광적인 열기 그리고 그것에 절대적인 의미를 부여하려는 운동은 한국 사회를 블랙홀로 몰아넣었다. 평소에 오리엔탈리즘의 혐의를 주고 있던 그레고리 헨더슨(Gregory Henderson)의 주요 명제, 즉 한국은 '소용돌이의 정치'에 의해 지배되어 왔다는 주장이 생각날 정도였다. 왜 이리 한국 사회는 단 한 가지 사건이나 폭발에 쉽게 빨려들어 갈까? 그리고 왜 그것을 무비판적으로 찬양하는 것일까? 민주화 이후로 확대되어 왔다고 믿어온 다양성, 차이의 정치 및 문화는 모래성이 되어서 일격에 그 밑에서부터 무너진 느낌이 들었다. 그리고 모래성이 무너지면서 드러난 것은 여전히 당당하고

---

1) 시청 앞 응원을 비판적으로 보았던 곽병찬은 "시간이 지나면서 나의 이런 생각이 엘리트주의 혹은 권위주의는 아닐까 하는 반성이 들기 시작했다"고 고백했다.(「'6월 세대'로 이름하자」, 『한겨레』 2002년 6월 27일자.) 그의 열린 자세, 젊은 세대를 이해하려는 자세를 존중하지만 붉은 악마의 거대한 물결은 독립적 판단, 외로운 입지마저 무너뜨리게 한 것은 아닐까?
2) 여기서 지식인은 언론에 종사하는 지식인을 포함하는 의미로 쓴다.

공고한 국민국가와 단일성 신화의 성채였다고 할까.[3]

물론 긍정적인 면이 없었다는 얘기는 아니다. 다만 그동안 쏟아져나온 월드컵과 붉은 악마 현상에 대한 지식인들의 이야기가 너무 일방적이고 언론이 그 반대쪽 목소리를 철저히 배제한 것에 대해 내 관점에서 문제 제기를 하고 싶을 뿐이다. 나는 내가 본 현상이 객관적 실체라고, 내 해석과 비평만이 진실이라고 주장하지 않는다. 세대, 나이, 계급, 직업, 성, 장애 여부, 개개인의 취향 등등에 따라 월드컵 경기와 응원에 대한 의견, 느낌, 해석, 반응은 제각각일 수밖에 없다. 내가 현재 쓰는 이 글은 열려 있는 텍스트에 개입해서 그것의 의미를 만드는 데 나름대로 참여하려는 시도일 뿐이다.[4]

스포츠/축제는 비정치적이어야 하는가?

"스포츠는 스포츠다", "스포츠가 정치 논리에 의해 오염되면 안 된다"는 주장은 정당한 것일까? 축제는 축제였을 뿐이다? 한바탕 신나게 놀아보

---

3) 월드컵 이야기를 하면서 조심해야 할 점이 있다. 첫째, 축구를 좋아하는 것은 죄가 아니다. 그것은 그 연유야 어찌되었든 취향의 문제다. 축구를 싫어하는 사람이 월드컵에 대해 비판하는 것은, 만약 개인적 취향을 객관적 잣대로 사용한다면, 공정하지 않을 수 있다. 둘째, 6월의 광장에서 광기를 발산한 것이 잘못이라는 식의 접근은 일방주의적이다. 축제에서는 미치는 것이 당연한 일이다. 셋째, 노동자가 파업을 하고 한국의 시민이 죽어가는데 월드컵이 웬말이냐는 식의 비판도 너무 도덕적이다. 넷째, 월드컵 담론에 대한 비판을 즉각 냉소주의나 민족적 패배주의와 동일시하려는 생각에서 벗어나야 한다.

4) 홍덕률의 지적을 길지만 인용해 보자. "'붉은 악마 현상'은 실은 한 달 동안 '만들어진' 작품이라고 봐야 할 것이다. 그것도 크고 작은 수많은 주체들이 작용하고 참여하여 만들어낸 작품인 것이다. …… 그런 만큼 어느 누구도 7백만의 거리 응원과 국민적 열기에 대해, 지적 재산권을 주장하거나 아니면 역사적 책임을 뒤집어쓸 수는 없는 것이다. 이미 정형화된 현상이거나 혹은 누군가의 기획이나 각본에 따라 진행되는 사건은 더더욱 아니었기에, 그것의 작용과 의미 그리고 결과와 미래까지도 우리 사회의 모든 이들과 세력에게 열려 있기 때문이다." (홍덕률, 「'붉은 악마 현상'을 어떻게 볼 것인가?」,『교수신문』2002년 7월 1일자, '문화비평'.)

았는데 지식인들이 과도한 의미 부여를 하고 있는 것일까? 쉽게 생각하자면 대형 태극기를 물결치게 하고 '대한민국'을 외치며 애국가를 부르던 한국 응원단의 모습은 비정치적일 수 있는가? 물론 스포츠의 정치사회적 성격만을 강조하는 것은 위험하다. 스포츠를 정치경제적 이해관계에 연관시켜 해석하고 실천하려는 세력에게 스포츠 헤게모니 장악의 정당성을 부여할 수 있기 때문이다. 일단 스포츠를 통해 심신을 단련하고 그것에서 즐거움을 구하는 행위는 그 독자적 영역이 존중되어야 한다. 그러나 현재 접하는 대중 스포츠는 이미 국가와 자본이 생산하고 통제하는 궤도 안에서 돌아간다.

붉은 악마류 응원이 국가에 대한 특정한 태도, 즉 고도의 정치적인 관점을 이미 드러내고 있다는 사실을 별로 인지하지 못하는 인식 체계에 어떤 문제가 있을까? 그것은 이미 국가가 선험적인, 문제 영역의 밖에서 존재하는 초월자이기 때문이다. 그러한 인식 체계하에서 국가는 자동적인 정당성을 부여받는 정치적 결과가 발생하고, 한 걸음 더 나아가 그러한 사실 자체가 비정치적으로 보이는 현상이 발생한다. '붉은 악마' 회장 신인철의 기고문을 보자.

세계 최고의 교육열, 우리의 의식을 무한히 확장시킨 IT 세계, 아름다운 충효의 전통, 정의로써 아닌 것을 바꿔 나가는 강한 민주 의식이 자연스럽게 혼합된 나라이면서 우리는 어렵고 힘든 세월로 인해 너무나 많은 것들을 잊고 살았다. 어렵고 찌든 경제와 당리당략의 정치 속에서 이웃과의 관계를 소홀히 했고, 조국의 소중함을 잃었다.……

우리 민족이 합심한다면 못할 것이 무엇이 있겠는가? 아버지 세대가 희생 정신으로 한강의 기적을 만들어 경제를 발전시켰다면, 형님 세대가 목숨을 건 투쟁으로 민주화를 쟁취했다면, 어린 동생들은 최첨단 IT의 젊은 전사들로 나라를 키우고 지킬 것이다. 또 한번 "대~한민국"을 외치며 세계로 달려 나갈 때 우리는 다시 국운 상승의 기회를 맞을 수 있다고 확신한다.[5]

얼핏 보기에 중립적이고 비정치적으로 보이는 진술에 사실은 '한국적인 것'에 대한 무비판적인 찬양이 들어 있다. 그것에는 충효주의, 가부장적 정서, 정보 산업주의에 대한 동의, 정치에 대한 불신, 민족주의, 순진한 역사 단계론 등이 혼합되어 있다. '우리'와 민족, 조국, 이웃은 모두 등치되어 있다. 한 개인의 생각이긴 하지만 이 모든 것은 '붉은 악마'와 관련된 고도의 정치적인 진술이다.[6] 하지만 이런 주류 애국심에 대해서 사람들은 그것이 '정치적'이라고 생각하지 못한다.

반미주의에 대한 『조선일보』나 『동아일보』의 경계도 같은 맥락에서 볼 수 있다. 반미 감정의 확산으로 우려되었던 반미 시위가 기우에 그친 것을 다행스럽게 여기며 "시민들은 '월드컵 경기와 반미 감정은 별개'라며 분별력을 보여줬다"[7]고 보도한 것은 스포츠의 정치 중립성을 지켜내려는 의도보다는 스포츠를 비가시화된 국가주의 구도 안에 묶어두려는 다른 의미의, 고도의 정치적 의도를 보여주었다. 김동성은 '반미 감정'을 자극할지 모른다는 우려 때문에 거의 강제적으로 한미전에 오지 못하게 되었다. 심지어 『조선일보』가 권한 국민 '응원 에티켓' 중 하나는 "정치성 구호는 자

---

5) 「월드컵 칼럼 — '16강'보다 큰 것 얻었다」, 『조선일보』 2002년 6월 15일자. 신인철의 이 칼럼에서 드러나는 세계관은 『한겨레』 인터뷰에서 보여준 모습과는 큰 차이가 있다.
6) 신인철은 『한겨레』 7월 2일자 인터뷰에서 흥미로운 발언을 한다. 그는 붉은 악마 안에는 극우에서 극좌까지 있다고 밝힌다. '우리는 하나'라는 생각으로 차이를 인정하기 때문에, 통일 열망이 없는 것은 아니지만 현 수준은 'AGAIN 1966' 정도라고 토로했다.
7) 「성숙한 질서-시민 의식, 길거리 응원 '세계 감탄'」, 『동아일보』 2002년 6월 12일자.

제해야"[8]였다. '김동성 실격 사건'에만 초점을 맞춘 감정적 반미주의도 문제지만 그런 언론의 의도적 경계에 순응하여 어떤 미국 비판적 메시지나 제스처도 표현하지 않는 한국 관중은 과연 '성숙한가?'[9]

월드컵 읽기의 자의성

언론에서 월드컵과 열광적인 응원에 대해 관심을 갖고 보도하는 일은 당연하다. 정치사회학적 이유가 뭐든지 간에 대다수 대중이 관심 갖는 행사에 많은 공간을 할애할 수밖에 없다. 그리고 나 개인적으로는 노는 것, 즐기는 것 등의 쾌락적 이슈에 대해 유보적인 태도를 보이는 엄숙한 사회의식은 바람직한 태도라고 보지 않는다. 축구나 축제에 열광하는 것 자체는 죄가 아니다. 오히려 그것을 금기시하는 태도는 대체로 지나친 엄숙주의나 금욕적 지성주의의 편견에서 오는 게 사실이다. 월드컵이 한국 사회에 준 깨달음 중의 하나는 한국인들이 근면 이데올로기에서 벗어나서 슬겁고 신나게 놀 수 있는 공간과 시간이 절대적으로 필요하다는 점이었다. 문제는, 진보 언론의 경우에도 실망스럽게도 월드컵과 붉은 악마 현상을 고무 찬양하는 기사와 칼럼이 절대적이었다는 점에 있다. 매우 희귀했던 비판적인 목소리는 오히려 독자 칼럼에서 나왔다.

우선 지적하고 싶은 것은 자의적 과대 해석의 문제다. 적지 않은 필자들이 6월항쟁과 6월 붉은 악마 현상에서 유사성을 발견했다. "그러나 '붉은 악마'의 새빨간 셔츠에 쓰인 구호를 보고도 나는 까무라칠 뻔했다. 비 더

---

8) 「성숙한 응원 국민 축제로」, 『조선일보』 2002년 6월 9일자.
9) 다른 한편 광주의 거리에서 나타난 "오~통일 코리아", 그리고 터키전에서 불발한 "오~피스 코리아"도 충분히 스포츠 정신과 축제 분위기를 훼손하지 않으면서 표출될 수 있는 정치적 메시지였다고 본다.

레즈! 번역을 하자면 '빨갱이가 되라'도 된다.…… '붉은 악마'들이 낡은 반공 세대의 머리를 망치로 때려버렸다. 그들은 반공 세대처럼 매사를 대결과 전쟁의 논리로 보지 않는다. 단지 놀이(게임)로 본다."[10] 붉은 악마들의 단 한 번의 거리 응원으로 "수백 년 동원 문화를 일격에 날려"버리고 "붉은 색 혐오증과 국가 물신 숭배의 금기도 녹여버렸다"는[11] 주장도 마찬가지다.

자기 세대의 주관적 기억의 어떤 부분이 현재의 유사한 이미지에 의해 자극을 받는 것은 매우 자연스러운 일이다. 하지만 주관적 연상에서 끝나야지 그 유사성에서 어떤 현실적 연관을 찾는 것은 별로 설득력이 없다. 가장 과장되었던 것은 레드 콤플렉스의 해소라는 차원에서 문제에 접근한 진보주의자들의 시각이었다.[12] 서해 교전 후 갑자기 되돌아온 안보 제일주의 담론과 반북 의식은 이런 식의 비유가 아전인수라는 것을 분명히 해주었다. 이런 주관적 과대 해석이 보여주는 것은 언론조차 희망적 사고에서 크게 벗어나 있지 않다는 점이다. 실현되기 바라는 바를 현실의 징후에서 쉽게 읽어버리려는 조급함이 내재해 있다. 다양하게 해석될 수 있고 열려 있는 텍스트를 자신의 주관적 의지로 끌어당겨서 무리하게 해독하고 의미 부여하려는 무리수는 일반적이다. 정반대의 입장에 서 있는 이철승은 매우 유사한 '아전인수' 오류를 범한다.

그는 월드컵 막바지에 북한이 일으킨 서해 도발에 대해서도 "월드컵에서 우

<hr>

10) 최상천, 「비 더 레즈」, 『한겨레』 2002년 6월 8일자. 하지만 최상천이 붉은 악마 현상을 긍정적으로만 보는 것은 아니다. 『말』지 7월호 칼럼에서는 매우 강도 높게 광적인 애국주의를 비판하고 있다.
11) 정대화, 「붉은 광장의 새로운 혁명」, 『한겨레』 2002년 6월 26일자.
12) 설혜심은 이런 유행에 관심을 갖기보다는 붉은 색에 대한 인식 변화 속에서도 인종적 정체성을 강화하는, '검은 색'에 대한 한국 사회의 여전한 편견을 지적했다. 「'검은 색'에 대하여」, 『한겨레21』 2002년 7월 4일자.

리 국민들이 '대한민국'과 '태극기'를 중심으로 단결하자, 북한의 김정일이
충격받아 일으킨 것"이라고 진단했다.……"이번에 우리 젊은이들이 태극
기 아래 하나로 뭉침으로써 북한이 쌓아온 대남 전략을 단번에 분쇄하는 효
과를 거뒀다"고 말했다.……"정치인과 일부 몰지각한 지식인들이 기회주
의적인 태도로 국가의 정통성을 망각하고 있는 현실에서, 20~30대 젊은이
들이 보여준 애국심은 그동안 내가 걸어온 길이 옳았다는 사실을 다시 한
번 보여주는 것 같아 흐뭇했다"고 말했다.[13]

　이런 희망적 사고는 붉은 악마 현상에서 공동체 정신을 읽어낸 글에서
도 보편적이었다.[14] 대표적인 예로, 『한겨레』의 6월 16일자 사회면 한 기
사 제목은 「화합의 공동체 문화 싹텄다」였다. 축구 승리로 인한 일시적 기
쁨을 나누는 현상에서 안이하게 어떤 문화적 변화를 즉각 읽어내는 것은
객관적 언론이나 지식인이 취할 태도는 아니다. 다음의 인용문을 보자.

　오늘의 젊은이들은 분명 인터넷 세대의 개인주의자이고 자신의 개성을 천
방지축으로 분출하며 살고 있는 사람들이다. 때론 그들에게서 어떤 건강하
고 성실한 공동체 의식이 발견되지 않아 이러다가 전쟁이라도 일어나면 전
쟁터로 뛰어갈 젊은이가 몇이나 될까 걱정하는 이도 있다. 그러나 '붉은 악

---

13) 「태극기 아래 뭉친 젊은이들에 감명」, 『조선일보』 2002년 7월 8일자.
14) 이 문제 역시 독자인 박경애에 의해서만 지적되는 데 그쳤다. "이번 사건에 대해 마음껏 즐길
수 있지만, 그것뿐이면 곤란하다. 잘못된 의미 부여를 경계해야 하고 이 열기에 대한 '이견'을 자유
롭게 실을 수 있어야 한다. 16일자 사회면의 「화합의 공동체 문화 싹텄다」에서 『한겨레』는 지극히
감성적이고 폭발적인 응원이 바로 화합과 공동체 문화로 환치될 수 있는 것인지 너무 쉽게 단정했
다. 무뎌진 『한겨레』 월드컵 기사는 20일자에서 이탈리아전 판정 시비에 대한 CNN 등의 사이버 투
표를 왜곡시킨 우리 네티즌들의 '애국 도배'도 눈감아주었다." (『한겨레』 2002년 6월 22일자 '한
겨레비평')

마' 는 그들의 피 속에 여전히 민족과 국가라는 유전적 인자가 자리잡고 있음을 이렇게 보여준 것이다. (유홍준)[15]

젊은이들이 갈수록 개인화되고 있다는 시각이 많다. 그런데 이번에 안정환 선수 등이 젊은 네티즌들의 의견을 받아들여 '오노 골 뒤풀이' 등을 통해 서로 '정서적 연대'를 하는 걸 봤다. 그들 나름의 분명한 공동체 의식과 자존심의 표현이었다.[16]

국가주의나 애국주의보다 더욱 근원적인 심리 현상이 깔린 것 같다. 우리는 그동안 자신이 돌아가 쉴 곳이 없었다. 마음의 공동체가 없었다. 그러나 이번 월드컵을 통해 국민들은 자신을 묶어둘 무엇을 찾았다.(김명인)[17]

월드컵이 공동체의 속성을 일시에 되살리면서 이웃과 동네를 발견하는 계기가 됐다.(안병욱)[18]

우리 사회에서도 젊은이들이 혼자만의 세계에 빠져 다른 사람들과의 관계 맺기를 기피하는 현상에 대한 우려가 전혀 없었던 것은 아니었다. 1990년대 이후 이른바 신세대 담론이 전개되면서 공동체적 관심보다는 개인주의적 관심이 우세한 신세대 문화를 '우려 반, 기대 반'으로 지켜본 경험이 있기 때문이다. …… 그러나 월드컵은 우리의 젊은이들이 혼자 볼링하며 소외를 자초하는 자폐증 환자들이 결코 아님을 확인시켜 주고 있다. 몇 십만

---

15) 유홍준, 「붉은 물결 '민족의 힘'」, 『한겨레』 2002년 6월 12일자.
16) 월드컵 기획 자문단 좌담, 「세계 무대 '한국식 축구' 우뚝」, 『한겨레』 2002년 6월 27일자.
17) 같은 글.
18) 「4강 신화, 새 출발선이다」, 『한겨레』 2002년 6월 27일자 기사에서 재인용.

이 거리에 나와 함께 응원하고, 함께 '대~한민국'을 외치고, 또 함께 청소
까지 하고 돌아가는 모습에서 우리의 젊은이들은 퍼트남이 우려한 미국의
젊은이들과 분명 다른 모습을 보여주었다. (유석춘)[19]

아파트 전체가 '형님, 아우' 됐다. 서로 껴안고 환호하고 …… 월드컵이 연
'마음의 문'[20]

다분히 개인주의적이고 정치에 대해 무관심하다 해서 흔히 '이기적 세대'
로 불려온 그들이 온 국민의 손에 다시 태극기를 들게 만들고, 새삼스럽게
소리쳐 부르기에는 멀리 있던 '대-한-민-국' 넉 자를 목놓아 부르짖게 만들
었다.[21]

　앞의 세 개는 『한겨레』, 뒤의 세 개는 『조선일보』에서 인용한 기사 혹은
칼럼의 일부다. 공통적인 것은 공동체가 좋은 것이고 이번에 그것의 중요
성을 젊은 세대나 '이기적'으로 살아온 일반 시민들이 깨달았다는 의견이
다. 붉은 악마 응원에 그런 요소가 있었는지는 사회학적 탐구의 대상이
다.[22] 나 개인적으로는 거기에 있었던 것은, 비록 '국가'를 매개로 한 것이
긴 하지만, 억압적인 공동체 및 일상적 의무로부터 해방된 사람들 사이에

---

19) 유석춘, 「'함께' 하는 문화」, 『조선일보』 2002년 6월 12일자.
20) 인용문 제목의 기사(정우상 기자), 『조선일보』 2002년 6월 25일자.
21) 『조선일보』 2002년 6월 24일자 사설.
22) 붉은 악마 현 회장은 "거리 응원 같은 공동체 의식을 개인적으로 무척 좋아한다. 80년대 공동체
문화에 대한 향수일지도 모른다. 80년대에는 무언가를 '타도해야 된다'는 상태에서 모였는데, 지금
은 '우리는 하나'라는 여유로운 마음가짐으로 공동체성을 회복하는 것을 의도해 왔다"라고 얘기한
다. (「한겨레가 만난 사람─신인철」, 『한겨레』 2002년 7월 2일자.) 그러나 그 공동체가 어떤 성격인
지, 과연 긍정적인 공간인지는 단언하기 어렵다.

우발적으로 솟아난 자율적 연대감이며 해방의 기쁨이라고 본다. 동시에 그것은 대학 1학년인 문승욱의 날카로운 지적처럼 오히려 "개개인의 정체성을 '붉은 색' 속에 묻어버리며 도심을 가득 메운 지금의 6월"에 불과했는지도 모른다.[23]

문제는 거의 대부분의 기사나 칼럼이 거리와 경기장에서 갑자기 공동체를 '발견'하고 그 문화가 붉은 악마 현상을 통해서 당장 한국 사회에 정착될 수 있는 것처럼 서술하고 있다는 점이다. 『한겨레』나 『조선일보』의 해석은 둘 다 마치 개인주의는 나쁜 것이고 이제 젊은이들이 '정신을 차려' '공동체'로 돌아갈 수 있게 되었다는 안도감 같은 것을 내포하고 있다. 여기서 공동체-개인 문제에 대한 이론적 논쟁을 할 수는 없다. 언론에서 강조된 '공동체'라면 거기에 혹시 표준적 개인을 요구하는 집단의 논리, 개별적 차이를 무화하려는 동질화의 논리, 집단주의가 숨어 있지는 않은가? 놀고 싶고 미치고 싶은 자연스러운 욕망 외에 그들을 강하게 지배했던 것은 '집단에 나도 끼고 싶다'는 욕망, 끼지 않으면 따돌림을 당할 것 같은 '외톨이 기피'[24] 심리였다. 그 심리의 생산 유지에 동력이 되는 것은 차이를 억압하는 집단적 동질성의 문화이다.

그 부분만은 결코 찬양할 만한 현상이 아니다. 한국 사회에서 부족한 것은 개인에 대한 존중을 기초로 하는 개인주의다. '공동체'를 명분으로 강화되는 것은 억압적인 집단주의인 경우가 많다. 개인주의를 일단 나쁜 것으로 전제하고 공동체의 복원을 필사적으로 '발견하려는' 지식인들의 노력에서 여전히 개별성을 집단의 논리에 녹이고 개인을 집단의 자장 안으로 끌어들이고 싶어하는 집단주의 욕망을 읽을 수밖에 없었다. 그것은 내

---

23) 문승욱, 「월드컵과 진보?」, 『한겨레』 2002년 6월 13일자 '왜냐면'.
24) 박노자, 「6월의 '붉은 바다' 체험기」, 『인물과 사상』 2002년 8월호, 134쪽.

셔널리즘에 대한 욕망과 관련되어 있다.

'자랑스러운 우리 한국인'일까?

신문을 도배한 진보·보수 필자들이 '공동체'에 대한 '합의'를 통해서 다시 강화하는 것은 민족 의식, 국민 의식이다. 앞서 인용한 유홍준의 주장을 다시 살펴보자. 이 글이 냉전주의 언론에 실렸다면 별 문제가 될 것도 없다. 하지만 맹목적 애국심과 혈연적 민족주의에 거리를 둘 수밖에 없는 진보 언론 및 지식인이라면 문제가 달라진다. 피 속에 민족과 국가가 각인되어 있어서 전쟁시에 목숨을 바치는 데 문제가 없을 거라고 강변하는 것은 국가주의자에 어울리는 논리다. 적어도 진보의 담론에서는 어떤 전쟁이든 국가의 '호명'에 자동적으로 '화답'하며 '충성'을 맹세하는 젊은이가 필요한 게 아니고 거기에 거리를 두며 국가와 자신의 관계가 어떤 것이어야 하는지를 성찰하는 사람이 요구되는 게 아닐까?

기성 지식인들의 수사에는 다시 발견한 젊은이들의 공동체, 특히 민족 공동체 의식에 대한 놀라움과 감탄이 빠짐없이 들어 있었다. 그리고 그것은 '개인＝사회＝국민＝국가'라는 등식을 자동적으로 확인했다. 이번에 진보와 보수를 막론하고 '하나'가 될 수 있었던 것은 바로 거의 '유전적 인자'로 자리잡은 '국민' 의식 때문이다. 물론 이미 많은 이들이 지적한 것처럼 붉은 악마 현상에는 배타적 민족주의나 국수적 애국주의가 약했다. 그러나 국민/민족 의식은 긍정적인 것으로 인식되는 바람에 오히려 더 강화되었다.

물론 열광을 촉발한 유인 중에 '국가'가 어느 정도 비중을 차지했는지 알기는 어렵다. 국가와 관계없는 다양한 경험이 있었을 것이고 그것은 여러 가지 양상을 띠고 있다. '6월 세대' 혹은 'W세대'는 "그냥 놀았을 뿐인데 기성세대 지식인들이 이러쿵저러쿵 과잉 의미 부여한다"고 불평하는 경향이 있다. 그들은 붉은 악마 현상에 대한 비판을 놀이 자체에 대한 비판으로 동일시하며 반발한다. 놀이 축제에 직접 참여한 사람들로서 당연한 방어적 입장이다. 하지만 동시에 "한국인이라는 게 이토록 자랑스러운 줄 몰랐다"는 반응은 보편적이었다.[25]

> 그것은 온 민족의 가슴속에 일어난 거대한 지진이었고, 활화산 같은 뜨거움이었으며, 바로 조국이었다. 이 역사의 한 가운데 서 있는 나는 혼자가 아닌 함께임에 눈시울이 뜨거워졌다. …… 내 작은 가슴에도 불은 피어올랐다. 응원의 물결이 강을 이루고 눈물이 내를 이루고 태극기 물결 속에 대한민국을 연호하게 했다. 대한민국 사람임을, 대한민국 사람으로 태어남을 자랑스럽게 만든 것이다. 나는 감히 신이 주신 선물이라고 말하고 싶다. 그리고 광화문과 시청 앞이 성스럽게 느껴졌다.[26]

위 글의 순진한 고등학생이 받았던 느낌은 아마도 거리 응원단 상당수의 느낌과 일치하는 것이라 본다. 국가에 대한 긍지와 국민의 일부로서의 의식이 메가 축제의 한 원인과 결과였음은 부정하기 어렵다. 그렇지 않다면 다른 외국팀 간의 경기에는 관중석이 텅텅 비었던 현상, 평상시 비국가적 수준의 경기에 대한 무관심을 어떻게 설명할 수 있을까? 한국 '국가' 대표 축구팀의 승리, 특히 유럽 강팀을 꺾는 이변의 연속은 실증적 좌표가

---

25) 이런 현상으로 어떤 인라인 스케이트 회사는 한 광고에서 "대한민국 국민이 만들었습니다"라는 사실을 크게 강조할 정도가 되었다.

26) 박선민, 「W세대의 꿈」, 『조선일보』 2002년 6월 27일자 독자 칼럼.

없어 깊이 잠복해 있던 국민적 정체성과 국가에 대한 회귀 의지에 결정적 재료를 제공했다. 갑자기 애국심과 국민주의가 튀어나온 것이라고 보기는 어렵다. 그것은 오래전부터 있었던 것이다. 우월의 근거가 별로 없어 표출되지 못했던 애국심, 열등의식에 의해 견제당하고 있던 애국심은 23명 '국가' 대표 축구 선수들의 연승, 특히 선진 유럽 강국 연파라는 명백한 증거가 주어지자 폭발했다. 붉은 악마 현상은 한국인들의 내셔널리즘과 분리될 수 없다. 이런 의미에서 "젊은이들은 스타크래프트나 대중 가수에 열광하듯 대한민국과 축구에 열광한다"[27]는 말은 부분적으로만 사실이다. 사실 월드컵 전까지, 아니 기간 중에도 '축구'에 열광한 젊은이들은 소수였기 때문이다. 그런 의미에서 열광은 '국가+승리+놀이' 라는 화학적 결합의 결과였다.

이런 조건하에서 초기에 그나마 오리지널 붉은 악마에 존재했던 '축구 사랑'을 토대로 한 시민적 자발성은 시간이 흐르면서 '국가'와 '승리'에 도취한 자들의 자발적이고 권위주의적인 권유의 모습을 띠기 시작했다. 이동연의 표현을 빌면, 초기의 '광화문 습격 사건'에 국가와 자본은 시청 앞 '열린 음악회'로 '화답' 했다.[28] 다른 예로 폴란드전에서 한국팀이 승리하자 몇몇 마을에서는 "태극기를 걸고 주민이 하나됨을 보여주자"고 결의했고 어떤 아파트 단지에서는 관리소와 통반장이 합심하여 "태극기를 걸지 않은 집을 찾아가 태극기를 걸도록 권유했다."[29] 국가 대표팀의 승리가 즉각적으로 내면에 잠복해 있던 일정한 국민주의 코드를 자극해 버린 것이다.[30] 이런 연유로 자발적인 열광은 '열린 음악회' 식 조직화, 그리고 마

---

27) 함한희, 「월드컵의 문화학—신민족주의」, 『조선일보』 2002년 6월 25일자.
28) 이동연, 「응원, 자발적 파격으로」, 『한겨레』 2002년 7월 1일자.
29) 「일산 아파트 태극기 응원」, 『조선일보』 2002년 6월 6일자.

침내 7월 2일의 국민 축제에 의해 '국민 응원'으로 전환, 마무리되고 말았다. 그것은 단순히 국가와 자본이 의도적으로 조직한 것만은 아니다. 국가/자본이 큰 판을 짜주자 거기서 대중의 '놀이 욕망'과 '국가' 의식이 한국팀의 승리에 자발적으로 터져나왔다는 설명이 적합하다.

물론 젊은 세대의 다양한 자기표현, 개방적인 태도, 놀이를 즐기는 능력 등은 과거의 내셔널리즘이나 관제 '동원 문화'의 속성과는 매우 다르다. 그것에 대해서는 많은 문화 전문가들이 지적한다. 김동식을 인용한다.

> 하지만 적어도 나의 경험에선, 거리 응원은 승리 이데올로기에 도취되지도 않았고 국가주의에 함몰되지도 않았다. 거리 응원의 열정은 단순한 감정적인 분출이 아니라, 그 자체로 정치적 자존심이자 문화적 자부심의 표현이기 때문이다. 거리 응원은 자신들의 열정에 대한 자존심으로부터 자율성을 이끌어낸다. W세대가 외친 "대～한민국"은 단순한 응원 구호도 아니고 기존의 국가 이미지에 대한 긍정도 아니다. 선수들의 움직임을 좇는 그들의 눈동자는 '깨끗하고 정정당당하며 성실하게 준비하는' 국가의 이미지에 대한 갈망으로 가득했다. 이들의 거리 응원은 권위적 억압 기제에 의해 동원된 집단주의 문화가 아니라, 개인의 열정에 바탕을 둔 새로운 축제의 가능성을 열어보인 사건이다.[31]

동원된 집단주의 군중과는 거리가 멀었다. 그것에 대해서는 나중에 설

---

30) 설기현과 이을용이 졸업한 강릉상고 교장은 월드컵 축구 경기 시청으로 수업을 대체한다고 하면서 "학생들의 눈빛에서 '우리도 모교와 국가를 위해 뭔가 바른 일을 해보자'는 도전 정신과 성취욕도 왕성해진 걸 피부로 느낄 정도"라고 말했다. 그러한 정신이 지금도 지속되는지 의문이지만 무엇보다도 '국가'를 비롯한 집단에 대한 소속감이 강화되는 현상은 보편적이었다.(「수업 대신 한미 경기시청」, 『조선일보』 2002년 6월 8일자.)

31) 김동식, 「태극기로 나를 표현······ W세대 태어나다」, 『조선일보』 2002년 6월 24일자.

명하겠지만, 과연 붉은 악마 현상에서 표출된 다양성과 개성은 국민국가라는 큰 궤도 밖에 놓여 있을까? 경기장이나 길거리에 나온 사람들이 가졌던 '축제' 의식과 그 집단적 열광을 해석하는 지식인들의 '국민' 의식에는 어떤 차이가 있었을지도 모른다. 하지만 그 둘 사이에 명백한 경계가 있는 것 같지는 않다. 가령, 태극기를 온갖 다양한 방법으로 변형시켜 패션과 액세서리의 도구로 만든 것은 국가적 엄숙주의로부터의 이탈이라는 점에서 긍정적이지만 그것은 여전히 '우리' 가 국가의 구성원, 즉 '국민' 임을 알려주고 확인시켜 주는 기호다. 그것은 록음악으로 변주한 애국가나 아리랑에 몸을 미친 듯이 흔들어대도 변함 없이 존재하는 기호다. 록 가수 윤도현은 '국민 가수' 로 떠오르고 반(反)문화의 상징이었던 밴드 '크라잉 넛' 마저 '온 국민 축제' 에 "작은 힘이나마 보탰다는 것에 긍지를 느낀다" 고 토로했다.[32] ('국민 축제' 를 거부한 혹은 그것에 무관심했던 개인이나 집단은 누구인가? 어디에 있었는가? 그들에 대한 문화인류학적 연구가 필요하다.) '국가가 개입하지 않은 자발적인 국민적 축제' 를 일궈냈다는 것은 부분적으로만 사실이지만 그 경우에도 '국민' 정체성은 강화되었다. 모든 국가간 대항 스포츠가 그렇듯이 월드컵이나 올림픽이야말로 매우 정당한 비폭력적인 방식으로 세계 축제의 명분하에 '국민' 과 '국적' 의 경계를 끊임없이 확인하고 재생산하는 장이 아니던가? 월드컵 러일전에 대한 신문 기사 제목은 "극동 함대 또 잡았다"였다.[33] 세네갈이 프랑스를 격파한 후 나온 한 칼럼[34]의 제목은 "식민지 과거 검은 사자 옛 종주국 덜미를 물다"였다. 축구의 승패에 제국주의-식민지, 혹은 두 국가 간의 이항적·역사적 대립 구

---

32) 『한겨레』 2002년 6월 19일자.
33) 『조선일보』 2002년 6월 10일자 사회면 기사 제목.
34) 홍세화, 「프랑스-세네갈 전을 보고」, 『한겨레』 2002년 6월 1일자.

도가 그대로 투사되는 것이다. 축구라는 스포츠 역시 현실을 구성하는 상징적 질서의 한 부분이며 그것은 '국민국가 간 관계'를 축으로 하는 근대 '기억의 정치'에서 자유롭지 못하다.

문제는 이러한 국민 의식의 확인과 재생산이 '타자'를 끊임없이 대항물로 만들어내고 양자 간의 차이를 강화한다는 점이다. 그것은 신세대가 배타성이나 폐쇄성을 갖고 있지 않다고 해서 해결되는 문제가 아니다. "자신을 사랑할 수 있는 자만이 타인을 사랑할 줄" 알고 "자국을 긍정하게 될 때 비로소 자국에 대한 냉소와 타국에 대한 배타성"을 넘어서게 된다는 박섭의 주장[35]은 타당하다. 붉은 악마 현상에 나타난 민족적 자긍성에 바탕한 민족주의가 관제 민족주의로 전락하지 않도록 시민운동에서 그것을 적극적으로 끌어내야 한다는 김정훈의 주장[36]에도 일리가 있다. 하지만 열린 민족주의 속에서 '우리'는 외국인과 '다른' 민족/국민이라는 의식은 더 강화될 수 있다는 점을 놓치고 있다.[37]

김진호에 의하면, "무슨 색이든, '선한 우리'에 속하는 각각의 사람을 단지 하나의 색깔로서 '전체화'한다는 점이 더욱 중요하다. 다른 말로 하면 우리는 지금 단색의 상상된 공동체인 '국민'으로 호명되고 있다. 한데 그것은 동시에 '타자'에 대한 '벽 쌓기'라는 점을 유념해야 한다. 그 가운데서 어떤 타자는 철저한 무관심의 대상이 된다."[38]

---

35) 박섭, 「냉소와 배타성을 넘어」, 『조선일보』 2002년 7월 2일자.
36) 김정훈, 「붉은 악마 현상을 통해서 본 시민운동의 과제」, 2002년 7월 16일 참여사회연구소 토론회 '붉은 악마 현상을 어떻게 볼 것인가?'에서 발표한 논문.
37) 냉정하게 생각하면 열린 민족주의는 한국을 방문한 외국인 관광객에게 해당되는 것이었다. 특히 붉은 악마 티셔츠를 입은 외국인은 우호적 환대의 대상이 되었다. 캐서린 존스는 한국인이 다수인 남편의 직장에서 붉은 악마 티셔츠를 입지 않으면 "사람들과 같이 경기를 보는 것이 허락되지 않을 것같이 생각됐다"고 고백했다. (「내가 사랑하는 두 팀의 명승부」, 『조선일보』 6월 12일자.) 물론 열린 민족주의는 안산과 남양주의 제3세계 출신 외국인 노동자에게까지 적용되는 것은 아니었다.
38) 김진호, 「성찰 없는 역사의 보복」, 『교수신문』 2002년 6월 17일자 '문화비평'.

‘우리’ 국민이 강조될수록 타자화되는 것은 외국 국적의 사람들만이 아니다. 국민은 비국민과의 대립 속에서 의미를 갖게 되며 그 ‘비국민’은 자동적으로 억압의 대상이 된다. 국민적 동질성의 강화가 가져오는 모순이다. 혼혈 가수 소냐에게 아버지 나라 미국을 응원하겠느냐는 유아적 질문에, “더 이상 말이 필요 없어요. 저를 이만큼 키워준 곳이 한국인데요. 한국팀 파이팅!”을[39] 외치게 은근히 강제하는 억압이다.

‘국민’ 동질성의 강화는 ‘비국민’을 만들어내고 배제한다는 역설, 그 속에서 ‘비국민’들은 여성, 신체·정신 장애인, 노인, 어린이, 영주 외국인이었다. ‘대한 건아’, ‘대한 남아’와 ‘우리의 자랑스러운 아들들’, ‘맏형같이 든든한 홍명보’, ‘집에서는 둘도 없는 효자’, ‘아버지 같은 히딩크, 엄마 같은 박항서’, ‘오늘밤, 한 사내는 운다’ 같은 문구의 연발은 스포츠 및 응원에 내재된 남성주의적 코드를 드러냈다. 그것은 “수고했어 황 서방” 류에서 나타나는 가족주의와 결합하여 다시 한 번 여성을 수동적 객체로 고정시켰다. 여성은 없었다. 여성은 거리와 경기장의 치어 리더로만 존재했다.[40] 성별을 초월하는 현상이란 없는 것인데, 월드컵 축구 감독도 선수도 단장도 심판도 해설자도 모두 ‘남자’였다는 사실은 전혀 인지되지 않았다.[41]

이런 국민국가류의 궤도 위에서, 박카스의 선전 문구와 원로 언론인의 감격은 별다른 오차 없이 만나게 된다.

우리가 누구입니까? 한다면 하는 민족 아닙니까? 끝없는 도전으로 이루어

---

39) 『스포츠서울』 2002년 6월 11일자, 25면.
40) 이 부분은 내가 월간 『말』지 8월호에 쓴 「남성깨기─오~남자 코리아」에서 따온 것이다.
41) 물론 “월드컵 경기를 통해 여자들의 열정, 욕망의 공적 표출의 장이 마련됐”던 것은 긍정적이다. 현경, 「여성도 당당한 주체」, 『한겨레』 2002년 7월 3일자.

낸 오늘은 한국 축구 8강 가는 날. 처음 보는 사람과 어깨동무를 하고, 흘러내린 땀과 눈물로 서로를 얼싸안고 기뻐할 7천만 대한국인. 이 땅에서 태어났음이 자랑스럽고 한국인임이 자랑스러울 오늘, 우리는 또 한 번 도전의 이름으로 하나됩니다.[42]

광장을 빠져나가 길을 꽉 메운 군중은 누가 시킨 것도 아닌데 "대~한민국"을 합창하며 걷고 있었다. 그것은 실직자가 거리에 넘치고, 기업은 싸구려 국제 경매 시장에서 주인을 기다리던 'IMF 시대'에 상처받고, 세계의 조롱거리가 됐던 치욕을 한방에 날려버리는 자존심의 폭발과도 같았다. 정말 세계화만이 살 길이라면, 그것은 과거로 뒷걸음치는 시대착오의 열기였다. 그러나 눈 깜짝하는 사이에 전쟁터의 잿더미 위에 현대적인 산업을 일으키고, 혹독한 군사독재를 무너뜨린 민족적 에너지를 실감케 하는 함성이었다. 또 전라도·경상도가 없고, 모두 똑같은 공동체의 구성원으로서 "대~한민국"을 노래한 것이었다.[43]

여기서 '우리'는 하나가 되며 23명 국가 대표의 승리는 민족의 승리가 된다. 그리고 그것은 경제적 치욕을 보상하고도 남는 국민 전체의 쾌거로 전화된다. 나는 가장 이해할 수 없는 것이 왜 축구 국가 대표팀의 승리가 '한국의 저력', '민족의 우수성' 담론으로 즉각 전화되는가 하는 점이다. 대중문화나 상업 광고에서는 그럴 수 있다. 하지만 언론이나 지식인들의 언어에서 일어나는 이 비합리적인 비약은 어떻게 설명해야 좋을까? 나도 한국 대표팀이 자랑스러웠다. 하지만 거기서 '이토록 대한민국 국민인 게

---

42) 박카스 전면 광고에서 인용, 『한겨레』 2002년 6월 18일자, 12면.
43) 정경희, 「'붉은 악마'가 준 교훈」, 『한겨레』 2002년 6월 17일자 '죽비소리'.

자랑스러운 적이 없었다!', '한국인이라서 우린 행복해요!' 라고 느끼는 데
는 일종의 관념적 메커니즘의 매개가 필요하다. 그 매개는 모든 개개인의
'국민' 혹은 '민족'에 대한 소속 의식이며 '개인의 영광이 나라의 영광'이
라는 국가주의다.

집단적·개인적 열광은 꼭 나쁜 게 아니다. 사람에게는 광기의 분출이
필요하고 모든 이탈과 미친 짓이 허용되는 집단 축제가 필요하다. 그러나
6월의 메가 축제는 근본적으로 국민적 정체성을 매개로 한 것이며 그것을
통해 다시 한 번 거대한 민족적 판타지를 응고시켰다는 점에서 문제다.
'민족 에너지 분출'에 대한 무비판적 찬양을 통한 국민/민족의 강조는 자
연스럽게 민족적 나르시시즘을 다시 한 번 가동시켰다. '열린 조국애' 속
에서 한국인들이 보여준 관심은 사실은 지독한 자기중심적 내향성을 드러
냈다. "우리는 세계에 대한민국을 알려야 한다고 그렇게 주장하면서 정작
우리는 왜 세계를 알 생각조차 하지 않았을까"[44]라는 비판에 동의하지 않
을 수 있을까? 애용되었던 '아시아의 자긍심'이라는 표현에도 한국이 이
제 아시아의 중심이라는 자아도취적 환상이 그대로 투영되어 있다. 6월에
쏟아져나온 그 수없는 자아도취적 언어, "한국이 세계의 찬사를 한몸에 받
고 있다"는 식의 자폐적 언어에 대해서는 더 이상 얘기하지 말기로 하자.
곽재구의 시[45] 한 가지만으로도 6월의 지식인들이 '한국이 세계의 중심'
이라는 나르시시즘적 착각에 어떻게 함몰되었는지 알 수 있다.

그러므로 온 세계의 시민들은
그대들의 가슴 위에 금빛 축제의 꽃 목걸이를 걸어

---

44) 유홍준, 「축구에도 인문 정신을」, 『동아일보』 2002년 7월 6일자.
45) 곽재구, 「다시 태양의 숯을 쏘아라」, 『중앙일보』 2002년 6월 27일자.

준다

……

그러므로 칠천만 단군의 후예들이여

꿈꾸듯 달려나가 불꽃 같은 슛을 날려라

……

한때 동방의 등불이었던 우리

이제 세계의 횃불로 찬란히 일어선 우리

이 시는 이번에 유행한 어떤 월드컵 대중가요의 "단군의 후예가 나간다. 모두가 힘을 모아 하나로 뭉쳐서 동방의 백의민족 기상을 떨쳐라"라는 가사와 거의 흡사한 종족적 민족주의의 지독한 우월성과 자기중심성을 드러낸다. 그것은 자신에 대한 객관적인 이해를 방해함으로써 타자와의 수평적 커뮤니케이션을 불가능하게 한다. 그 객관적 성찰의 방해는 안정환 세리모니에 대한 대중들의 열광과 언론의 절대적 긍정에서 정점에 이르렀다.

사실 월드컵의 반미주의는 지난 겨울 올림픽의 김동성 실격 사건에 대한, 매우 감정적인 이해와 분노에 기초한 것이다. 나는 개인적으로 실격 사건의 진실은 애매하다고 생각한다. 하지만 한국의 모든 언론은 그 '실격'의 배후에 오노의 부도덕한 제스처, 미국의 음모, 심판의 오심, 그것도 의도적인 오심이 명백히 있었다는 식으로 보도했다.[46] 그것은 9·11 테러 후 미국 정부가 취한 오만한 행동에 대한 거부감과 결합되어 월드컵 한미

---

46) 그리고 그 화살은 '오노'라는 미국인 개인에게 날아갔다. 단 한번도 그게 우연하고 애매한 판정일 수도 있다는 생각, 한 걸음 나아가 '우리' 선수가 심판에게 그런 판정의 빌미를 줄 수 있는 행동을 취했을 가능성, '오노' 행동의 정당성에 대해 생각해 보는 여지를 남기지 않았다.

전을 앞두고 정점에 이르렀다. 물론 안정환은 대중적 스타로서 언론과 여론이 만들어낸 반미 민족주의 감정 욕구에 충실히 부응하는 창조적 몸짓을 보여줬을 뿐이다. 문제는 그것을 조장하고 아무런 문제 의식 없이 찬양한 언론에 있다. 거기에서 오히려 '정치적 반미주의'는[47] 거세되어 버렸다. 한국 언론은 이탈리아 언론이 한국전 패배 후에 보여준 태도, 즉 심판 판정을 받아들이지 않고 오히려 그것의 음모성을 암시하면서 격분하는 그들의 감정적 자기중심성에 대해 분노했다. 그렇다면 바로 그 사건을 통해서 한국 언론은 '김동성 실격' 사건에 대한 한국 사회의 반응과의 유사성에 대해 반성적 접근을 했어야 했다. 하지만 '토티 액션'과 '오노 액션'을 동일시하며[48] "'심판 음모론' 세계가 코웃음"[49]이라는 식으로 대응하는 데 머물렀다. 객관성과 사실에 토대한 언론의 모습은 민족 당파적 자기 확신 속에서 실종되었다. 국적과 민족을 뛰어넘어 냉정하게 사실을 천착하는 보편적 언론과 지성은 한국 어디에 있었을까?

왜 그리 '하나됨'을 좋아할까?

4,700만이 '하나'가 된 것은 사실이 아니다. 그것은 수사학이다. 사실 언론에서 홍분해서 과장한 것에 비해 월드컵에 관심 없거나 분노하거나 비판한 한국 시민 혹은 한국 사회의 외국인은 의외로 많았을지도 모른다. 그들은 '온 국민' 소동 속에서 실종되었을 뿐이다. 문제는 그러한 수사를 별다른 의식 없이 만들어내고 찬양하는 언론과 지식인의 담론이다. 소수

---

47) 사회학자 김동춘이 주장하는 '정치적 반미주의'와 '문화적 반미주의'의 구분에 동의한다.
48) 「오노 액션, 토티 액션」, 『한겨레』 2002년 6월 22일자.
49) 『한겨레』 2002년 6월 26일자 사회면 기사 제목.

자 몇 명이 잿밥을 뿌렸다. 하지만 수백만 수천만이 열광한 것은 대중의 취향이며 뜻이기 때문에 지식인들은 그걸 '오만'하게 거부하기보다는 그것의 긍정적 의미를 찾고 또 만들어나가야 한다는 주장이 주를 이뤘다. '온 국민이 하나가 되었다'는 담론은 적어도 공론의 장에서는 전혀 도전을 받지 않았다.[50]

> 4,700만 하나 되어 "날자, 날자꾸나"(『한겨레』 2002년 6월 8일자)

> 거리 응원을 통해 얻은 공동체적 경험은 우리 국민의 하나됨과 저력을 확인하는 계기가 됐다. (『한겨레』 2002년 7월 1일자 사설)

> 온 국민이 하나가 돼 '위대한 한민족의 나라'를 외친 거리 응원은 전세계의 찬사를 받으며 한국인들에게 자부심과 자긍심을 심어줬다. (『뉴스위크』 2002년 7월 10일자)

> 온 국민이 하나가 되고 성심껏 노력하면서 작은 과정의 목표를 넘어, 보다 크고 원대한 이상으로 다시 도전할 수 있게 됐다. 우리 민족이 합심한다면 못할 것이 무엇이 있겠는가? …… 이제 우리가 배운 대로, 생각한 대로 최선을 다하자. 그리고 언제나 기억하자. 우리는 하나라는 것을. 더 이상 승패가 중요한 것이 아니다. 월드컵 개최국, 코리아의 힘을 보여주자. (붉은 악마 회장 신인철)[51]

---

50) 김종철, 인권운동사랑방, 최상천(『말』지에 실린 칼럼에서), 박노자, 문승욱, 정문순, 서현, 손석춘(『한겨레』), 조병모(『스포츠서울』), 김광일(『조선일보』!) 등은 매우 예외적 존재였다.

우리가 언제 이런 국민적 감동에 전율하며 일체감을 맛본 적이 있는가. 우리 스스로 놀랄 만큼 우리 국민은 단합했고 정말 자긍심을 가질 만했다. (『조선일보』 2002년 6월 15일자 사설)

강하고 어진 우리는 깃발을 꽂으면 한뜻으로 모여 무섭게 질주할 줄 아는 민족이다. (『스포츠서울』 2002년 6월 27일자 기자 칼럼)

이러한 문구는 그저 일시적 흥분에 불과한 것인가? 어떻게 해서 이런 현상이 가능했으며 어떻게 해서 대다수 언론과 지식인들은 그것을 심각한 문제로 인식하지 않았는가?[52] '온 국민'만 나오면 이성이 마비되는 현상은 왜 여전히 반복되고 있을까? '온 국민 하나'론은 어떤 문제를 안고 있을까?

어느 사회건 축구광이 있고 국민적 차원의 축제가 있다. 그러나 이번의 경우처럼 거의 사회 전체가 하나의 팀, 하나의 사건에 열광한 것은 거의 집단 병리적인 현상이다. "연예인도 하나되어 '대~한민국'"이라는 기사 제목은[53] '하나'에 대한 강박증을 보여준다. 그것은 축구에 대한 열광과는 별 상관없는 현상이었다. 그것은 취향 중심 문화, 즐기기 놀이 문화, 스포

---

51) 「월드컵 칼럼 ― '16강보다 큰 것 얻었다」, 『조선일보』 2002년 6월 15일자.
52) 김광일은 이런 문제를 예민하게 느낀 소수의 한 명이다. "검정 교복에 갇힌 몸으로 '일사불란한 국론 통일'을 학습받았던 구세대들은 이 스러짐에 대한 자각이 늦다. 민족주의적, 스포츠 상업주의적, 전투적, 제의적 슬로건들이 TV 화면과 신문 제목과 고층 빌딩의 벽면을 천편일률로 도배하고 있는 것도 황홀경의 현재적 증거다. 이 역시 스러진다는 황홀의 속성 때문에 오래가지는 못할 것이다. 4,700만 국민이 한꺼번에 목이 쉬어버리는 나라에서는 그 현기증에 지쳐 당장 하차하고 싶다고 중얼거리는 지식인들이 없을 리 없다. '이벤트에 국운을 걸면 후진국이다'는 축구 망국론까지는 아니지만, 축구에 열광하는 '국민'도 있고 그 열광을 유보하고 싶은 '시민'이나 '주민'도 있다는 점을 인정해 주자는 것이다." (김광일, 「2002년 6월 한국」, 『조선일보』 2002년 6월 27일자.)
53) 『스포츠서울』 2002년 6월 11일자, 25면 기사 제목.

츠 문화의 부재 등으로 인해 다양한 문화적 통로가 부족한 데서 온 빈곤한 문화 공간, 획일적인 공간을 국가를 매개로 한 거대 축제 문화가 점령한 데서 오는 문제였다. (다른 한편으로는, 서해성의 지적처럼 응원 열기의 이면은 한국 사회가 늘 억압적인 면이 많다는 증거이기도 하다.)[54] 다양한 취향과 취미 생활이 존재하고, 수많은 레벨의 크고 작은 축제가 있으며 즐기고 보는 수백 가지 스포츠 문화가 정착된 사회에서 과연 한 사건에 이토록 집중하는 집단 광기가 가능할 수 있을까? 한편에서 월드컵 경기에 미치는 동안 다른 한편에서, 예를 들어 하키나 록 콘서트에 정신을 빼앗기는 일은 한국에서 왜 일어나지 못했을까?

외국인들을 자아도취적 자화자찬의 입으로 활용한 대다수 한국 보도에 나타난 것과는 달리 상당수 외국인들은 '붉은 악마 현상'을 이해하지 못했다. 그들은 그것에 '전율'하거나 이상하다고 느꼈다.[55] 온갖 문화적 다양성과 파격이 공존하는 사회에서 자라난 사람들에게 한국인이 '하나'가 되어 열광하는 모습이 어떻게 보였을까? 외국인의 문화적 몰이해로 몰아붙이지 말자.[56] 수천만이 하나의 사건에 열광하는 것은 절대로 건강할 수 없는 현상이다. 그것은 수많은 서로 다른 자연인 개체의 내면에 각인된 동질적 인자를 통해서만 가능한 것이며 따라서 외부에서 심어진 동일한 신

---

54) 서해성, 「붉은 옷을 입은 아우에게」, 『한겨레』 2002년 6월 28일자 '발언대'.

55) 김성곤의 지적은 이성적이었다. "외국의 언론들은 한국의 응원 열기를 보도하면서, 이렇게 전 국민이 열렬한 축구팬인 나라는 이 세상 어디에도 없다고 말한다. 전국적으로 수백만의 응원 인파가 모여들고, 한 달 동안이나 축구를 제외한 다른 사안들이 마비되는 나라는 한국밖에 없다는 것이다. …… 그러나 전국을 뒤덮는 그 뜨거운 열기와 함성과 엄청난 숫자가 우리의 신바람 문화와 한풀이 정서를 모르는 외국인들에게는 심각한 위협으로, 또는 획일적 전체주의로 느껴질 수도 있다는 데 문제가 있다." (「까치와 월드컵」, 『조선일보』 6월 22일자.)

56) "만약 일본의 수많은 젊은이들이 일장기를 몸에 휘감고 '대일본국'을 외쳤다면 우리 사회가 어떤 반응을 보였을까도 생각해 볼 만하다"는 이효순의 문제의식에 동의한다. (「아시아의 자존심」, 『한겨레』 2002년 7월 2일자 '아침햇발'.) 일본이 과거 제국주의의 가해국이며 한국은 피해자라는 점을 감안해도 태극기와 대한민국의 결합은 이상 현상이었다.

호 체계가 존재한다는 증거이기도 하다. 그 신호 체계의 핵심이 단 한 가지, 즉 국민/민족이라는 것은 명백하다.

이번에 확인된 것은 민주주의와 다원주의의 발전에도 불구하고 한국 사회에 획일적 집단주의가 뿌리 깊게 남아 있다는 점이다. 그리고 그것은 여전히 '공동체' 혹은 '조국'을 명분으로 해서 그 부정성을 감추고 동시에 도덕적 정당성을 부여받는다. 축제의 기쁨 속에서 사실은 전체주의적 획일주의가 지배하는 한국 사회의 진면목이 이번에 드러난 게 아닐까? 그것은 국가적 축제라는 이유로 차량 2부제 운행에 쉽게 순응하고 여러 종류의 국가적 캠페인에 협조한 '놀랄 만한 질서 의식'과 관련되어 있다.[57]

똑같은 박자와 일사불란한 몸짓으로 외쳐댄 '대~한민국'은 학교와 군대에서 학습된 제식훈련과 국민의례의 결과가 아니었을까? 그것은 오랜 기간에 걸친 동질적 문화/신체 훈련 없이 수백만, 수천만이 공유하기 어려운 행위 패턴이다. 김명인의 주장처럼, 그것은 기의에서 미끄러져 어긋난 단순한 기표에 불과했을까?[58] 김진석은 "과도한 민족주의와 애국주의를 경계한다면서, 이 모든 열정을 파시즘적 광기로 몰아붙이는 비판"은 "한국 사회의 성격에 대한 부당한 평가"라고 반박한다.[59] 물론 "한국적 집단성을 모두 파시즘적 광기로 매도하는 것", "반(半)자발적인 참여를 모두 억압적인 동원으로만 해석"하는 것은 부당하다. 나도 그것이 폭력적이고 위험한 파시즘으로 전환할 가능성은 거의 없다고 본다. 하지만 이번 붉은 악마 현상의 집단적 광기에 과연 지독한 획일주의, 집단주의가 없었다면 어떻게

---

57) "국민의 93퍼센트가 아무 이의 없이 차량 홀짝제 운행에 자발적으로 참여하는 것에 어떤 지식인도 소름이 돋지 않았다면 이미 그 국가는 외부 단절이 우려될 만큼 황홀에 점령당했다는 증거다." (김광일, 앞의 글.)

58) 김명인, 「우린 더 뜨겁게 놀아도 좋다」, 『한겨레21』 2002년 7월 4일자, 26면.

59) 김진석, 「붉은 악마를 생각한다」, 『뉴스위크』(한국어판) 2002년 7월 10일자.

해서 '온 국민이 하나 된 기쁨'이 방방곡곡에 메아리치게 되었을까?

　월드컵에서 정점에 오른 이 같은 '온 국민' 하나 담론은 '우리'가 동일한 이해관계와 생각을 갖고 행위하는 한 덩어리, 하나의 단위라는 환상을 유지 확대한다. 가령 "또 한 번 우리는 한다 하면 하는 국민임을 입증했다. …… 우리는 뜻을 두면 이룬다. 끊임없이 가르치면 어김없이 배워 실천하는 국민이 바로 우리들이다"[60]라는 생각은 4,700만이 한 덩어리며 하나의 유기체 같다는 끔찍한 전제를 깔고 있다. 심지어 어떤 기사는 "언론이 포르투갈에 정보 보고"라는 제목하에 포르투갈전을 앞두고 한국 대표팀 전술에 대한 기사를 언론이 자유롭게 실어서는 안 된다고 주장하는 네티즌의 의견을 소개했다.[61] 한 인터넷 독자의 의견이기는 하지만 이런 류의 생각은 꽤 지배적이었다. 그것은 평범하지만 사실은 신문 독자 모두를 한국 대표팀 승리를 위해 존재하는 '우리 편'으로 가정하는 생각에 기초해 있다. 독자는 한국인들이고 그들은 동질적인 이해관계를 갖고 있다는 암시가 들어 있다. 한 신문의 사설은 아예 '국민'들에게 "끝까지 절제된 자세로"[62] 축제를 마무리하자고 '행동 지침'까지 내렸다. 마치 4,700만이 하나의 단위로 행동할 수 있다는 관념을 전제하는 언어다. 이러한 언어가 얼마나 전체주의적이고 국가주의적인 전제를 깔고 있는지는 자명하다. 서현에 의하면 텔레비전이라는 '마법'을 통해서 "세계의 개인들이 국가 단위로 각각 '하나'가" 된다.[63] 그리고 오로지 국가 간의 대립 혹은 조화만이 세상을 읽어내는 독법이 되는 상황 속에서 개인, 소집단, 탈국적 운동 등은 국민국가의 자장으로 다시 끌려온다.

---

60) 최재천, 「히딩크의 '기초부터' 다시」, 『조선일보』 2002년 6월 9일자.
61) 「언론이 포르투갈에 정보 보고」, 『한겨레』 2002년 6월 14일자, '함께 뛰는 네티즌'.
62) 『조선일보』 2002년 6월 25일자.
63) 서현, 「마법의 성, 누가 우리를 움직이는가?」, 『한겨레』 2002년 7월 23일자.

'온 국민이 하나'가 되는 것은 불가능한 일이다. 어떤 전체주의 사회에서도 그것은 가능하지 않다. 그것을 찬양하는 것은 그것의 실현을 기대하면서 그 하나 속에 들어온다고 추정되는 개별자에게 긍정적 인식을 부여하고[64] 하나가 되지 않는, 하나로 편입되지 않는 특이한 개별자에 대해 부정적 이미지를 투사하는 일이다. 그리고 그것은 개별자를 '구성원'으로, 집단의 목표 달성을 위한 수단으로 규정하게 된다. 항상 그것은 권위주의·전체주의 위계질서가 선호하는 구호나 철학이 되어왔다. 그 이유는 자명하다. 그것은 사회적 강자 지배층과 그 반대편에 서 있는 집단 간의 다양한 모순과 적대적 혹은 긴장 관계를 은폐함으로써 불평등한 질서를 정당화하는 기능을 하기 때문이다. 성별 의식, 계급의식을 약화 혹은 무력화시키는 '온 국민 하나가 되어!' 구호로 누가 이익을 얻는가?

단결과 화합의 반(反)정치성

국민 하나하나가, 사상과 종교, 지역과 빈부의 차이가 "대~한민국"이라는 외침 속에 용광로처럼 녹아들어 하나가 됨을 경험할 수 있었다. …… 우리를 묶고 있던 이념·종교·정치·지역이란 굴레의 틀을 훌훌 벗어던진 그 날, 우리는 모두 똑같은 아사달, 아사녀의 자손이었다. 쌓였던 오해와 질시는 눈 녹듯 사라짐을 경험할 수 있었다. …… 너무나 많은 것들을 잊고 살았다. 어렵고 찌든 경제와 당리당략의 정치 속에서 이웃과의 관계를 소홀히

---

64) "TV를 보며 생면부지의 이웃과 함께 바닥에 주저앉아 광화문·종로·시청 앞·역 대합실에서 '오 필승 코리아' 노래를 부르던 우리의 형제자매들 …… 언제나 밝은 미소로 대회 운영을 뒷바라지하는 자원 봉사자와 경기장·조직위 관계자, 음지에서도 묵묵히 가슴 졸이며 우리의 승리를 기원하던 축구 관계자, 보안 안전 요원들, 그리고 나라를 지키는 60만 군인들과 경찰까지 우리는 한마음이었다."(신인철, 앞의 글.)

했고, 조국의 소중함을 잃었다.[65]

분단된 국토에서 반목과 대립으로 바람잘 날 없었던 동방의 작은 나라에서 이처럼 활화산 같은 에너지가 분출된 적이 있었던가.[66]

반목과 불화, 원한과 감정은 눈 녹듯 사라지고 너와 나, 우리와 이웃이 어우러져 춤추고 노래하며 하나 되는 잔치판이 벌어질 것이다.…… 선수들이 최선을 다하고 온 국민이 혼연일체가 되어 화합을 이뤄내면 되는 것이다.[67]

그 폭탄은 도저히 하나 될 것 같지 않았던 세대의 벽을, 함께할 수 없었던 이웃간의 회색빛 감정들을 일순간 무너뜨리며 모두를 한 데 어우러지게 했다.…… 반목과 질시가 끊이지 않았던 나라, 만인의 만인을 향한 투쟁인 것처럼 갈갈이 찢어졌던 나라에서 엄청난 일을 저지르고 말았다.[68]

지금 보면 얼마나 환상인가? 그러나 이러한 사고방식은 한국인에게 매우 익숙하지 않은가? 대립과 분열을 적대시하며 단결과 화합을 찬양 요구하는 이런 정서와 논리는 한국 사회에서 오래된 정치문화적 전통이다. 그것은 마치 과거가 몹쓸 사회이고 이제 '온 국민 하나가 된 기쁨'으로 그것이 극복된 것처럼 착각하는 비이성적 흥분에 휩싸여 있다. 길거리의 붉은 셔츠를 입은 응원단이 그런 착각을 하는 것은 정상이고 좋은 일이다. 나는 인간 삶에서 판타지는 중요하고 또 필요하다고 생각한다. 하지만 언론에

---

65) 「월드컵 칼럼 — '16강' 보다 큰 것 얻었다」, 『조선일보』 2002년 6월 15일자.
66) 정경희, 앞의 글.
67) 『조선일보』 2002년 6월 10일자 사설.
68) 박선민, 앞의 글.

서 그것을 현실처럼 얘기할 때 그것은 이미 이데올로기가 된다. 그것은 다양한 집단 사이의 갈등을 선험적으로 배제한다. 두 가지 결과가 생겨난다. 첫째, 실제로 존재하는 무수한 집단/세력들 간의 긴장, 갈등, 이익을 둘러싼 현실적 싸움을 부정적인 눈으로 바라보게 하며 그것이 빨리 극복되어야 할 부채처럼 인식하는 데 기여한다. 문제는 불평등한 질서가 없다고 가정하는 판타지, 그리고 '혼연일체'를 요구하는 논리에 의해 이익과 도덕적 정당성을 얻는 것은 항상 지배층이라는 사실이다. 빼앗긴 자, 손해 보는 자들의 비판과 도전이 '하나'의 논리에 묻히기 때문이다. 둘째, 그것은 항상 갈등의 공간에서 움직일 수밖에 없는 정치와 정치인 리더에 대한 지독한 반감을 재생산한다.

"W세대의 한 사람으로서 꿈이 있다. 머리에 붉은 띠를 두르고 자신들만 더 많이 먹고 더 많이 차지하기 위해, 이 성스러운 시청 앞과 광화문 거리를 다시는 더럽히지 않았으면 한다. 정치인들은 국민의 신명나는 판을 다시는 깨뜨리지 말 것을 부탁드린다. 5천 년 역사에 처음 찾아온 이 기회를 달아나지 않게 했으면 좋겠다."[69] 고등학생이 이런 생각을 하는 것은 자연스럽다. 하지만 축구 축제로부터 정치에 대한 비판을 이끌어내는 사고방식, 축구의 희열과 응원 속에서 느끼는 일체감을 전혀 차원이 다른 정치와 대비하여 정치에 대한 불신과 반감을 조장하는 언론과 지식인의 정치 비판 담론은 매우 위험하다. 화합과 단결의 담론이 결국 갈등을 혐오하는 반정치주의로 이어지고 결국 그것은 권위주의 정치 복원에 기여하기 때문이다.[70]

---

69) 박선민, 앞의 글.
70) 『한겨레』 2002년 6월 17일자 만평 '미주알'은 "경기면 경기/응원이면 응원"하며 '국민'을 칭찬한 다음 "지도자만 잘해 보시오/준비된 국민!"하며 정치 지도자에 대해 화살을 돌린다. 하지만 이 역

온 국민 하나론, 화합과 단결의 강조는 개발독재 시기부터 귀에 익은 구호들이다. 그것은 특히 불과 몇 년 전 IMF 구제금융을 받을 정도의 경제 위기시에 언론을 도배했던 문구들이다. 과거의 것은 패배에서 오는 긴장감에서, 오늘의 것은 성취감에서 오는 것이지만 양자에게 공통된 것은 '국민'임을 강조하고 다양한 계급/개인/집단들에게 동질성을 요구하는 '국민운동'적 궤도가 아닐까? 그 코드를 언론이 자극할 때마다 사회 전체가 광기가 휩싸였던 것은 오늘만의 일은 아니다. 치욕적인 '금 모으기'나 심각한 '수재의연금' 범국민 운동이 아니라 즐거운 '국민 축제'라고 한다 해도, 이러한 코드를 언론과 지식인들이 객관적으로 읽어내지 못하는 이유에 대해 진지하게 생각해 봐야 한다. 자유기고가 정문순의 날카로운 비판을 여기서 다시 읽어보자. "무엇보다 이 나라 국민들에게 화합이나 단결이 부족하다면 그것은 몇 개의 운동 경기를 서로 어깨 걸고 관전하는 것으로는 근본적으로 치유될 수 없는 사회구조적인 문제와 관련이 있을 것이다. …… 월드컵 경기에 붙여진 국민적 화합으로서의 축제라는 이름은 허구적이거나 변죽을 울리는 언사에 지나지 않는다. 한국 대표팀 경기가 있을 때 거리로 몰려나오는, 수십만에서 수백만에 이르는 저 인파들의 환호는 도저히 합리적으로 해결되기가 난망해 보이는 사회 갈등과 피곤하기 이를 데 없는 일상을 축구 경기에 홀림으로써 잠시 잊고 싶은 욕구의 발현에 지나지 않을지도 모른다."[71]

'성숙한 응원 문화'나 질서에 대한 일방적인 찬양에도 이런 문제의식은 철저하게 결여되었다. 난동을 부리는 훌리건이 없었고 질서 있고 예의바

시 축구와 응원의 메커니즘과 정치 논리를 동일시하려는 데서 나오는 오류며 단순한 반정치적 사고의 반영이다.

71) 정문순, 「월드컵 과열 보도하는 언론」, 『한겨레』 2002년 6월 20일자 '왜냐면'.

른 응원이 지배적이었던 것이 과연 긍정적이기만 했을까? 한 전문가의 말대로 유럽 훌리건의 폭력적 난동성은 노동자 계급의 정체성 확인과 관련되어 있다.[72] 그렇다면 한국의 '온 국민이 하나된 기쁨'과 '성숙한 응원 문화'는 혹시 오랜 권위주의와 분단으로 인해 기승을 부려온 반계급적 의식, 즉 계급적 정체성을 드러내는 운동에 적대적이고 억압적인 정치 문화의 산물이 아닐까? 그것은 동시에 "가난과 집념이 만든 '악바리 수비' 김남일"[73], "16강 꽃피운 악바리 인생들"[74] 등의 기사 제목에서 드러나듯이 어떤 성공이 개인의 노력과 의지에 의해 충분히 가능한 것이라는 신화를 생산함으로써 하층 및 중간 계급의 계급의식과 사회구조에 대한 비판적 접근을 약화시키려는 무의식적 이데올로기와 선이 닿아 있다.

남은 이야기

박노자는 "자본과 정권이 제공한 '현실 도피의 시간과 공간'인 열기는 이를 소비하는 사람들의 마음에 새로운 각성의 계기를 별로 남기지 않"는다고 얘기한다.[75] 서해 교전 후 한국 사회가 보인 알레르기적 냉전주의 반응과 대결주의적 자세, 6·13 지방선거 결과, 월드컵 이후 '현실'로 되돌아온 한국 사회의 모습은 6월의 해석이 일종의 판타지에 불과했다는 것을 여실히 보여준다. 다행스런 결과는 오로지 국내 축구 리그의 활성화 가능성이 약간 높아졌다는 것뿐이지 한국 사회가 갑자기 성숙해졌거나 공공의식이 높아졌다는 증거는 거의 찾을 수 없다. 넘치는 것은 '승화'와 '전환'

---

72) 이장영, 「한국 축구와 훌리건」, 『전통과 현대』 2002년 여름호, 78쪽.
73) 『조선일보』 2002년 6월 9일자, 23면.
74) 문갑식, 『조선일보』 2002년 6월 16일자.
75) 박노자, 앞의 글, 141쪽.

의 담론이며 그것은 월드컵 열기를 국가와 자본의 사회 통제를 위한 힘으로 전환하려는 권력 의지다. "이 국민적 에너지를 창조적 에너지로 바꾸어 국민 통합과 국가 경쟁력 제고의 큰 계기"로,[76] "월드컵 경기에서 확인된 민족적·국민적 저력을 배타적이 아닌 국가 발전과 국민 통합의 원동력으로"[77] 만들려는 전유 욕망은 여전히 강하다. '국가 이미지 제고', '코리아 브랜드', '월드컵 파급 효과'는 이제 포스트 월드컵의 상투적 구호가 되었다. "이제는 무한한 힘과 자신감이 사는 나라, 대한민국. 그 경제를 새롭게 세계화의 길을 새롭게"[78] 등의 구호도 반사 이익을 노린 자본의 과장법이라는 것쯤도 알 수 있다. 시민적 자발성을 다시 한 번 국가/자본의 자장 안으로 흡수하려는 이러한 시도에 대해 저항할 수 있는 논리와 힘이 월드컵을 통해 한국 시민 사회에 쌓였는지 아니면 오히려 줄어들었는지는 불분명하다.

2002년 한일 월드컵이 한국 사회의 다양한 분야에 남긴 숙제는 많다. 그 중에서 지식인 사회에 남긴 것은 그것이 일시적 광기의 폭발이며 축제에 불과했더라도 한국 사회가 안고 있는 근본적인 문제를 '황홀경' 속에서 여과 없이 노출시켰다는 사실이다. 광기의 순간에 진실이 드러나는 법이다. 따라서 뚜렷하게 현상으로 드러난 문제들을 객관적으로 분석, 이해하고 그것을 실천적 공간에서 해결하려는 사회적 노력이 필요하다는 점은 명백하다. 그러나 더 큰 문제는 드러난 문제를 문제로 인식하지 못한 한국 언론과 지식인 사회의 비판적·독립적 지성 마비 현상이다. 다시 말해 지식인 사회가 근대적 국민국가 및 집단주의적 일원주의로 함몰돼 버린 문

---

76) 조정원, 「국민 대통합 선언 기회다」, 『중앙일보』 2002년 6월 27일자.
77) 김영작, 「한국적 기개 이어가자」, 『중앙일보』 2002년 6월 27일자.
78) 『한겨레』 2002년 7월 16일자 16면에 실린 SK텔레콤 전면 광고 중에서 인용.

제다. 그 근원과 배경이 무엇인지를 치밀하게 검토해 가는 작업이 중요한
것은 말할 것도 없지만 과연 그게 당분간 가능할지 잘 모르겠다. 마비 현
상에도 불구하고 소수의 독립적 지성이 점점 늘어가고 있는 것인지 아니
면 오히려 그들이 점점 변방으로 몰리고 있는지 나로서는 판단하기 애매
하기 때문이다.

촛불 시위 '이야기'에 대한 몇 가지 생각
'반미' 금기의 위험, '반미' 정당화의 위험

여러 이야기

촛불 시위는 한국 사회에 큰 파장을 일으켰다. 그것에 대한 '이야기'는 새해에도 계속되고 있다. 이야기는 단순히 공상이나 '현실'과 동떨어진 관념이 아니다. 여러 이야기들은 서로 혹은 현실적 실천과 부딪치고 맞물리면서 새로운 해석과 비판을 만들어내고 동시에 혹은 차후에 새로운 현실을 만들어낸다. 크게 나누어 두 가지 이야기 흐름이 있다. 한편에서는 시위의 '순수한 추모' 동기에는 동조하면서도 시위가 변질되어 '반미주의' 등의 정치적 성격을 띠기 시작했다고 비판한다. 다른 편 이야기는 이렇다. 촛불 시위는 억울한 죽음을 낳은 부당한 소파 협정의 불평등성에 대한 항의이며 나아가서는 '민족적 자존심과 주권을 회복'하려는 움직임의 정당한 일부라고 생각한다. 다른 이야기는 없을까?[1]

---

1) 이 글은 내가 2002~2003년 『뉴스위크』(한국어판) 및 『문화일보』의 대학생 인터넷 신문 『지키』에 게재한 세 편의 칼럼에 기초한 것이다.

'순수한' 추모와 '정치적' 반미 시위

추모 시위가 반미 운동과 주한미군 철수 운동으로 변질되는 것에 반대한다.[2]

'순수한 추모'라는 게 뭘 의미하는지는 모르겠다. 어떤 죽음이 자연적인 원인으로 인한 것이 아닐 때 죽음을 슬퍼하는 자들은 무엇을 느끼게 될까? 추모하고 애도하면서 동시에 죽음의 정치·사회적 원인을 생각하고 다른 죽음이 재발하지 않도록 그런 원인과 관련된 문제를 해결하려 애쓰게 될 것이다. 두 생명의 죽음에 대해 애도하는 마음이 제일 중요하다. 그 어떤 이데올로기적 해석과 정치적 주장도 그것에 우선할 수는 없다. 일단 대체될 수 없는 그 생명의 때 이른 횡사에 슬퍼하고 그들 영혼의 편안함을 비는 게 사람의 도리다. 죽음에 대해서는 시늉으로 애도하고 그것을 무슨 큰 기회인 것마냥 자의적으로 확대 해석해서 특정 정파의 입장을 관철하기 위한 수단으로 만들려 힐 때 '변질'은 좌우 양쪽 모두에게 일어날 수 있다. 그런 정략적 이용에 대해서는 경계심을 가질 필요가 있다. 죽음과 정치적 주장 사이의 대중적 괴리가 클 때 그런 경계심은 자연스럽게 발동되기도 한다. 하지만 아래 인용문은 추모와 정치적 해석을 완전히 분리시켜 놓으면서도 자신들이 갖고 있는 뚜렷한 정치적 주장은 '추모'에 숨기려 하는 비겁함을 드러낸다.

미선이 효순이를 생각하면 억장이 무너집니다. …… 하지만 말입니다. 이 안타까운 죽음을 정치적으로 이용하는 무리에는 분노하지 않을 수 없습니

---

2) 『조선일보』 2002년 1월 13일자, 회사원 주장 인용.

다. 반미 감정을 부채질하는 무리입니다. …… 더 이상 어린 넋을 정치적으로 이용하지 말아야 합니다.[3]

하지만 왜 그런 희생이 일어났는지, 그걸 앞으로 방지하기 위해서 어떤 일들이 필요한지를 따져보며 문제 제기하는 것이 '변질'이고 '정치적 이용'인가? 그것은 사태 인식의 자연스러운 발전이다. 추모에서 정치의식이 싹트는 것은 의식의 확장이다. 때로는 정치 의식이 높은 집단이나 개인이 시위를 어떤 방향으로 이끌 수도 있다. 100퍼센트 순도의 자발성은 존재하지 않기 때문이다. 물론 그 방향이 참여 대중들과의 부단한 교섭 속에서 이뤄지지 않을 때 그것은 운동에서의 헤게모니 싸움으로 전락할 위험이 있다. 하지만 정치화를 통해서 '순수한' 추모가 변질된다고 생각하는 것은 처음부터 근본적 문제 제기의 싹을 꺾으려는 이데올로기적 의도를 갖고 있다.

두 사람의 죽음을 일부에서 얘기하는 것처럼 '우발적 교통사고'로만 규정할 수 있을까? 여기에 대해서는 어떤 인터넷 신문에 실린 내 글 '촛불 시위 단상'에 대해 논쟁적 문제 제기를 했던 익명의 네티즌 'paul'의 주장을 빌리고 싶다.

저는 '여중생 장갑차 사망 사건'이 단순히 미군에 의해서 저질러졌을 뿐인 보통의 우발적 교통사고라고 생각하지 않습니다. …… 소파의 불합리한 부분들이 개정되어 미군들에게 실제로 법적인 구속력을 가할 수 있었다면, 방지될 수 있었던 범죄들이 많았을 것이라는 얘기입니다.……

그렇다면, 부당한 구조로 인한 죽음과 그렇지 않은 죽음은 정말 다 같은 생

---

3) 『조선일보』 2002년 12월 11일자, '자유시민연대 청년위원회' 광고문에서 발췌.

명의 상실일 뿐일까요. 우리가 부당한 구조에 의해 죽은 사람을 단순히 '사망자'라고 하지 않고 '희생양'이라고 하는 이유가 무엇이겠는지요. 부당한 구조에 의한 죽음을, 국내에서 운전자 개인의 순간의 방심으로 발생한 교통사고로 인한 죽음이라든가 백혈병 환자의 죽음과 똑같은 그저 존엄한 생명의 상실로 바라보는 순간, 우리는 죽음의 배후에 작동한 부조리한 구조를 문제 삼지 못하게 되고 그것의 정당성에 대해서 의심하지 못하게 됩니다. 현실적 맥락을 고려하지 않은 너무도 큰 틀이 자칫 부당한 구조를 은폐할 수 있다는 것입니다.[4]

이 네티즌은 이번 사건을 단순히 '우발적 교통사고'로 취급할 수 없는 이유를 잘 설명하고 있다. 나 역시 '범생명론적 환원주의'를 반대한다. 이런 차원에서 '순수한 추모'가 구조적인 원인과 배경에 대한 탐사와 죽음의 정치적 성격에 대한 고뇌 및 분노를 배제하는 것이라면 그것이야말로 매우 '정치적'이다. (하지만 'paul' 씨는 백혈병이나 과실에 의한 교통사고로 인한 죽음에도 사실은 역사적 구조가 작동한다는 점을 놓치고 있을 뿐이다. 그 작동이 오랜 시간에 걸쳐 이루어지고 원인-결과의 인과관계가 복잡하며 '의도성'이 약하기 때문이다.)

다시 생각해서, '순수한 추모'라는 말은 무슨 말인가? '추모'는 순수하고 정치적 주장은 '불순'하다는 얘기인가? 그러면 이한열 씨와 박종철 씨가 죽었을 때 한국의 시민들은 그저 울고 애도하면서 '순수한 추모'만 하고 '독재정권 타도'라는 '정치적 선동'을 하지 말았어야 하나? 후자는 '불

---

4) 『지키』에 연재했던 내 칼럼 중 「반미 촛불 시위 단상」에 대한 'paul' 씨의 반론에서 발췌. (http://cyber.munhwa.co.kr/cyber/src/newspaper/paper/NS_Column.php?id=column03&Minor_Code=13)

순'한 행동이었나? 물론 '범대위'가 자꾸 미 대사관 앞으로 진출만 하려하고 시위 참가자들의 자발성을 지나치게 조직화하며 그 성격을 '반미'에 한정시키는 것, 일부 운동 단체들이 일반 시민들의 마음이나 의식과 동떨어진 생경한 정치 구호가 적힌 깃발을 요란하게 흔들어대는 것은 촛불 시위의 문제점으로 지적될 수 있다. 특히 무리하게 '미군 철수'로만 시위의 초점을 몰아가려는 일부의 시도도 마찬가지다.

하지만 미군 장갑차에 압사한 두 중학생을 '순수'하게 추모하는 것은 이미 그 자체가 정치적인 행위다. 그것에 분노해 미국의 사과와 소파 개정, 심지어 '미군 철수'를 요구하는 것도 정치적인 행위다. 그리고 모두 다 '순수한' 행위다. 다만 정치적 입장과 수준이 다를 뿐이다. 그것을 '불순'하다고 규정하고 '국익'을 해롭게 한다고 비난하는 것은 공적 담론에서의 전체주의적 사고이거나 매우 편향적인 이데올로기적 사고다.[5]

여전히 '반미'를 두려워하는 한국 사회

사실 이런 수준의 논쟁이 되풀이되는 것은 아마도 촛불 시위가 '미국'에 대한 한국 사회의 전통적 인식을 공개적으로 넘어서 버렸기 때문이다. (시위가 미국 정부에 대한 비판적인 태도를 함축하고 있으며 대중적 차원에서는 '반미'라는 감정 및 의식으로 표현되고 있다고 해석해도 무방하다. 물론 나 개인적으로는 미국에 대한 비판과 '반미'를 구별하고 싶지만 어디까지나 그것은 이론적인 차원에서이다. 길거리에서 둘 사이의 차이는 애매하다. 미국에 대한 정당한

---

5) 참고로 경찰은 "기존의 여중생 촛불 집회는 순수한 추모 행사"를 벗어나 "불법 반미 시위"였다고 판단하고 "반미 등 정치적 선동, 정치적 성격의 플래카드 게양 등의 행위"가 발생할 경우 즉각 진압하겠다고 밝혔다.(『조선일보』2003년 1월 3일자.)

항의일 뿐 '반미'는 아니라는 식의 주장은 여전히 '반미' 인정이 끼칠 부정적인 영향에 대한 한국 사회의 두려움을 보여준다. '반미 좀 하면 안되나?' 하는 태도가 여전히 부족하다.)[6] 미국에 대한 비판적 입장, 특히 국가 수준의 관계에 대한 문제에 대해서 미국 정부와 다른 입장을 공개적으로 집단화하는 것은 한국 사회에서 금기였다. 그 금기를 촛불 시위가 깨면서 전통적인 친미 보수층은 당황하고 극우는 분노하고 있는 것이다. 예를 들어 김대중『조선일보』이사 기자는 "한미 관계는 치유하기 힘든 깊은 상처를 입고 신음 소리를 안으로 삼키고 있을 따름이다"[7]라고 주장한다. 하지만 불평등한 과거 관계에서 누가 상처를 입고 누가 신음을 했는가? 피해자가 자신의 목소리를 정당하게 내기 시작하는 것이 어떻게 해서 미국 지도층의 '배신감'으로 연결되는지 이해하기 힘들다. 그는 전통적인 일방적 한미 종속 관계에 안주하던 양국 특수층이 촛불 시위에 당혹해하며 내는 일부의 '신음 소리'를 일반화하는 오류를 범하고 있다.

문제는 '순수한 추모', '반미는 절대로 안 돼', '과격 반미 시위', '주한 미군 철수 주장/반미 선동 즉각 중단하라' 등의 담론이 한국 사람들의 의식/무의식에 있는 미국에 대한 전통적 태도의 경계를 넘는 행위에 대해 여전히 겁을 준다는 데 있다. 얼마 전 일부 기독교 교단 주최로 열린 시청 앞 '나라와 민족을 위한 평화 기도회'는 일부 한국인들이 '미국에 거리 두기'에 대해 얼마나 큰 두려움을 갖고 있는지를 단적으로 증명했다. 그들은 "북한 핵개발과 반미 운동이 한반도의 평화를 위협하고 있다"며 "반미 감

---

6) 노무현 대통령 당선자는 "한미 관계가 좀 더 발전되고 합리적인 관계"가 되어야 한다면서도 "이를 요구하는 국민의 시위를 반미로 해석하는 것을 반대한다"고 말했다. (『한겨레』 2003년 1월 16일자.) 시위에 반미만이 있는 것은 아니나 반미와 정당한 요구를 분리하는 것은 어렵다. 물론 국가에서 공직을 맡은 사람들의 담론은 시민사회와 다를 수밖에 없다.
7) 김대중, 「배신감」, 『조선일보』 2003년 1월 25일자.

정을 부추기는 일부의 행위는 즉시 중단되어야 한다고" 주장했다.[8] 결사와 집회의 자유가 있는 한국 사회에서 나는 폭력을 노골적으로 주문하는 선동을 제외하고는 어떤 구호도 허용되어야 한다고 본다. 하지만 수많은 미군 범죄와 독재 시절의 야만적 인권 침해에 대해 철저히 침묵하던 그 교회들이 '미군 철수 반대'와 '미국에 대한 고마움'만을 집회 내내 강조하는 것은 썩 유쾌하지는 않았다. 문제는 자신들의 입장을 '순수'로 규정하고 다른 사람들의 입장을 그렇지 않은 것으로 암시하는 관점이다. 시청 앞에서 벌어진 이 기독교식 시위는 과연 '순수한 추모' 행사였는가?

물론 반미에 대한 공포가 예전 같지는 않다. '반미' 정서를 등에 업은 듯한 '노풍'이 결국 청와대마저 접수해 버리자 이제 극우 집단과 언론은 미국에 대한 비판적 태도, 특히 현 미국 정부에 대한 비판에 대해 과거처럼 '빨간 색깔'을 뒤집어씌우려는 일은, 극히 일부를 제외하고는[9] 포기한 듯하다. 물론 '반미 시위에 배후 세력'이 있다는 음모론적인 발상이 극우에서 사라진 것은 아니다. 하지만 요즘 유행하고 있는 것은 좀더 세련되고 합리적으로 보이는 '반미 비판'이다. 하나는 한국의 특수한 안보 상황을, 다른 하나는 경제적 손실 가능성을 강조한다.

'한국은 대가 치를 것이다', '이대로 가면 철수로 간다' 등 칼럼 제목[10]은 거의 위협에 가깝다. 『조선일보』 사설은 "그렇지 않아도 북한은 반미 감정과 주한미군 철수를 한미 이간을 위한 호재로 이용하고 있지 않은가. 한미 간에 오해와 불안을 해소하고 동맹 관계를 다지는 것은 핵문제를 슬

---

8) 『조선일보』 2003년 1월 20일자.
9) 물론 선거전 동안에 극우 단체들의 색깔 선동은 여전히 신문의 광고면을 장식했다. 한 단체는 "반미 선동은 한미 동맹이라는 생명줄을 끊으려는 친북 불순 세력의 음모임을 깨달아야 한다"는 주장을 되풀이했다. (『조선일보』 2002년 12월 14일자, '대한민국 재향 경우회' 광고.) 하지만 이런 선동은 극우 언론에서조차도 공식적 담론의 일부로 등장하지 못했다.
10) 『조선일보』 2003년 1월 21일자 '태평로' 박두식 칼럼, 2002년 12월 28일자 김대중 칼럼.

기롭게 해결하는 첩경이기도 하다"라고 경고한다.[11] 북한의 '이용' 가능성을 반미 감정 다스리기에 또다시 이용한다. 류근일 논설위원은 "주한미군이 없다면 어떤 일이 벌어질 것인가? 마치 신호등 없는 네거리에서 한반도는 물론 중국, 러시아, 일본이 저마다 자기 잣대에 따른 난폭 운전을 하느라고 동북아의 그나마의 세력 균형을 흐트러뜨려놓을 것"이라고 주장한다.[12] 미국에 대한 비판, 소파 개정에 대한 요구를 '이상주의적' 미군 철수론과 무조건 동일시함으로써, '반미'의 위험성과 불합리성을 자연스럽게 부상시키면서 비판의 도마에 올려놓는 방법을 동원하고 있다. 하지만 '촛불 시위'로 인한 반미 감정, 소파 재개정에 대한 요구가 어떻게 해서 무조건적인 미군 철수론으로 당장 비약하는 것인지도 알기 어렵다. 더구나 미군이 없으면 동북아에서 '난폭 운전'이 발생할 거라는 확신은 지나치게 미국 중심적인 사고의 반영처럼 보인다. 이 자리에서 논의할 주제는 아니지만, 미국은 과연 동북아에서 교통순경이었는가? 미국이 난폭 운전사, 음주 운전사일 가능성은 없는가?

한국의 반미 감정이 한국에게 경제적 불이익을 가져다줄 것이라는 협박성 경고도 거의 매일 신문에 보도된다. 전경련 등 다섯 단체가 "반미 시위가 확산되면 우리 경제에 커다란 악영향을 끼칠 것이 분명하다"며 반미 운동 자제를 호소한 일이 선거 다음날 『조선일보』 1면에 실렸다.[13] 1월 10일자 사설의 제목은 「핵과 '촛불', 그리고 무디스 우려」였다. 한마디로 무디스의 '우려' 표명을 증폭시키며 "외국 투자 기관들이 전통적인 한미 우호 관계의 균열 조짐을 한국 경제의 새로운 불안 요인"으로 보고 있다는 주장

---

11) 『조선일보』 2003년 1월 16일자 사설.
12) 류근일, 「한미의 역지사지」, 『조선일보』 2002년 12월 6일자.
13) 『조선일보』 2002년 12월 17일자.

을 반복했다.[14] 아이러니한 것은 같은 날의 신문 다른 면에서는 한국의 반미 감정이 신용 등급 평가에 어떤 부정적인 영향도 끼치지 않을 것이라는 또 다른 신용 평가 기관의 진단을 소개한 점이다. 스스로 모순을 인정한 셈이다.

『동아일보』 역시 정치적 의도가 사실을 압도, 왜곡하는 경향을 쉽게 드러냈다. 한 예로, 주한 외국 기업인들 간의 좌담회에서도 분명 참석자 네 명 중 두 사람이나 촛불 시위가 "국제 사회에서 자신의 위치를 개선하고자 하는 움직임"이며 "민주주의의 표현"이기 때문에 지지한다는 의사를 표명했다. 하지만 기사 제목 및 소제목은 "재계와 계속 갈등 때 누가 투자하겠나", "북핵—반미 …… 한국 신용 등급 하락 가능성", "촛불 시위 이해하지만 감정적 대응 안 돼", "일부 성조기 불태워 …… 미서 반한 기류도"로 뽑았다.[15]

한 경제 신문은 1면에 "미 기업 수천만 불 투자 보류—반미 감정 한미 경제 협력에 악영향"이라는 제목의 기사를[16] 뽑았다. 재미있는 것은 내용을 자세히 읽어보면 이런 주장 대부분이 모두 전경련 혹은 재벌 기업의 관계자의 입을 통해서 나온 것일 뿐 직접 미국 기업으로부터 나온 우려의 목소리는 아니었다는 점이다. 재벌 이익에 어떤 손해가 올까 우려하는 것은 당연하다. 하지만 그게 '한국 전체'의 손해라고 말하는 것은 이데올로기적 과장이다. '반미'에 대한 두려움은 사실 미국에서 오는 무역 보복 때문만은 아니다. 한국의 극우 보수층과 재벌 기업은 반미 감정의 고조로 인해 생겨나는 한국 사회 내부의 개혁적 분위기, 그것이 자신들에게 가져올 막

---

14) 『조선일보』 2003년 1월 10일자 사설.
15) 『동아일보』 2003년 1월 16일자, 5면 좌담.
16) 『매일경제신문』 2003년 1월 11일자, 1면 톱기사.

연한 손해와 구체적인 손실에 대해 두려워하고 있는 것은 아닐까?

물론 일부 미국 재계나 집단이 한국의 반미 감정에 불쾌감을 표시하고 또한 상황에 따라서 한국 상품을 차별하는 '반한' 운동이 벌어질 가능성이 전혀 없는 것은 아니다. 하지만 그와 반대로 한국의 촛불 시위의 평화적·합리적 성격, 시민들의 자발성, 미군 범죄 및 현행 소파의 부당함에 대해 동조하는 '일부' 미국인이나 외국인도 많다. 광화문 촛불 시위에 여러 외국인, 심지어 미국인들까지 참여하고 있는 것은 잘 알려져 있지 않은가? '미국'은 사실 여러 다양한 집단들을 의미하는 것이기도 하다.

또 '반미'는 한미 정부 간 협상에서 전략적으로 긍정적인 역할을 할 수 있다. 중남미나 유럽의 반미 시위에 비하면 한국의 촛불 시위는 상대적으로 매우 이성적이고 비폭력적이다. 이런 정도의 반미 시위로 인해 한국 무역 전선에 이상이 생기거나 미국 같은 나라에서 '반한' 열풍이 불 수 있다고 호들갑 떠는 것은 한국 사회가 얼마만큼 미국과 밀착되어 있는지를 반영한다. 구체적인 이해관계가 걸려 있는 미국 기업 몇몇이나 그런 분위기를 대변하는 미국 극우 혹은 보수 칼럼니스트가 '반미 감정'과 '미군 철수 가능성'에 대해 몇 마디 했다고 해서 그걸 대서특필하는 한국의 일부 언론들은 사실 외국 일부 언론의 입을 빌려 자신들의 정치적 관점을 홍보하고 있는 셈이다. 여전히 한국 사회는 친미 담론이 헤게모니를 쥐고 있다. 그것에 대항하는 반미 담론이, 비록 거친 형태로라도 나타나는 것이, 그렇게 '국익'에 해롭기만 한 현상일까?

민족 이야기는 정당한가?

촛불 시위에 왜 그렇게 많은 사람들이 자발적으로 참여하게 되었을까?

모든 죽음에 대해서 사람들이 똑같은 반응을 보이지는 않는다. 그것이 정치적 죽음의 의미를 띠었기 때문일까? 하지만 그렇다면 군대에서 '의문사' 한 수많은 젊은 병사들에 대해서는 왜 그렇게도 관심이 적은 것일까? 그것은 '정치적'인 것의 핵심에 '민족'이 들어 있기 때문이다. 물론 부분적으로는 그것이 아직 자아실현의 기회를 채 갖지 못한 청소년, 그것도 한국 사회에서 일종의 가부장적 보호 본능을 건드리는 '여중생'이었다는 데 있다. 윤금이 씨 살인 사건에 대해 한국 사회가 보여준 미온적인 반응을 다시 생각해 보자.

어쨌든 수많은 정치적·구조적 죽음에 대해 침묵하거나 지켜보던 사람들이 촛불 시위에 자발적으로 기꺼이 참여하는 이유 중의 하나는 그것이 가장 한국 사회에서 대중적이고 보편적인 감정, 즉 민족 감정을 건드렸기 때문이다.[17] 월드컵 '붉은 악마' 현상과 촛불 시위 현상 간에 공통점이 있다면 그것은 '광장'과 '민족'의 결합은 아닐까?[18]

"효순아! 미선아! 주한미군 없는 세상! 통일 조국의 꽃으로 부활하라"[19]

"꽃같이 스러져간 민족의 딸……"

---

17) 그 한국인들이 미군의 아프간 공습에 수많은 사람들이 목숨을 잃었을 때, 안산에서 제3세계 이주 외국인 노동자들이 얻어맞고 임금을 빼앗기고 손가락을 잃었을 때 그러고도 되려 강제 출국되었을 때, 목숨을 잃었을 때도 이랬으면 얼마나 좋았을까? 그 관심과 에너지의 백 분의 일이라도 보여 줬으면 얼마나 좋았을까? 계급과 민족에 따라 생명의 존엄성이 달라지는 것은 아니지 않은가?
18) 더구나 시위는 '국민 축제'로 둔갑했다. 사람이 죽었는데, 그 죽음에 애도하고 분노하는데, 축제해도 되는지 모르겠다. 「아리랑」과 「아침이슬」을 부르며 록밴드의 리듬에 몸을 맡겨도 되는지 모르겠다. 왜 사람들은 촛불 시위 '국민 축제'와 지난 6월 월드컵 '대~한민국'의 집단적 놀이를 자꾸 연결시키는 것일까? 왜 사람이 죽었는데 애국가를 부르고 태극기를 뒤흔드는 것일까? 축제는 7월에 이미 끝나지 않았는가?
19) 『한겨레』 2002년 12월 11일자, '6.15 공동선언 이행과 진보 정치 실현을 위한 대선 실천단 경남 지역 본부' 광고문 일부.

"효순이 미선이

한을 풀고 민족 자주를

회복하는 거대한

대장정……"

이런 수사는 모두 '민족'을 매개로 한다. '압사 사고'로 죽은 두 명의 중학생('여중생')이 갑자기 민족의 상징이 된다. (남학생이 죽었으면 '남중생'이라고 표현했을까?)[20] 물론 이 사건이 한미 양국의 불평등한 관계와 역사의 맥락 위에 놓여 있기 때문에 '민족'이 튀어나오는 것은 어쩔 수 없는지도 모른다.

하지만 두 사람은 민족의 일원으로서 죽었나? 민족적 이유로 죽었나? 오히려 그러한 '민족'의 덧칠로 인해 신효순과 심미선 두 개인의 죽음은 오히려 실종되는 것은 아닐까? 점점 시위가 확산되면서 두 사람 죽음의 개별적 의미와 비극성은 사라지고 '살인마 미군', '민족적 자존심'이라는 구호만 강해졌던 사실이 그것을 보여준다. 사람들은 과연 두 생명의 억울한 죽음에 분노하고 있는 것일까? 아니면 그것이 촉발하는 혹은 터뜨려주기를 바라는, 그것을 기다리고 있었던 민족주의 감정에 흥분하고 있는 것일까?

촛불 시위에 내재되어 있는 '반미 감정'은 기본적으로 정당한 역사적 이유와 배경을 갖고 있다. 하지만 그것이 지닌 위험이 없는 것은 아니다.

---

20) 내가 어떤 잡지에 쓴 한 칼럼에서 분명히 '두 중학생의 죽음'이라고 표현했는데 그 잡지의 편집자는 그것을 '두 여중생의 죽음'으로 고쳐서 내보냈다. 왜 '여'를 붙이는 걸까? 그것은 혹시 전통적인 여성성을 부러 드러냄으로써 가부장적 민족주의의 보호 본능을 일깨우려는 무의식의 산물은 아닐까? '통일 조국의 꽃'이라는 표현도 전통적인 젠더에서 전혀 벗어나지 못하고 있다.

1) 무엇보다도 그것은 이번 사건의 구체적인 성격과 한미 불평등 관계사의 일반적 성격을 구분하지 않는다. 그래서 두 중학생의 죽음을 일반적인 공식에 끼워맞추는 과정에서 그것에 대한 면밀하고 실증적이며 구체적인 검토는 뒷전에 밀린다. 윤금이 씨 사건에 대해서 '살인마 미군'을 외치는 것은 어느 정도 타당한 일이다. 물론 그 경우에도 그 가해자가 '미군'으로 호명되는 것이 적절한지에 대한 냉정한 검토가 필요하다. (윤금이 씨의 시신 사진을 시위에서 사용한 것은 많은 여성 단체 및 활동가들의 비판을 받았다.)[21] 하지만 이번 사건의 가해자에게는 '살인마'라는 이름이 지나치다. 이 사건은 구조적인 배경하에서 일어난 비의도적인, 하지만 냉혹한 '압사 사건'이고 그것에 대한 법적 책임 묻기를 어렵게 만든 '소파' 문제다. 관련 당사자 미군 개인을 일단 너무 거대한 역사적 책임의 주체로 상징적으로 부각시키는 것은 무리가 아닐까?

2) 촛불 시위 참여자들이 일부 보수 언론의 과장처럼 미국 정부, 미군, 주한미군, 미국 시민을 구분하지 못하는 것 같지는 않다. 한국 사회의 일부에서 이러한 구분 없이 미국인 일반에 대한 적대적인 태도가 있을 수 있다. 하지만 그것은 극히 부분적인 현상에 지나지 않는다. 적어도 시위 참여자들을 맹목적 반미주의자로 몰고 가는 것은 사실과 멀어지는 일이다. 하지만 촛불 시위의 정당성을 인정하는 것과 그것이 갖고 있는 민족주의적 반미주의 성향의 위험을 읽어내는 것은 별개의 문제다.

---

21) 여성의 섹슈얼리티 혹은 '여성성'이 '민족'의 외침에 도구적으로 사용되는 것에 대한 의식이 왜 그렇게도 없을까? 지리산 근처의 어떤 마을 축제에 갔을 때 '여중생' 시신 사진이 길거리에 수십 장 전시되어 있었다. 한쪽에서 술 먹고 전 부쳐먹는 난장에 죽은 두 사람의 사진이 그렇게 쉽게 내걸려도 되는지 모르겠다.

반미 출정가 선봉에 선 가수들[22]

군중들 머리 위에서 대형 태극기가 펼쳐질 때는 월드컵 거리 응원 때처럼 환호성을 내질렀고, 풍자 음악가인 윤민석 씨가 등장해 「퍼킹 유에스에이」라는 노래를 부를 때는 손을 흔들며 열광했다.[23]

위 기사에 나타난 반미 감정 그리고 그것에 대한 무비판적 보도는 적어도 공론의 장에서는 위험해 보인다. 자칫하면 자국민의 반대 이름으로 '타민족'을 일반화·동질화하고 적대시할 가능성에 대해 아무런 말도 하고 있지 않기 때문이다. 여전히 '민족'적 문제로만 이 사건을 바라보는 것의 위험은 뭘까? '태극기' 대 '퍼킹 유에스에이'의 대립으로 문제를 이끌어 가는 것은 두 죽음을 '한-미' 이분법적 틀에서 조명하는 것이다. 그것은 결국 한국인은 피해자고 미국인은 가해자라는 단순 도식을 만들어낼 수 있다. 그러한 이분법은 두 중학생의 죽음에 대해 한국 사회나 정부도 책임이 있다는 생각을 하기 어렵게 만든다. 주민들에 대한 미군 훈련 상황의 사전 통보, 교통 경찰의 교통 통제, 인도가 없는 국도 문제, 초·중·고등 학생들의 통학 문제에 대한 안전 대책—이런 모든 것들에 대해 한국 정부나 사회는 얼마만큼의 책임이 있는 것일까? 한미 이분법 혹은 반미주의 담론에서는 이런 문제를 냉정하게 따져볼 공간이 들어서기 어렵다. 한국의 법체계에 대한 근본적 질문, 한국인은 물론 외국인의 기본적 인권을 보장하지 못하는 한국의 법체계 및 행형 제도에 대한 질문을 던져볼 수는 없을까? 외국에 나가 있는 한국군은 그 나라와 평등한 법적 관계를 맺고 있는

---

22) 『한겨레』 2002년 12월 6일자, 29면 기사 제목.
23) 「'6월 광장' 다시 선 여중생 이영주·장세경 양」, 『한겨레』 2002년 12월 16일자.

가? 이런 반성적이고 이성적인 질문들이 '퍼킹 유에스에이' 구호 아래에서는 불가능한 것이다. 태극기로 상징되는 '대한민국'이 면책 특권을 누리게 되는 현실에 대해 누가 문제 제기를 할 것인가?

　3) 과연 이 사건의 본질은 '민족의 자존심'일까? 시위에서 '태극기'와 '대~한민국'이 강조되는 것은 어떤 정치사회적 의미를 갖게 될까? 이번에 터져나온 반미 감정에는 50여 년간의 한미 불평등 관계사의 맥락에서 불거져나온 보편적 평등 의식도 들어있었겠지만 다른 한편으로는 1980년대 후반 이후부터 만개한 부국강병적 '대한민국주의'가 숨어 있었던 것은 아닌가? '대한민국 주권 회복의 날'이라는 문구에서도 이런 경향은 드러난다.[24] 한국의 주권이나 자존심이 입은 상처만을 강조하는 인식틀은 위험하다. 간단히 말해서 그것에 전혀 관련되지 않은 비한국인/외국 국적의 한인/혼혈인/탈북자 등이 목숨을 잃을 경우 어떻게 대응할 것인가? 베트남 양민 학살에 대한 한국군의 책임을 묻는 일에 '주권'론자들은 과연 촛불 시위와 같은 지지를 보낼 수 있을까?

　두 중학생의 죽음을 '주권' 차원에서만 바라보는 것은 촛불 시위의 '사실'과 거리가 있고 동시에 담론 싸움의 결과에 따라서, 보편적 인권·평화 의식, 생명 존중의 인식을 뒷전으로 몰아버릴 위험이 있다. 변영주 씨의 지적처럼, "민족의 자긍심과 다른 민족에 대한 존중을 조화롭게 성장시킨 경우를 본 적이 없"다는[25] 사실에 대해서 촛불 시위 지지자들은 고민을 해야 한다.

---

24) 가수 싸이 씨가 지난해 말 열린 어떤 뮤직 비디오 시상식 공연에서 미군 탱크 모형으로 보이는 물건을 부순 것은 매우 의미 있는 정치적 퍼포먼스였다. 하지만 그가 들었던 철봉 끝에 매달린 태극기는 그 의미를 너무 '민족 주권'적인 것으로 축소시켰다.
25) 변영주, 「민족이란 이름의 두 얼굴」, 『한겨레』 2003년 1월 24일자 '길라잡이'.

남은 이야기 혹은 실천

촛불 시위의 주체는 누구인가? 범대위도 '앙마'도 일반 건전한 시민도 아니다. 이미 거기에는 매우 다양한 생각을 가진 다양한 주체들이 서로 관계를 맺으며 새로운 현상을 만들어내고 있다. '민족주의' 혹은 '반미'만으로는 포착할 수 없는 복합적인 현상이 나타나고 있다. 다시 'paul'씨의 말을 인용한다.

> 촛불 시위에 가담한 시민들을 민족/국가에 의해 동원된, 민족주의적 에토스에 매몰되어 흥분하던 기존의 군중들과 같은 선에서 생각할 수는 없습니다. …… 기존의 '민족주의 비판 담론'의 메스에 의해, 촛불 시위가 구축하고 있는 자율적 시민 사회 영역이라든지, 자본과 국가에 의해 침식되던 생활 세계의 탈환, 산업화가 강요했던 노동적 존재라는 일면적 자기 규정으로부터의 해방, 냉정하고 이기적이며 자유로운 개인들의 '느슨한' 연대가 주는 긍정적 쾌락, 세련된 통치와 지배에 의해 훈육되던 주체의 자기 배려와 잠재된 자발성의 체험의 측면은 배제됩니다.

이러한 주장에 대해 동의하지 않을 수 없다. 민족주의 코드만으로 촛불 시위를 읽어낼 수는 없다. 하지만 여전히 질문은 남아 있다. 촛불 시위 그 자체가 억압적인 것은 아니다. 사람들은 이 사회, 이 지구에서 벌어지는 모든 중요한 문제에 대해서 똑같은 강도의 관심을 가질 수 없다. 그것은 인간에게 지나친 도덕을 요구하는 일이다. 두 중학생의 죽음에 그렇게 분노하는 사람들이 왜 다른 죽음에 대해서는 무관심하냐고 호통칠 수는 없다. 하지만 이렇게 물을 수는 있다. 왜 한국 사회에서는 '민족'에 대한 관심이 '계급'이나 '성'에 대한 관심을 압도하고 있는가? 왜 죽음들 간에는 이렇게 위계가 뚜렷이 구분되어 나타나는가? 또 한 명의 네티즌 '1234' 씨가 정확하게 표현했듯이 "왜 어떤 죽음 앞에서는 촛불을 켜지만 어떤 죽음 앞에서는 '맞을 짓'으로 의미화를 시키며 고개를 돌려버리는가?"[26]

과연 촛불 시위에 나타난 부당한 현실 구조, 특히 국가 간 불평등한 구조로 인해 유발된 죽음에 대한 분노와 애도하는 마음이, 억울한 사람들이 받는 모든 부당한 대우에 대한 보편적인 관심으로 전이될 수 있을까? 촛불 시위는 그 가능성을 안고 있는가, 아니면 그것을 오히려 뒷전으로 몰아내고 있는가?

---

26) 앞서 인용된 필자의 『지키』 칼럼 논쟁에 대한 댓글이다.

3부

진보와 탈진보 — ‘국민’으로부터 벗어나기

근대와 탈근대
충돌과 접점

1

최근에 펴낸 내 책, 『민족주의와 발전의 환상』에 대해 적지 않은 평문이 이곳저곳에 발표되었다. 그 글들을 읽으며 더 체계적이고 자기 완결적인 연구를 해야 한다는 자극을 받았다. 『녹색평론』 측에서 청탁이 왔다. 책 서평에 대한 반론이 아니라 지금까지 제기된 문제에 대해 내 입장을 정리해서 밝히면 좋겠다는 취지였다. 물론 현재 내 이론적 고민의 수준을 넘어서는 문제 제기에 대해서는 좀더 많은 고민과 연구가 필요할 것이다. 다만 몇 가지 비판에 대해서는 현재 수준에서도 내 입장을 명확하고 구체적으로 정리할 부분이 있다는 생각이 들었다.

평자들은[1] 대체로 내가 근대적 '개인 지향' 의 철학을 탈근대적 생태론과 무매개적으로 결합하고 있다는 점을 지적했다. 또한 내가 민족주의의

---

1) 여러 글 중에서도 특히 배병삼(『녹색평론』 2000년 11 · 12월호), 구승회(『동아일보』 2000년 9월 23일자), 고미숙(『창작과비평』 2000년 겨울호)의 서평을 염두에 두었다. 전효관 (『당대비평』 2000년 겨울호)이 제기한 급진적 민주주의 문제는 앞의 세 평자의 비평과는 다른 차원의 것이기 때문에 다음 기회에 답해 보려 한다.

대항마로 제시한 '보편적 이성'도 사실은 서구 중심주의의 반영으로 제국주의/환경 파괴의 논리를 뒷받침했으며 나아가 인간 중심적 근대성의 한 요소에 지나지 않는다는 비판이 있었다. 결국 내 이론이 탈근대적 생태론을 지향하면서도 여전히 근대성의 논리에 함몰되어 있다는 문제 제기였다. 좀 관념적이고 추상적인 논의가 불가피하게 전개되는 것에 대해서 독자의 양해를 구하며 이러한 문제에 대해 검토해 보겠다.

2

우선 얘기할 수 있는 것은 '개인 지향'의 정신이 반드시 근대에 국한된 것은 아니라는 점이다. 사실 개인의 해방은 인류사를 관통하는 보편적 이념이라고 말할 수 있다. 동양의 고대, 중세나 서양의 고대에도 개인을 중심에 놓고 사물과 세계를 보려는 사상은 있었다. 이러한 경향은 장자의 철학이나 서양의 스토아 학파에 두드러진다. 다만 개인 중심적 사고가 그 시대의 주류를 이루지 못했을 뿐이다. 고대와 중세의 객관적 조건의 한계가 이념의 실현을 저지했다고 생각한다. 인간의 보편적 욕구인 개인의 해방은 관념적인 이념의 영역에 갇혀 있다가 근대의 물질적 조건 위에서 사회적 힘으로 전화했다. 특히 근대적 법과 민주주의 등 제도적 조건의 완비에 힘입어 개인이 사회의 주체로 등장할 수 있었다. 그렇다고 해서 근대에 와서야 그전에는 없던 '개인'이 갑자기 출현한 것은 아니고 '개인 지향'의 정신이 돌출한 것도 아니다. 서구의 근대는 과학과 산업화가 가져다준 물질적 기반 위에서 개인의 해방이라는 오래된 과제를 실현시킨 것이다.

그러나 한국의 경우 근대화(modernization)는 성공적으로 이룩했지만 보편적 이념으로서의 개인의 해방은 여전히 미완의 과제다. 민족 국가와 자본주의적 산업화의 성공에도 불구하고 식민지 경험 및 분단 등으로 인해 자유, 평등, 개인의 자율성을 바탕으로 한 가치가 보편화되지 않았기 때문이다. 그것을 ‘기술로서의 근대’와 ‘해방으로서의 근대’ 사이의 괴리로 표현할 수도 있겠다. 여전히 우리는 집단의 부속, 부품으로서의 개인이 중시되는 사회에 살고 있다. 그때의 개인은 ‘백성’, ‘가문’, ‘민족’, ‘국민’, ‘집단’의 일부다. 자유와 평등을 근간으로 한 자율적 개체로서의 인간 의식은 아직도 한국 사회에서 보편적 정당성을 부여받지 못했다. 그런 의미에서 개인 지향의 철학은 근대적 과제의 연장선상에 놓여 있다고 할 수 있다.

하지만 ‘개인’이 그전 시대의 우여곡절을 통해서 예비된 것처럼(근대에 개념화되었지만 개인 의식이 근대 전에 없었던 것은 아니다) 근대의 ‘개인’도 어떤 의미에서는 탈근대의 한 단계 더 나아간 개인 해방의 전주곡일 것이다. 왜냐하면 서구의 이른바 ‘해방된 개인’도 여전히 어떤 의미에서는 근대의 규율에 포박되어 있고 확대 재생산 메커니즘의 순환 속에 묶여 있기 때문이다. 따라서 개인 지향의 철학은 해방으로서의 근대를 이루고자 하는 흐름의 일부이기도 하면서 또한 그것을 넘어 좀더 완성된 형태의 개인 해방을 염두에 둔다. 새로운 개인들의 출현 속에서 사회적 의미와 관계망은 재구성될 것이고 그와 함께 탈근대의 전망이 손에 잡힐 것이다.

생태주의를 공동체나 집단주의와 연결시켜 생각하는 사람들의 입장에서는 이러한 개인 지향적 가치가 생태주의와 상호 모순된다고 오인할 수 있다. 아마도 이러한 오인은 개인주의를 부르주아적 구조의 반영으로만 인식하고 그러한 구조가 반생태적 · 반공동체적 경향을 재생산한다고 생각하기 때문일 것이다. 그리고 자본주의적 시장 논리를 벗어나는 실험을 주로 상호 부조적 공동체에서 시도했던 수많은 실증적 예도 그러한 인식에 일조했을 것으로 본다. 하지만 집단적 가치와 생태학적 가치의 필연적 연관을 전제하는 사고방식에는 근거가 없다. 우선 개인적 가치를 반생태적 가치로 전제하는 것이 문제다. 공공적 질서 유지에 해가 되는 것은 개인주의라기보다는 오히려 집단주의인 경우가 많다. 후자는 자율적 판단과 언행의 훈련을 배제하고 오히려 억압적 명령-복종 체계를 강화함으로써 이기적인 쟁투의 잠재성을 마련하는 것이기 때문이다. 마찬가지로 생태적 가치의 실현에 장애가 되는 것은 집단주의적 조직과 그것을 정당화하는 가치 체계다. 집단주의는 생태적 공공성의 실현에 장애가 되는 강제적이고 타율적인 규율을 강화할 가능성이 높기 때문이다. (공동체의 운영 원리를 공동체주의가 아니라 개인 지향적 가치 규범 혹은 개인주의에 두고 이끌어갈 수도 있다. 왜 그 가능성을 배제하는가?)

우리가 생태 친화적 세계를 지향하는 이유는 무엇이며 반생태적인 발전주의에 반대하는 이유는 무엇일까? 단순화한다면 결국 무한한 욕망과 재화를 재생산하는 발전주의의 가치 및 구조가 자연과 인간 사이의 균형을 깨뜨리고 종국에는 개인의 행복과 건강, 그것을 보장하기 위한 공동체를 위협하기 때문이다. (물론 인간뿐 아니라 다른 생명체의 생존도 위협한다. 그 위협의 근거에 인간 중심주의가 도사리고 있다는 비판도 상당하다. 하지만 생태주의를 반드시 반인간중심주의와 동일시할 필요는 없다. 여러 관점이 있을 수 있지만 여기서는 이 주제에 대해 더 이상 천착하지는 않는다.) 민족국가는 매우 강고한 공동체이자 집단이다. 그것은 발전주의적 산업화를 조건으로 해서 태어나고 유지되는 집단주의적 조직이다. 그것을 해체하려는 생태 운동은 집단주의를 지향하기보다는 오히려 다양하고 서로 다른 수많은 개체의 개별성과 개체 간의 유기적 관계를 회복하려는 운동이다. 생태적 가치가 중요한 것은 그것이 자본주의 시장에서 요구하는 가치보다 근본적으로 인간 개개인의 생존과 행복에 더 어울리는 가치이기 때문이다.

물론 민족국가 중심적 시장 질서나 신자유주의적 지구화에 대한 반대는 더욱 작은 단위의 공동체를 지향할 수밖에 없다. 그러나 그러한 공동체가 개인의 밀실이나 개체의 다양성보다 우위에 있어야 하므로 그 결과 어느 정도 개인성을 억압할 수밖에 없다고 쉽게 가정하는 경향이 있다. 바로 그러한 이유 때문에 실패한 생태 지향적 공동체는 수없이 많다. 그것은 우선 생태적 가치의 관점에서 '개인' 혹은 개인과 공동체 간의 관계를 잘못 이해했기 때문이다. 인간은 다른 인간에게 매우 의존적이며 다른 생명체와의 유기적 관계에서만 온전히 존재할 수 있는 생명이다. 하지만 어떤 의미에서는 정신적·육체적으로 타인과 분리된 개인이며 따라서 개인의 독자적인 공간을 추구하고 필요로 하는 본성이 있다. 과거의 좌파나 일부 근본 생태주의자들은 이런 인간의 본성을 이해하지 못했기 때문에 '해방'의 언설과 의도에도 불구하고 결과적으로 전체주의적이고 전근대적인 억압을 낳고 말았다.

과거 조선 시대의 농촌 공동체에서 일부 생태적 가치를 재발견한다고 해서 그 공동체로 돌아가야 한다고 주장할 수는 없다. 그 집단 안에 존재하는 신분·성별적 억압과 개인의 말살을 수용할 수 없기 때문이다. 생태적 공동체 운동에서 공통된 오류가 나타났던 것은 확대 재생산 기제에 대한 통제를 집산주의 및 금욕주의와 동일시했기 때문이다. 따라서 개인의 해방을 부정적인 것으로 인식하고 그것에 대한 욕망을 죄악시하는 암묵적 문화를 수용했다. 소비적 욕망의 확대 재생산에 대한 통제의 필요성을 개인의 다양한 욕망과 자아실현의 욕구를 억압할 필요성으로 혼동한 것이다.

또 하나의 이유는 생태주의를 다른 가치와 결합하는 과정에서 생겨나는 문제이다. 내가 다른 글에서 이미 얘기했듯 생태주의는 만병통치약도 아니고 고정된 이념물도 아니다. 그것은 가부장적 세계관과 결합할 수도 있고 에코페미니즘으로 나아갈 수도 있다. 민주주의로 나아갈 수도 있고 생태 파시즘으로 전락할 수가 있다. 집단주의적 공동체주의와 생태주의가 결합하게 된 것은 생태주의의 내재적 논리의 결과가 아니라 공동체주의에 대한 무성찰의 결과다. 따라서 생태학적 가치가 집단적 가치라는 생각은 일종의 지배적 담론일 뿐이다. 필요한 것은 생태주의, 개인, 공동체, 혹은 생태주의와 페미니즘 등의 관계에 대한 깊은 고민과 성찰이다. 적어도 현재까지의 내 생각으로는, 자연과 인간 간의 균형을 지향하고 개인의 행복의 근원적 조건을 자연이 제공하는 심미적·구체적 경험에서 찾는 생태주의라면 당연히 개인 지향을 근본으로 하는 세계관을 수용할 수밖에 없다. 그것은 앞서 말한 개인의 해방이 실현되지 못한 한국 사회에서 더욱 그래야 하는 정치적 당위성을 갖고 있다. 그리고 그것이 지향하는 공동체는 전근대나 실패한 근대의 공동체에서 발견되는 가부장적 혹은 집산주의적 평등주의의 개인 빛 개체성 억압에 대한 비판적 성찰 위에서 형성되어 나갈 것이다.

3

이제 보편적 이성의 문제를 살펴보자. 우선 서구 중심주의나 제국주의가 식민지에 진출할 때 항상 보편성 혹은 코스모폴리탄의 가면을 썼던 것을 모르지 않는다. 서구의 잣대를 보편화하며 비서구에 대해 서구의 논리를 내면화시켰던 역사가 분명히 있고 지금도 진행되고 있다. 보편성의 이름으로 식민지에 스며든 오리엔탈리즘에 대한 경계는 필요하다. 그리고 보편성을 고정적이고 선험적인 추상적인 체계로 못박는 위험에서도 벗어날 필요가 있다. 하지만 서구나 동양을, 중심부와 주변부를 포괄하는 보편성에 대한 탐구 없이 우리가 인간과 사회에 대해 어떤 소통의 원리를 제시할 수 있을까? 탈식민주의도 어떻게 보면 결국 서구적 보편성에 대한 비판적 성찰하에서 전지구적 보편성을 탐구하려는 노력의 소산이다. 그러한 보편성에 대한 추구 없는 저항적인 탈식민 운동은 초기의 진보성을 상실하고 결국 특수성에 함몰되어 퇴행적 권위주의 혹은 낭만적 원주민주의로 전락한 예가 많다. 서구의 비서구에 대한 지배도 따지고 보면 보편성 경쟁에서의 승리와 관련되어 있다. 근대 시기의 보편성이 선발국의 제국주의와 연관되어 있다고 해서 고대 이래 서구에서 인류의 보편성을 추구하는 움직임이 끊임없이 있었음을 부정할 수는 없다. 보편적 이성은 서구의 근대에만 국한되는 것이 아니다.

서구적 보편성은 이중적이다. 한편으로는 중심부-주변부 구조와 정복주의적 남성성의 재생산을 뒷받침하는 이데올로기이면서 동시에 근대적 시민혁명을 먼저 이룩한 사회의 선진적 가치 체계, 즉 인류적 보편성에 한 걸음 더 다가선 논리라는 것을 인정할 필요가 있다. 제국주의적 보편성에 대한 도전이 후발국 혹은 후후발국의 민족주의의 강화로 나아갈 때 우리는 자칫하면 보편성을 포기하는 특수주의에 빠지거나 근대적 성취를 거부하는 반근대성에 함몰하게 될 위험이 크다. 내가 반대한 것은 단순히 '지나친' 혹은 '닫힌' 민족주의가 아니라, '적절한' 혹은 '열린' 민족주의에도 내재되어 있는 전근대적·식민지적 규율과 근대의 억압적 규율이다. 그것은 민족주의의 관점과 방식 자체를 포기하지 않고는 극복이 어렵다.

물론 중심부-주변부의 불평등한 관계 속에서 주변부 민족주의의 전략적 필요성이나 인식론적 정당성을 인정한다. 하지만 그것은 어디까지나 잠정적이고 정치적인 싸움의 일부로서이다. 근본적·종국적으로 민족주의는 보편적 원리 안에 용해되거나 종속되어야 한다. 제3세계에서 보편성에 대한 추구야말로 오히려 편협한 서구적 보편성, 제국주의 논리에 오염된 보편성을 극복할 수 있는 방법이다. 자유나 평등 같은 근대의 보편적 가치를 실현하는 것을 긍정하면서도 자유 및 평등의 실현이 배제한 영역을 회복하는 것을 목표로 하는 움직임은 탈근대적 동력을 갖게 되고 또한 새로운 보편성의 차원을 지향하게 된다. 탈근대론에서 얘기하는 '차이'의 정치철학도 결국은 보편성을 지향하지 않을 수 없다. 그렇지 못하면 매우 주관적인 상대주의로 전락할 소지가 다분하기 때문이다. 물론 이러한 보편은 차이들을 흡수하는 단일적 거대 이론이 아니다. 그것은 고정되거나 본질주의적 시공간에 고착된 종점이 아니라 끊임없이 변하고 분화 발전하는 '보편들' (복수)일 수 있고 카렐 코직 같은 철학자의 표현을 빌어, '구체적 전체'를 담아내는 보편일 수도 있다.[2]

서구의 보편성을 대표하는 것으로 간주되는 근대의 이성 문제도 마찬가지다. 근대의 이성이 계몽과 해방의 원리를 내표하면서도 동시에 억압, 착취와 차별의 도구로 쓰여진 것을 부인할 수는 없다. 도구적 이성의 극단은 아우슈비츠, 수용소 군도, 원폭 투하, 그리고 근대의 수많은 제노사이드로 나타났다.[3] 많은 현자 및 사상가들은 도구적 이성이 무성찰적인 과학기술 및 경영주의와 결합되어 전지구의 생태계를 유린하는 데 이바지하고 있음을 지적했다. 그러나 이러한 도구적 이성의 현실적 현현을 비판하는 원리는 어디에서 오는가? 감정과 직관 그리고 몸을 이성과 논리 그리고 정신에 대비해 폄하하고 비하한 근대의 이분법적·가부장적 이성주의의 폐해

---

2) Karel Kosik, *The Dialectics of the Concrete: A Study on the Problems of Man and World* (Boston: D. Reidel Pub. Co., 1976).

3) 이 문제에 대해서는 이삼성의 『20세기의 문명과 야만』 (한길사, 1998)을 참조. 저자는 도구적 이성의 역사적 실천에 대한 책임 있는 문제의식과 심도 있는 논의를 보여준다.

를 본다. 그리고 그것은 자연 파괴의 이데올로기와 구조의 탄생과 지속에 관련되어 있다. 그러나 그것을 보고 분석하고 새로운 방향을 설정하는 원리는 다시 이성적 사고에 기초한다. 복잡한 철학적인 논의가 필요한 문제이기는 하지만 이성의 근원적 성격에 대한 비판적 성찰을 멈추지 않으면서도 이성이 갖는 해방의 기능을 쉽게 버려서는 안 된다. 반생태적 구조의 지속을 막고 새로운 틀을 만들려는 노력에서 이성을 버리고 취할 수 있는 다른 원리는 무엇이 있는가? 우리는 무엇에 의존할 수 있는가? 근대적 이성의 이중적 성격에 대한 신중하고 사려 깊은 성찰이 필요하다. 그리고 탈근대의 노력과 관련한 이성의 역할에 대해서도 마찬가지다.

4

이제까지 얘기한 것은 넓은 의미에서 보면 한국 사회에서 근대와 탈근대의 관계를 어떻게 설정하느냐의 문제다. 여기서 간과되는 것은 리타 펠스키(Rita Felski)의 표현을 빌면 '근대의 모호성'이며, 따라서 근대가 역설적으로 반근대적인 것을 의미하는 경우가 흔하다는 점이다.[4] 어느새 반근대는 근대의 영역으로 포섭된다. 가령 서구의 근대는 자율성과 평등을 기반으로 하면서도 사실상 비서구 사회에 대한 지배와 여성의 배제를 기반으로 했다. 하지만 동시에 20세기에 들어와서 근대의 투쟁은 반식민주의 해방 운동과 성평등 운동을 포괄하였다. 이런 의미에서 보면 근대성과 급진 해체주의적 포스트모더니즘의 충돌도 명백한 것은 아니다.

물론 우리는 근대성을 어떤 성격으로 규정하면서 생태주의와 대립시킬

---

4) 리타 펠스키, 김영찬 · 심진경 옮김, 『근대성과 페미니즘—페미니즘으로 다시 읽는 근대』 (거름, 1998), 37~42쪽 참조.

수 있다. 그 경우 생태주의나 급진적 페미니즘은 근대의 바깥에 놓일 수 있고 그것을 탈근대의 영역이라고 부를 수도 있다. 아마도 그것은 실체적인 구분이라기보다는 생태주의나 페미니즘의 정치적·철학적 지향을 좀 더 근본적인 변혁의 일부로 바라보려는 관점의 반영일 것이다. 근대와 탈근대는 연속적인 동시에 불연속적인 측면이 있다. 그 관계를 설정하는 것은 변혁의 정치학에서 나온다. 근대의 어떤 과제를 강조한다고 해서 반드시 그것이 탈근대의 지향과 충돌하는 것만은 아니다. 가령 탈근대적인 섹슈얼리티의 정치 및 차이의 페미니즘 정치는 근대적 의미의 성평등 페미니즘 운동과 일정하게 구분되면서도 그것의 연장선상에 놓여 있다. 시장 기제에 의한 재화의 무제한적 확대 재생산을 꾀하는 발전주의는 분명히 근대적인 것으로, 따라서 생태주의는 이러한 점에서 탈근대적이며 전자와 충돌할 수밖에 없다. (물론 그렇다고 해서 전근대의 친자연적 관념이 자동적으로 근대 극복의 원리가 되는 것은 아니다. 이것에 대한 오해가 생태주의를 전근대적 사상과 동일시히는 오류를 낳는다.) 하지만 탈근대직인 생태주의는 나른 한편으로는 얼마든지 근대적 정의나 인권의 논리와 접합될 수 있다. 물론 그것은 화학 실험을 통한 여러 요소들의 인위적 결합처럼 이루어지는 것은 아니고 역사·사회적 지평의 제약과 인간의 의식적인 노력 간의 상호 작용 속에서 나타난다. 그러한 작용을 통해 생태적 가치와 개인 지향적 가치가 이론적·실천적으로 결합될 가능성이 태어난다.

민족주의의 정치생태학

이 글의 제목을 쉽게 풀어쓰면 민족주의가 환경 문제의 인식과 해결에 어떤 의미를 갖는가 하는 문제가 된다. 민족주의와 환경과의 관련을 검토하는 것은 매우 어려운 일이다. 그동안 민족주의는 매우 다양한 의미로 이해되어 왔으며 다양한 정치적·경제적·문화적 이해관계에 따라 빈번하게 자의적인 개념으로 차용되었기 때문이다. 환경이라는 개념도 마찬가지다. 무엇을 환경으로 규정할지에 대해서는 다양한 견해가 존재한다. 그리고 그것은 어떤 초월적인 존재나 이론에 의해 정리될 수 있는 것이 아니며, 다만 현실의 인식과 변화 방향에 따른 불가피한 이견의 잠정적인 공존 조건을 반영한 것이다.

따라서 이 글에서 의도하는 것처럼, 추상적 수준에서 양자 간의 관련을 검토하는 것은 어쩌면 무의미한 결과를 예고하는 것인지도 모른다. 구체적인 조건과 사안에 따라서 둘 사이의 관계에 대해 다양한 판단이 가능하다. 한편으로는 민족주의를 환경 파괴의 주요 이데올로기로 규정할 수 있고, 다른 한편으로는 구체적 사안에 따라서 전면적 환경 파괴를 막는 실용적 방벽으로 인식할 수 있다. 여기에서는 현재의 산업사회에서 나타나는 일반적 경향을 지적하는 데 그칠 수밖에 없다. 이 글에서는 첫째, 현대의 환경 문제를 인식하고 그것에 효과적으로 대처하는 방법론으로서 민족주의적 인식 체계가 적합한가, 둘째, 이데올로기로서의 민족주의가 어떠한 생태적/반생태적 경향을 갖는가 하는 문제를 검토한다.

환경 문제의 보편성과 특수성

오늘날 환경 문제가 국민국가의 경계를 넘어서는 국제적·지구적 문제로 등장하고 있다는 것은 이제 상식에 속한다. 지구 환경, 국제 환경 문제 등의 용어는 이제 매우 익숙한 개념이 되었다. 자본과 상품 이동의 지구화('세계화')로 인하여 환경 오염과 파괴가 '인류의 공동 문제'이며 '지구촌의 가장 보편적인 문제'라는 인식은 날로 높아가고 있다. 무엇보다도 그것은 생물의 한 종으로서의 인간의 생존과 행복을 위협하고 있기 때문이다. 지구 온난화, 오존층 파괴, 열대림 파괴, 산성비, 원자력 발전소 폐기물 처리 문제 등은 단순히 일국 차원의 이해와 대응으로 해결하기 어려운 문제가 되었다. 1972년 이후 환경에 관련된 국제 레짐이 계속 증가해 온 것은 이런 연유에서다. 민족주의적 인식은 지구적 환경 문제에 어울리지 않는 낡은 인식틀로 퇴락하고 있다.

그럼에도 불구하고 환경 문제는 '지구촌의 보편적 문제'라는 일반적 인식으로 정리되지 않는다. 왜냐하면 그것은 지구적으로 존재하는 지역적 불평등의 현실과 아무런 상관없이 발생하는 자연적 재해도 아니며 순수한 자연과학적 현상도 아니기 때문이다. '환경 제국주의'는 바로 이러한 불평등이 어떻게 환경과 매개되어 나타나는지를 쉽게 보여주는 개념이다.[1]

우선, 제3세계 주변부 국가들은 환경이라는 새로운 가치 기준이 중심부의 상품 경쟁력 강화와 무역 통상에서의 주변부 및 준주변부에 대한 압박 수단으로 사용되는 경향을 우려한다. 환경을 기준으로 한 새로운 형태의 규제는 주변부 상품의 가격을 상승시킬 것이며 따라서 상대적 비교 우위를 상실할 위험에 처하게 된다. 그것은 내부 산업화의 차원에서도 문제를 야기한다. 환경 기준을 선진국 수준으로 강화할 경우 주변부의 경제 발전은 둔화할 위험이 클 것으로 여겨진다. 환경 기준의 강화는 중심부에서 먼저 발전한 환경 산업의 이익 강화에 기여하는 경향이 있다. 더구나 근대 초엽부터 중심부 국가들이 식민지 개척 과정에서 야기한 무제한적인 생태 파괴적 전쟁 및 정복의 과정, 그리고 1960, 1970년대에 성행했던 유해 폐기물 및 공해 산업의 주변부 이동을 고려한다면 환경을 매개로 한 중심부의 제국주의는 비판의 대상이 되지 않을 수 없다. 환경을 매개로 하는 신제국주의적 경향을 경계할 때, 환경 문제의 범지구적 · 범인류적 보편성은 일종의 이데올로기로서의 본질이 드러난다. 심층생태학(Deep Ecology) 조차 사실은 서양의 지배와 신식민주의의 새로운 변형태라는 제3세계의 의심[2]도 이러한 맥락 위에 놓여 있다.

이런 차원에서 보면 '범인류적 문제'라는 인식은 이해관계를 애매모호하게 조장하는 틀이 될 수 있다. 그것은 환경 파괴 및 오염의 책임자/수혜자를 피박탈자/피해자와 얼버무려 동일시하는 정치사회적 암시를 불러일으킨다. 그리고 그것은 북의 선진 자본주의 국가의 책임, 남의 일부 및 북의 다수 과잉 소비 계층의 책임을 완화시키는 보수적 기능을 할 위험이 있다. 물론 반생태적 생산/소비로 인한 피해는 장기적으로 볼 때 인류 전체

---

1) 여기에 대해서는 황태연, 『환경정치학과 현대정치사상』 (나남, 1992), 제1장 참조.
2) Arne Naess, "The Third World, Wilderness, and Deep Ecology", in George Sessions ed., *Deep Ecology for the 21st Century* (Shambhala, 1995), p. 397.

의 생존을 위협한다. 그것이 인류 공동의 과제라는 점을 부인할 수는 없다. 하지만 단기적·지리적인 차원에서 그 책임과 부담이 대체로 '주변부의 주변부'에 가장 불리한 방향으로 지워진다는 점이 좀더 강조될 필요가 있다. 성장이 평등하게 분배되지 않듯이, 자연 파괴의 재앙도 평등하게 분배되지 않는다. 재앙과 위험은 지구의 주변부에 직접적으로 다가오는 반면 중심부에는 그 피해를 지연시킬 여유와 장치를 마련해 두고 있기 때문이다.

환경 주권론이나 '발전의 권리'는 바로 이러한 배경에서 나온다. 이런 차원에서 본다면 민족국가(nation-state)의 경계를 정치경제적 권리의 경계와 동일시하는 민족주의는 환경 제국주의에 대한 방파제의 역할을 할 수 있으며 그만큼 정당한 것으로 평가될 수 있다. 오늘날 선진국의 환경 수준이 높아진 이유는, 친환경적 기술의 발전 및 규제의 강화와 환경 의식의 발전이라는 측면도 있지만, 공해를 유발하는 중공업이나 산업 폐기물을 제3세계에 재배치할 수 있었기 때문이다. 오늘닐 '북'의 일부 지역 및 계층의 친환경적 삶의 양식이 '남'의 환경 파괴에 기반하고 있다는 지적은 타당성이 있다. 어색하지만 내 글에서 인용한다.

'남'의 무차별적인 개발과 인구 증가가 환경 위기의 주요인이라는 '북'의 주장은 고급 승용차의 운전자가 나무를 베는 농부에게 지구 온난화의 책임을 묻는다는 비유만큼 자기 모순적이고 공정치 못한 것이다. 인구 증가를 통한 자원 고갈로 인한 성장의 한계에 초점을 맞추는 신맬더스주의적 이론이나 과잉 인구와 식량의 부족을 대비시키며 '생태학적 한계'를 강조하는 이론은 '남'에게 환경 파괴의 책임을 돌리려 한다. 그러한 주장은 전세계 인구의 25퍼센트에 불과한 '북'의 주민이 전세계 소비의 75퍼센트를 차지하며 북미의 에너지 소모가 제3세계의 40배에 달한다든가 미국인 1인의 종이 소비량이 인도인의 115배라는 통계 앞에서 근거를 잃는다. 확실히, '북'의 대중 매체가 선도하는 환경 문제에 대한 피상적인 인식은 책임의 소재와 오염 및 파괴의 현장을 혼동하고 있는 것이다. 따라서 '남'의 개발도상국들은 기본적인 의식주를 해결하기 위해서 환경 훼손을 감수하고서라도 일단은 고속적인 산업화에 주력해야 하며 '환경과 발전의 조화'는 선진국이 그런 것처럼 일정한 수준의 단계에 도달한 후에 가능할 것이라고 본다. 그들은 '북'이 '남'의 발전에 대한 '민족적 주권' 혹은 '환경 주권'을 존중해야 한다고 주장한다.[3]

위에서 언급된 북의 환경 의식은 사실 보편적 공감대를 형성하기 어렵다. 이런 차원에서 오늘날 유행하는 환경주의가 사실은 녹색 산업을 강화 발전시킴으로써 지구 자본주의 체계로 편입되고 있다는 지적에도 귀기울일 필요가 있다.[4] 환경 문제의 전지구적 보편성이라는 개념은 흔들린다. 환경 문제는 보편적이면서도 지역과 네이션(nation)에 따라 차별적으로 그 영향이 나타나고 그것은 결국 중심부–준주변부–주변부로 도식화한 세계 자본주의 체제의 작동에 의해 영향받는다. 그냥 환경은 전인류의 문제라고 얘기하는 것은 사실은 아무것도 얘기하지 않는 것이며 동시에 매우 이데올로기적인 진술이다. 그렇다면 제1세계 중심적인 환경과 발전의 정치학에 대항하여 민족국가 중심적 사고와 실천을 강화하는 것은 적절한가?

---

3) 권혁범, 「무엇이 생태 지향적인 사고를 가로막는가?」, 『민족주의와 발전의 환상』 (솔, 2000), 259쪽.
4) 레슬리 스클레어, 「지구사회학과 지구환경 변화」, 마이클 레드클리프트 · 테드 벤튼 엮음, 이기홍 · 조재광 · 이강익 옮김, 『지구환경과 사회이론』 (한울, 1996), 282~283쪽.

민족주의, 발전, 생태성

　민족주의는 일반적으로 민족(nation)의 생존, 동질성 유지, 번영을 목표
로 하는 근대 이데올로기로 규정된다. 민족주의는 근대 국가의 이념적 기
초가 되었으며 그것을 통하여 근대 국가는 통치의 정당성을 획득할 수 있
었다. 정치경제적 해석에 따르면 자본주의적 산업화가 요구하는 일정한
단위의 인구를 확보하기 위해서 '민족의 생산'이 요구되었으며 그 과정에
서 여러 종족적 집단은 하나의 민족으로 통합, 탄생하였다.[5] 민족주의는
자본제로의 이행에서 필수적인 봉건적 신분제의 제거에 중요한 역할을 담
당했다. 구성원간의 적어도 형식적 평등과 평등한 권리를 내포하는 민족
의 개념은 봉건적 신분제로부터 해방된 자유로운 임금 노동자의 창출에
직결되었다. 강고한 신분적 위계질서에 의거해서는 집단적 귀속감이 형성
되기 어려웠기 때문에, 근대 민족의 형성은 결국 형식적 평등을 기초로 하
는 민주주의의 발전에도 기여했다. 민족주의는 여러 복잡한 이유로 나타
나기 시작한 민족을 국가 단위로 재배열하는 역할을 담당했다. 독립적인
국가 건설은 근대 민족주의의 근본적 목표였다.

　민족주의는 국가의 탄생과 형성 과정에서 중요한 역할을 하였을 뿐만
아니라 산업화가 수반하는 불균등한 발전에서 오는 여러 문제를 이데올로
기적으로 해결하는 데 기여했다. 지역적·성적·계급적 불평등의 심화는
단순히 국가의 물리적 탄압으로는 해결되기 어려운 사회적 갈등을 유발했
다. 그러한 갈등을 '국가의 이익', '민족 번영'의 수사 아래 은폐, 억압할
수 있었던 가장 효과적인 이념적 수단은 민족주의였다. 민족주의가 불균

---

5) Umut Ozkirimli, *Theories of Nationalism: A Critical Introduction* (New York: St. Martin's Press, 2000), 131~133쪽. 근대주의자의 민족주의 해석의 일부다.

형적인 발전주의와 친화력을 갖는 것은 이런 점에서 당연하다.

구체적으로 민족주의 틀에 의존할 때 생겨나는 가치관과 결과의 생태성/반생태성에 대해 검토해 보자. 우선 지적할 수 있는 것은 민족주의가 배제와 차별의 원리를 통하여 타자의 희생을 정당화한다는 점이다. 민족 중심적 인식은 오히려 자국의 이해와 발전을 위해서 타국가·타민족의 희생은 불가피하다는 암시를 내재할 수밖에 없으며, 그 경우 '타' 는 중심부이든 주변부이든 똑같은 대상으로 간주된다. 한 예로, 수백만 권이 팔린 한 베스트셀러에 드러난 의식을 검토해 보자.

> 이념 대결의 구도가 와해되면서 세계는 극단적인 자본주의와 국가 이기주의가 결합한 형태의 끝없는 무역 전쟁으로 돌입했습니다. 이 전쟁은 자본과 기술이 우월한 국가가 세계의 자원과 시장을 놓고 국가 간에 피나는 경쟁을 벌이고 또한 그 대립을 정당화하고, 후진 국가에 대한 착취 행위를 자랑스럽고 떳떳하게 여기도록 만들 것입니다.[6]

여기서 드러나는 민족주의적 세계관에서 타자를 희생시키는 일은 불가피하게, 때로는 자랑스럽게 묘사된다. 국가 이익을 위해 '무한 경쟁' 에 참여하는 집단적 주체가 자원을 최대한도로 착취하는 과정은 당연한 것으로 전제된다. 여기에는 당연히 자연에 대한 고려가 들어가 있지 않다. 이런 이유로 민족주의는 동남아와 중남미 등을 누비며 노동과 자원을 무차별적으로 동원하고 소비하는 자본을 지지하게 된다. 그것은 오로지 '민족 번영' 의 차원에서 조명된다. 진보 측에서 제기하는 문제도 재분배에 관련된

---

6) 김진명, 『무궁화꽃이 피었습니다』 (해냄, 1993), 제3권 69쪽.

것이지 민족 번영을 위한 확대 재생산, 그리고 그것을 뒷받침하는 자연 및 타자의 동원에 대한 제재 요구는 아니다.

덧붙여, 민족주의에서는 남북문제에 요구되는 주변부로서의 인식보다 자민족 인식이 더 강화된다. 1970년대 초반의 신국제경제질서를 위한 제3세계 운동이 실패한 것도 부분적으로는 이러한 이유 때문이다.[7] 한국 사회에서 강한 민족주의 의식이 제3세계 의식으로 고양되지 않았던 것도 단지 주변부에서 준주변부로의 구조적 이동, 세계 체제의 '초청에 의한 발전'이라는 차원에서만 이해될 수 없다. 거기에는 한국의 민족주의가 갖는 과도한 자민족 중심적 세계관이 작용했기 때문이다.

민족이라는 단위 개념이 갖는 이데올로기적 애매모호함도 정치생태학적 접근을 가로막는 경향이 있다. 앞서 설명한 '범인류'라는 개념이 갖는 이데올로기적 성격은 민족주의에도 그대로 적용된다. 민족이 동질적 집단이라는 인식은 민족 내부의 소집단 간에 실제로 존재하는 다양한 차별성을 은폐한다. 그 안에는 친환경직 혹은 반생태적 집단 및 개인이 모두 존재한다. 더구나 세계 체제의 주변부가 단순히 지정학적 개념을 넘어, 이제는 지구적 차원에서 존재하는 계급적 동질성을 바탕으로 하는 집단이라는 인식에 민족주의는 어떤 대응을 할 수 있을까? 미국에도 주변부는 존재하며 라틴 아메리카에도 중심부라고 할 수 있는 계층이 존재한다. 그러한 차이를 무시하고 민족이라는 거대한 개념으로 생태적 성격을 규정하는 것은 매우 단순하다. 나아가 문제 인식을 현실적으로 하는 데 방해가 된다.

가령 오존층 보호를 위한 국제적 협약에 대해서 선진국은 과연 어떤 태도를 취했는가? 선진국 정부와 기업 간의 의견 차이가 명백한 경우도 적

---

7) 하경근, 『제3세계 정치론』 (한길사, 1982), 제2장 참조.

지 않았다. 이해관계를 갖는 초국적·다국적 기업들은 국제적 환경 규제에 대해 매우 비판적인 입장을 취했다. 그것은 남의 대다수 정부가 갖는 일반적인 성향과 유사했다. 유엔 기후변화협약 체결을 위한 과정에서도 미국 정부 및 자동차·철강 관련 기업은 오히려 그것을 반대하고 '지구기후동맹'(Global Climate Coalition)을 결성하기까지 했다.[8] 또한 아시아권이 배출하고 있는 가스가 세계 온실 가스의 4분의 1을 점유하고 있다는 사실[9], 세계 원자로의 4분의 1이 동아시아에 집중되어 있다는 사실은 남과 북 또는 민족국가를 기준으로 하는 판단이 친환경적 변화에 도움이 되지 않는다는 것을 보여준다. 따라서 민족 대 민족의 도식은 위험하다. A라는 민족이 반생태적이고 B라는 민족 집단은 친생태적이라는 이분법은 복잡한 현실의 왜곡이다. 오히려 '반'과 '친'은 많은 경우 민족과 계급을 가로지르는 경우가 많다. '같은' 민족으로 분류되는 집단 안에서의 다양하고 때로는 충돌하는 생태적 차이가 무시될 수 있다. 따라서 민족주의적 현실 인식은 생태 지향적 관점과 이해에 걸림돌이 되기 쉽다.

앞서 말한 것이 환경 파괴의 원인 제공에 있어서 민족을 가로지르는 차별성 문제라면, 혜택에서의 차별성도 똑같은 문제에 직면한다. '발전의 권리'라는 개념을 명분으로 하여 추진되고 정당화되는 경제 성장은 과연 민족주의가 암시하듯 민족에게, 즉 그 구성원의 대다수에게 혜택을 가져다주는 것일까 하는 질문을 던질 수 있다. 댐, 원자력 발전소, 온천, 중화학 공업, 간척 공사 등의 추진과 건설에서 오는 혜택은 매우 계급 차별적으로

---

8) 요네모토 쇼우헤이, 박혜숙·박종관 옮김, 『지구환경문제란 무엇인가?』(따님, 1995), 109~110쪽.
9) Larry Pratt and Wendy Montgomery, "Green Imperialism: Pollution, Pertinence, and Profits," Leo Panitch, ed., *The Socialist Register 1997* (London: Merlin Press, 1997). 이삼성, 『세계와 미국』(한길사, 2001), 744쪽에서 재인용.

분배되는 경향이 있다. 사실 발전은 '성장 연합 엘리트'[10] 및 관련 자본의 이윤 확대를 의미하는 경향을 갖는다. 그러한 연합은 대개 주변부 상층 부르주아지, 관료, 초국적 개발 자본 등으로 구성된다. 뿐만 아니라 발전에서 오는 피해는 사회적 약자에게 집중되는 경향이 있다. 이러한 문제의식은 이미 '환경 정의'라는 개념으로 이론화되어 있다.[11] 민족의 발전이라는 생각은 그러한 차별성을 드러내는가? 민족은 그것을 숨긴다. 오히려 내부적 불균등 분배를 '민족 번영', '조국 발전'의 이름으로 정당화한다. 따라서 민족주의는 환경 파괴로 일어나는 계급적 문제를 은폐하는 경향을 갖는다.

사실 가장 근본적인 질문은 환경 주권, 발전 주권 등으로 집약되는 민족주의적 태도와 가치관은 한 사회에서 어떤 정치사회적 의미를 가지며 또한 재생산하는가 하는 점이다. 그것은 역사적으로 반생태적인 경제 성장 혹은 산업화를 정당화하는 이념이었다. 민족과 발전은 동전의 양면이다. 민족을 위해서 발전은 요청, 정당화되었고 따라서 발전에 대한 도전은 적어도 1980년대 중반까지는 매우 반민족적이고 불온한 것으로 인식되었다. 반대로 발전을 위해서 민족은 수시로 동원되었다. 한국 사회의 경우, 발전에 필요한 동기와 그것이 수반하는 차별적 결과로 인한 사회 갈등을 봉합하는 데 민족주의는 반공주의만큼이나 효과적인 이데올로기적 장치였기 때문이다. 이런 이유로 환경에 대한 '지나친' 규제는 민족의 발전을 가로막는다는 생각이 여전히 광범위하게 유포되어 있다.

---

10) 이 개념은 다음의 논문에서 빌려온 것이다. 박순열, 「새만금을 통해 본 한국 생태통치체제에 대한 연구—전북성장연합의 생태통치전략을 중심으로」, 환경사회학회 정기학술대회 (2001년 10월 19일~20일) 발표 논문. 그는 새만금 사업의 지속 추진 세력으로 지방 정부와 의회, 상공회의소, 언론, 그리고 학계 일부와 지역 시민 단체를 '전북성장연합'이라 부르고 있다.
11) 최병두, 『환경갈등과 불평등』 (한울, 1999) 참조.

'조국의 발전' 혹은 '민족의 번영'이 초월적인 국가의 최고 목표로 제시되었을 때 그것에 대한 비판적인 접근은 봉쇄된다. 민족주의는 발전주의와의 결합을 통하여 무제한적 성장 논리를 시민들에게 내면화시킨다. 단순히 발전이 아니라 '조국의 발전'이라는 구호는 효과적이었으며, 동시에 강도 높고 근본적으로는 정치적인 성격의 노동에 강력한 동기와 초정치적 정당성을 부여했다. 한국의 경제 발전에서 민족주의는 이러한 역할을 성공적으로 담당했다.

이러한 민족주의하에서 생태적 가치는 어떤 의미를 가질 수 있는가? 그것은 즉각 거부되거나 민족 생존과 번영을 위한 도구적 가치로서만 의미를 갖는다. 생태적 가치는 근본적으로 내재적이거나 생명 중심적이다. 그것을 인간의 행복을 위한 수단으로 인식하는 인간 중심적 환경주의자의 경우에도 생태적 가치는 단지 도구적인 의미만을 갖지는 않는다. 하지만 민족 발전주의의 가치 체계에서는 자연은 오로지 민족 집단의 경제 성장을 위한 자원으로만 인식되는 경향이 짙다. 또한 민족주의에 의해 추동된 '후발국의 선진국 따라잡기'라는 인식 체계는 무제한적 착취를 통한 무제한적 성장을 민족 집단의 가장 중요한 목표로 설정하는 데 기여했다. 그것은 소위 국민/민족적 정체성, 즉 특정 국가·특정 민족에의 강렬한 소속감을 토대로 이루어진다. 그러한 집단적 정체성을 받아들임으로써 자국가 및 자민족의 번영과 생존은 최우선적인 목표로 각인되며 그 순간 모든 다른 요소, 특히 생태적 가치는 철저히 도구화된다.

더구나 민족주의는 일반적으로 국가의 역할을 강조하는 경향을 갖는다. 통합적 구심점으로서 국가는 민족주의자의 뿌리다. 국가주의는 부분적으로는 민족주의와 동일시된다. 특히 시장 기제의 부작용을 완화할 근대적 시민 사회를 자생적으로 이뤄내지 못한 후후발국에서, 국가의 역할은 민족 부르주아지의 취약성을 극복하는 제도로서 더욱 강화된다.[12] 그러한 국가 중심적 사고와 체계는 산업화가 유발하는 여러 가지 형태의 자연 파괴 및 오염을 오히려 조장하고 정당화한다. 그것은 국가라는 물리적 폭력의 합법적 소지자에 의해 수행되기 때문이다. 과거에 환경 운동가가 '반국가 사범'으로 취급받은 것은 단순히 정치적 탄압의 결과만이 아니다. 국가 주도의 경제 발전이 그만큼 당연한 것으로 인식되었기 때문이다.

자연의 정복과 약탈은 국가의 이름으로 합법화·정당화되었으며 국가는 오히려 자유 시장 경제에서라면 개별적 기업이 감당하기 힘든 자연 공공재에 대한 파괴를 별다른 저항 없이 수행할 수 있었다. 국토 내의 모든 자원은 국가의 징발 대상이 될 수 있었기 때문이다. (물론 현재 시장 메커니즘에 의해 자행되고 있는 환경 파괴를 막기 위한 국가의 시장 개입을 예로 들면서 국민국가 권력의 친환경적 성격을 앞의 결론에 대한 반론으로 제시할 수 있다.)

따라서 민족주의는 친환경적 제도 및 법의 도입을 가로막는 장애물로 작용하는 경향을 벗어나기 힘들다. 부의 확대 재생산 메커니즘이 환경 파괴의 구조적 원인이라고 할 때, 민족 중심적 사고는 그러한 메커니즘에 대해 무비판적으로 순응함으로써 반생태적 산업구조를 지속하는 데 기여한다. "민족의 발전을 위해 자연을 보존하자!"는 식의 구호가 불가능한 이유다. 자연이 민족 이익의 관점에서 고려된다면 그것은 "쓰레기 줄여서 경쟁력 10퍼센트 높이자"는 식의 발상에 국한될 뿐이다. 환경이 심각하게 고려된다면 그것은 국가 경쟁력의 한 요소로서 기능하게 될 때이다. 따라서 환경은 경쟁력 강화의 한 수단이 될 뿐이다.

끝으로, 민족주의가 요구하는 유지하는 국민국가의 틀은 중앙 집중, 위

---

12) 최장집, 「박정희 정권과 한국현대사」, 계간 『대화』 제5호(1995) 참조.

계질서, 거대주의를 지향한다. 그러한 성격이 분권화, 수평적 질서, 작은 단위, 지구적 협력을 지향하는 생태적 가치관과 충돌하는 것은 명백하다.[13] 지구의 전지역에서 나타나고 있는 환경 문제는 본질적으로 국민국가 간의 지정학적 경계를 가로질러 나타난다. 반면에 생태 지향적 운동은 자연적으로 존재하는 생명권을 복원하고 존중하는 방향으로 나아가지 않을 수 없다. 강, 바다, 육지를 인위적으로 가로지르는 국민국가의 경계는 매우 정치·역사적이며 생태계의 권역과 다르다는 점을 인식할 필요가 있다. 생물지역론(bioregionalism)에서 애기되는 '지역'은 산업화 및 지정학적 투쟁의 역사에서 인위적으로 구획 지어진 '지역'과 충돌한다. 그것은 재순환이 가능한, 상대적으로 자기 유지적인 삶이 가능한 생태적인 경계에 토대한 개념이며 따라서 인간 사회의 경제적 동력에 의해 발생하는 사회지리적 경계망을 해체하는 방향으로 나아간다.[14] 따라서 민족주의는 생태 지향적 재구획화에 걸림돌이 될 가능성이 높다.

실천적인 측면에서 생각할 때, 이러한 류의 민족주의는 세계화되어 버린 지구 사회에서 민족국가의 경계를 넘어서는 지구적 환경 문제에 대해 국제적 협력과 타협을 통한 대응을 어렵게 만든다. 주변부의 민족주의 담론을 적용하면 지구적 차원에서 중심부 국가들이 주도하고 있는 환경 규제를 단순히 민족 대 민족, 중심부 대 주변부의 차원에서 인지하게 된다. 민족주의 혹은 민족국가적 경계나 단위를 강조하면 할수록 생태와 반생태라는 틀은 묻혀버린다. 초국가적 협력을 요구하는 지구적 환경 문제, 즉 오존층 파괴, 산성비, 지구 온난화 문제 등에 대해 민족 중심적 사고가 낳

---

13) Thomas Prugh, Robert Costanza, and Herman Daly, *The Local Politics of Global Sustainability* (Washington D.C.: Island Press, 2000), 35-36면.
14) 문순홍, 「시간, 공간, 그리고 생물지역론」, 문순홍, 『생태학의 담론―담론의 생태학』(솔, 1999), 307~321쪽과 제프리 리프킨, 이정배 역, 『생명권 정치학』(대화, 1996), 379~387쪽 참조.

을 수 있는 최선의 결과는 국가별 이해관계의 충돌을 방치하는 것이다.

가령 1970년대 초 제3세계 국가들이 환경에 관한 유엔 회의 개최를 반대하며 그것을 "북의 부국과 고도 산업국들이 만들어낸 음모"라고 몰아붙인 것은[15] 민족 중심적 사고가 갖는 위험을 예증한다. 부국에 대한 분노, 지구적 불평등에 대한 분노가 오히려 반생태적 제도 및 운동에 대한 무비판적 수용의 방향으로 나아가는 것이다. 민족국가 단위별 경쟁을 장려하고 정당화할 때, 환경 문제를 민족 대 민족, 국가 대 국가의 틀로 바라볼 때 그 해결은 불가능하다. 가령 미국 정부는 바다거북이 새우잡이 그물에 걸리는 것을 막는 장치(TEDs: Turtle Excluder Devices)의 사용을 의무화하지 않는 나라에 대해서 무역 제재를 가했다. 신식민주의와 관련 없는 이러한 친환경적 조치는 일부 국가들의 강한 주권론적 반대에 부딪쳤다.[16] 국가 혹은 민족 주권을 내세우면 내세울수록 국제적·지구적 협력과 타협은 어려워진다. 전지구적 차원의 환경 규제를 '주권'의 이름 아래 반대하고 저지하려는 움직임은 민족주의적 정서와 가치에 기초한 각국의 정치 문화에 토대하여 항상 대중적 지원을 받는다. 그러나 그것은 정당화될 수 없다. 환경 문제의 해결은 고전적인 국민국가 간 체제에서 당연시되었던 주권의 포기 없이는 불가능하다. 물론 그러한 타협이 헤게모니를 갖고 있는 국가에 의해 주도되면서 주변부의 일방적인 희생을 요구하는 방향으로 가는 것은 경계할 필요가 있다.

사실 국제적 환경 규제를 환경 제국주의라는 차원에서만 이해하는 것은 매우 일면적이고 감정적이다. 환경 문제의 제국주의/식민주의적 차원에

---

15) E.U. von 바이츠제커, 이필렬 옮김, 『지구환경정치학』(아르케, 1999), 34쪽.
16) 힐러리 프렌치, 주요섭 옮김, 『세계화는 어떻게 지구환경을 파괴하는가』(도요새, 2001), 129~130쪽.

대한 구체적 비판과 분석은 필요하지만 그것 때문에 남이나 저발전국의
반생태적 경제 성장 모델이 정당화되어야 한다는 것은 근시안적인 전략주
의 사고의 반영이다. 결국은 북의 대다수 선진 산업국이 이제는 극복하려
하는 환경 파괴적 발전 모델에 스스로를 몰아버리는 결과를 초래한다. 그
것이야말로 감정적 민족주의가 끼치는 최고의 반생태적 해악일지도 모른
다. 환경 문제 해결을 위한 국제주의적 시각과 지구적 협력의 요구를 신자
유주의적 세계화와 동일시하는 모순을 범할 수 있다. 그러한 국가 주권의
축소를 무조건 '국제 금융 신식민주의'[17]와 동일시한다면 여전히 지구적
환경 문제는 미완의 과제로 남겨질 것이다.

지구적 시민사회를 향하여

앞서 주장한 것과는 정반대로 민족주의가 생태 파괴적 세계화에 대해
방벽이 될 수 있는 가능성이 있는가? 그 확률은 매우 낮다. 생태 지향적 운
동과 집단은 현재 미국 주도하에 이루어지고 있는 세계화에 매우 비판적
이다. 기본적으로 그것이 전적으로 시장 메커니즘에 의해 이루어지는 상
품의 생산, 유통, 소비 과정을 전세계적으로 확장하며 환경 파괴를 가속화
한다고 믿기 때문이다. 이미 국가의 조절 기능은 상당 부분 약화되었으며
조명래의 지적처럼, "지구적 통합은 파편화된 무수한 개체들을 결합시켜
주지만 그 관계가 국가와 같은 공동체적 조절 기구에 의해 통합되지 못함
으로써 불안정한 '경쟁적인 결합'으로만 남게 된다."[18] 이들 결합이 점점
개별 국가의 개입보다는 시장 메커니즘에 의해 조절되고 있다. 따라서 이

---

17) 요네모토 쇼우헤이, 앞의 책, 151쪽.
18) 조명래, 『녹색사회의 탐색』(한울, 2001), 216쪽.

러한 메커니즘에 도전하고 저항하는 것은 민족주의에 입각한 일국적 관점과 운동으로는 불가능해지고 있다. 개인을 넘어서면서도 국가 밑에 존재하는, 그러면서도 민족국가적 경계를 가로지르는 초국가적 시민사회 및 시민운동의 영역이 점점 확대되고 있는 것도 이런 연유다.[19] 여기서 더 생각해 볼 것은 민족주의에 토대한 국민적 정체성의 문화가 국적과 개별 국가의 법을 넘어서 활동할 수 있는 개인이나 시민 단체의 역할을 매우 심각하게 제약하고 있다는 점이다. 국제법조차도 주권 국가들 사이의 계약이기 때문에 시민 개인에게는 어떤 공식적인 역할이 주어지지 않는다.[20] 지구적 시민사회의 형성과 그것에 기초한 협치(global governance)가 환경 파괴를 억제할 수 있는 토대라면,[21] 이런 점에서도 민족주의는 장기적으로 극복되어야 할 이데올로기이며 방법론이다.

장기적으로 보았을 때, 지역에서 실천하며 전지구적 연대를 꾀하는 초국민국가적 시민사회의 형성이 환경 문제 해결에 필수적이라고 한다면 민족주의는 결국 방해 요소가 되지 않을 수 없다.[22] 앞서 논의한 점들을 고려할 때 민족주의는 환경 문제에 대한 과학적 인식과 실천적 해결에 기여할 수 있는 방법론이나 이념이 아니다. 그것은 발전주의의 다른 축이며 점점 지구화하면서 탈민족적 협력을 요구하는 환경 문제와 모순되는 이데올로기다.

하지만 이러한 민족주의에 대한 생태적 비판이 민족주의가 갖는 현실적

---

19) Paul Wapner, "Politics beyond the State," John S. Dryzek and David Schlosberg, eds., *Debating the Earth: The Environmental Politics Reader* (Oxford University Press, 1998), 510쪽.
20) 힐러리 프렌치, 앞의 책, 175쪽.
21) 힐러리 프렌치, 앞의 책, 제9장 참조.
22) April Carter, *The Political Theory of Global Citizenship* (London, New York: Routledge, 2001) 참조.

힘을 무시하고 근본 생태주의로 가야 한다는 당위론을 강조하는 차원에서만 끝나서는 안 된다는 것은 명백하다.[23] 여전히 국민국가들은 생태적 아젠다를 제일순위에 놓을 수 없는 한계를 갖고 있으며, 또한 민족주의에 기초한 국가 간의 환경 협력은 말할 것도 없고 다른 분야의 협조적 관계도 항시적 불안과 충돌의 지평 위에 놓여 있기 때문이다.

---

23) 로즈만은 이런 차원에서 환경 문제를 다른 국제 문제와 연관이 없는 것처럼 가정하는 '이상주의자들'을 비판하고 지역주의(regionalism)와 민족주의 간의 절충을 주장한다. Gilbert Rozman, "The Northeast Asian Regional Context for Environmentalism: Assessing Environmental Goals Against Other Priorities in the 1990s," *Journal Of East Asian Studies*, Vol. 1 No. 2 August 2001 (Nanam), 27~29쪽.

시민운동, 무엇이 필요한가?
반성과 모색

시민운동의 현재 지점

1980년대식 사회운동이 절차적 민주화의 확대와 사회주의권 붕괴로 몰락하고 그 빈자리를 성공적으로 메운 것이 소위 '시민운동'이다. 합법적 테두리 내에서의 개혁 지향적 활동, 중간 계층의 일상적 삶과의 연관, 환경·평화·성 등 지난 민족·민주 운동에서 근본적 관심사가 되지 못했던 문제들에 대한 천착, 다양한 운동 방식의 개발, 정치권력으로부터의 일정한 거리 두기 등이 시민운동의 일반적 특징일 것이다. '민중운동'과의 연계성 부족 및 명망가와 이벤트에 대한 과대 의존으로 적지 않은 비판을 받았지만, 현재 시민운동의 성과는 1970, 1980년대가 길러낸 수많은 활동가와 그것의 정치적 의미와 목적에 동의하는 수많은 시민, 지난 민주화운동 과정에서 교육된 일반 시민들의 결합에 힘입고 있다는 사실을 환기할 필요가 있다. 과거 사회운동의 유산은 어디로 사라진 것은 아니다. 시민운동은 2000년 낙선 운동의 성공을 통하여 이제 확고한 위치를 잡았음을 보여주었다. 이제는 'NGO'라고 하는 그럴싸한 외래어 표기를 수반하면서 높은 관심을 얻고 있다. 직업으로서의 시민운동가가 인기를 얻고 있다고 얘기하는 것은 과장이지만 시민운동은 확실히 높은 수준의 사회적 명예와 도덕적 신뢰를 얻고 있다. 시민운동 관련 학과가 생기고 언론에서는 시민 단체의 활동을 정기적으로 보도하며 시민운동에 관한 연구도 활발히 전개되고 있다.

비판과 우려, 질투의 목소리도 만만치 않다. 최근 어떤 심포지엄에 대한 기사의 제목은 '시민 없는 시민운동'이라는 제목을 달았다. 일종의 시민운동 때리기에 흡족해 하는 일부 언론의 편향적 관점이 느껴지지만 반성할 점이 전혀 없는 것은 아니다. 시민운동을 대표했던 한 운동가의 성추행 사건, 그리고 또 한 운동가의 사외 이사직에 관한 논란은 'NHK 주점 사건'과 연결되어 '운동권'에 대한 전반적 불신을 초래하는 현상을 빚고 있는 것처럼 보인다. 정치인들은 '선출되지 않은' 시민운동가가 정치의 영역에 깊숙이 개입하는 것에 대해 노골적인 적대감을 드러낸다.

어쨌든 시민운동은 관심의 초점에 서 있다. 낙선 운동에서 보여준 시민운동의 저력과 명성이 사람들의 관심과 지지를 유도해 낸 반면 그것에 대해 냉전 보수적인 관점에서 못마땅해하거나 두려워하는 시각이 존재한다. 또 다른 한편으로는 기층 운동에 기반을 둔 사회운동의 입장에서 그것의 '개량성'에 대해 비판적으로 접근하는 시각도 여전히 있다. 그리고 시민운동의 발전과 확대에 지지를 표명하면서도 그것의 문제점을 우려하고 새로운 방향을 모색하려는 움직임도 활발해지고 있다. 이제 시민운동은 과거를 냉정하게 되돌아보고 총체적으로 점검하면서 내일의 방향에 대해 모색해야 하는 시점에 와 있는 것일까? 과거와 현재의 시민운동이 극복해야 할 주요 문제가 있다면 무엇일까?

시민운동에 어떤 문제가 있는가

내가 보기에 시민운동은 1980년대의 문제의식에서 많이 발전되어 있다. 교조적인 정치경제학적 논리 체계에 고착되지 않고 상당한 유연성과 대중적 전략을 보이며 새로운 방법과 전망을 찾아가고 있다. 절차적 민주화의 확대에도 힘입었겠지만 새로운 공간 내에서 요구되는 대중성과 일상성의 확보, 그리고 합법적 싸움 방식으로의 변환을 성공적으로 이뤄냈다. '그 날이 오면' 식의 유토피아적 전망론과 '민중 콤플렉스'에서 벗어난 것은 적지 않은 성과다. 하지만 여전히 1980년대 '거대 담론'과 '변혁운동'의 유산은 남아 있다.

운동의 생산력주의

가령 백화점식 운동이라고 비판받는 '종합적' 시민운동은 한국의 정치 문화 특성상 생존의 수단으로 볼 수도 있지만 추상적이고 거대한 이슈를 중심으로 운동체를 만들고 운동을 해나간다는 점에서 1980년대적 성향을 보인다. 물론 종합 운동체의 하위 단위로 여러 개별적 운동이 있지만 그것들은 조직의 한 부문으로서의 요구에서 자유롭지 못하다. 그것은 아무래도 크면 클수록 좋다는 근대적 생산력 논리의 반영이고 '작은 것이 아름답다'는 수사는 공허한 관념으로만 존재하기 때문일 것이다. 열 명, 백 명, 혹은 천 명을 기본 단위로 하는 운동은 별로 없다. 운동의 이슈를 작게 잡고 예산과 활동가 및 회원의 적정 인원도 적절하게 고정시키는 그런 운동이 얼마나 있는가? 서울시장 판공비 감시 시민운동, 도로 블럭 교체 반대 시민운동, 어린이 놀이터 안전 감시 운동 등 아주 작고 세분화된 주제를 물고 늘어지는 작은 규모의 시민운동이 별로 활성화되지 않는 것은 무슨 이유일까? 그러한 주제가 언론의 관심을 끌자마자 종합 운동 산하의 단체가 즉시 생겨나거나 혹은 그 밑으로 편입되는 일은 없을까? 이런 점에서 세분화된 구체적인 주제를 질기게 물고 늘어지는 운동, 예를 들어 '주한미군 범죄 근절 운동', '안티 조선 운동', '호주제 폐지 운동 연대' 등은 앞으로 지향해야 할 시민운동의 새로운 형식을 잘 보여준다. 거대 담론에 함몰되지 않으면서 구체적인 목표를 갖고 구체적인 사업을 해나가는 작은 운동에 대해서 '민족'과 '계급'의 이름으로 함부로 재단하는 일은 이제 사라져야 한다.

요즘 '연대'가 많이 얘기된다. 낙선 운동에서 보여준 시민 단체의 횡적 연결이 만들어낸 성과에 힘입은 주장이다. 더구나 정치 개혁 같은 거대한 변환을 위해서 시민 단체들의 개별적 약진만으로는 턱없이 부족하다는 지적은 타당하다. 하지만 '연대'를 말하기 이전에 우리는 그것을 해낼 수 있는 개별적 단체의 힘이 제대로 쌓였는지, 또 개별 단체의 개별적 특성과 문제 제기가 충실하게 이뤄지고 있는지를 물어야 한다. 운동 단체라서 무조건 단결해야 하고 보편적이고 거대한 문제 해결을 위해서 '어깨동무'해야 한다는 식의 논리는 상호 모순과 충돌 속에서 개별적 성과와 특성을 살려야 할 운동의 특수성을 해체 융합할 가능성을 안고 있다.

가령 최근에 일고 있는 '세계화' 반대 투쟁에 여성 운동, 환경 운동, 노동 운동 등의 '차이를 극복하여' 힘을 결집해야 한다는 식의 논리는 이런 점에서 위험하다. '세계화'라는 엄청난 거대 문제에 대해 도전하는 운동이 과연 어떤 의미를 갖고 있는가 하는 질문도 해볼 수 있다. 저항이 필요한가 혹은 가능한가를 여기서 따질 문제는 아니다. 그러나 그것에 대해 저항하기 위해서 한국 사회의 대부분의 시민 단체가 하나의 네트워크로 연결되어야 하는가? 사실 세계화에 대한 입장은 운동마다 다를 수 있다. 그리고 개별 운동은 저마다의 논리가 있어야 한다. 그것을 하나로 녹이려는 무리한 요구 속에서 오히려 각 운동의 특수한 아젠다와 관점이 무시될 수 있다. 아직도 우리에게는 '차이들 간의 공존' 보다는 '차이의 극복' 이 당연시되는 풍토가 지속되고 있다. 이런 관점에서 볼 때 우리에게 절실한 것은 사실 백가쟁명식의 다채로운 목소리와 다양한 크기, 형태, 구조, 철학을 갖고 있는 시민 단체의 활성화다. 이런 점에서 보면 최근에 논란이 되고 있는 안티 조선 운동은 여러 문제점에도 불구하고 거대 담론의 추상성과 그것으로부터 오는 관념성을 극복한 매우 구체적인 시민운동의 모습을 띠고 있다.

운동의 생산력주의의 문제는 조직의 끝없는 성장만을 추구함으로써 항상 만성적 재정 부담에 시달리게 되는 결과를 초래한다는 점이다. 결국 조직의 운영과 사업을 위해서 국가 및 기업에 손을 벌리게 되고, 그것은 조직의 자율성을 궁극적으로 해치고 외부 의존도를 강화하게 된다. 물론 시민운동이 공공성을 추구한다는 점에서 국가로부터 세금의 일부를 보조금으로 받는 것을 반대하지는 않는다. 민주적 정부하에서 그것은 시민 단체의 당연한 권리이며 그것을 통해서 국가 정책과의 불순한 타협이 이뤄지는 것도 아니다. 하지만 그것은 개개 회원들의 회비와 후원금에 의존한 소소한 사업을 상대적으로 경시하는 분위기를 조장하며 때로는 중앙 언론의 관심을 끌만한 '대형 프로젝트' 에만 매달리게 하는 문제를 발생시킨다. 자칫하면 주객이 전도되어 버린다.

'시민 없는 시민운동' 이라는 비판은 사실 열심히 희생적으로 노력해 온 활동가들의 입장에서 보면 억울하다. 그리고 그것은 시민과 운동을 분리시켜보려는 일부 세력의 교묘한 논리라는 말에도 일리가 있다. 하지만 거대 조직을 지향해 온 시민운동은 한편으로 준운동가적 시민들을 거둬서 나름대로 성공적인 운영을 함으로써 오히려 일반 시민들의 참여와 소그룹 중심의 작은 시민운동의 발전을 제한해 온 측면이 있다.

이분법적 진영 논리

　운동이란 어쩔 수 없이 구체적인 목표를 설정하고 그것을 이루기 위해 온갖 수단을 동원하며 그 과정에서 복잡한 설명을 몇 개의 추상적인 논리로 단순화할 수밖에 없다. 그렇지 않고서는 의의도 방향도 찾기 힘들다. 애매하고 복잡해서는 대중적인 호소력을 갖기도 어렵다. 그렇지만 시민운동이 때때로 보여주는 것은 '전선'에 대한 경직성과 획일주의다. '우리는 모두 공범이다'라는 식의 종교적 반성에 머물러서는 안 되겠지만 운동은 때로는 '적'과 '동지'를 쉽게 구분하는 오류를 범하기 쉽다. 가령 요즘 유행하는 '진지전'이라는 인식만 해도 그렇다. 그것을 '기동전'이라는 과거의 운동 전략으로부터의 발전이라는 차원에서 긍정적으로 평가하는 경향이 있다. 하지만 내가 보기에는 그러한 개념 사용 자체가 위험하다. 왜냐하면 그것은 이미 적과 동지 간의 구분을 선험적으로 전제하고 운동의 전략에 대한 의미만을 내포한 개념이기 때문이다. 운동에서 아직도 그런 식으로 피아를 구분해야 하는가? 혹은 할 수 있는가? 그리고 운동은 아직도 '전쟁'인가?

　한국 사회에서 오랜 세월을 통해 정착된 이분법적 논리는 강고하다. 시민운동은 과연 그런 논리로부터 자유로운가? 회색 지대를 인정하지 않고 '우리' 쪽이 선이고 도덕이며 '우리'를 넘어서는 쪽에 서 있는 사람들은 '악'이라는 인식은 많이 사라진 게 사실이다. 그럼에도 불구하고 여전히 어떤 특정한 입장에 서지 않는 사람들에게 편들기를 강요하려는 충동은 남아 있는 것처럼 보인다. 확실한 편들기 논쟁과 냉소적 글쓰기의 유행은 일면 우리 사회의 보신주의적 침묵의 정치 문화와 가식적 엄숙주의의 가면을 벗겨놓았다. 고도의 추상적 논리는 모든 상황을 포괄할 수 있지만 당면한 구체적인 과제에 대해 사실은 '무입장'을 취한다는 점에서 보수성을 띠기 쉽다. 세세한 사실 관계를 무시한 원론적 주장은 불성실성과 비겁한 '가치 중립'의 함정에 빠질 수 있다. 이런 차원에서 안티 조선 운동이나 『인물과사상』이 기여하고 있는 바가 크다. (월간 『인물과사상』을 중심으로 한 움직임은 넓은 의미에서 시민운동에 가깝다.) 나는 그것을 높게 평가하고 귀중하게 생각한다.

하지만 그것은 문제를 특수화, 개인화함으로써 오히려 구조적 인식과 해결을 어렵게 만드는 위험을 안고 있다. 구조적인 배경 및 원인에 대한 조망은 자칫하면 '개인'을 정치적 결정에 대한 책임으로부터 면제시킬 위험을 갖는다. 역으로 '개인'에 대한 지나친 천착은 어떤 문제의 역사적·사회적 측면을 간과하게 하고 시민의 의식을 '인격적 비판'의 수준에 머물게 할 가능성이 높다. 또한 복잡한 현실에 대한 복합적인 이해와 선택의 문제를, 지지하느냐 안 하느냐는 식의 단순한 문제로 축소할 위험도 있다. 어느 사회에서나 단순 논리는 대중성을 갖게 마련이고 따라서 그것은 자칫하면 선동성과 선정성에 기초한 '시끄러움'을 부러 추구하는 관성에 빠질 수 있다. 한국 정치 문화의 이분법적 진영 논리나 인격적 비판 문화에 이러한 운동 역시 빠져들고 있지는 않은가? 그것은 결국 매우 다양한 배경에서 다양한 사정으로 이런저런 입장을 취하는 단체나 개인을 표피적 비판, 도덕적 매도나 분노의 공간에 쉽게 노출시켜 버리는 결과를 가져왔다.

나는 집단 학살, 고문, 폭력, 인권 탄압의 가해자에게 관용을 베풀자는 주장을 하는 게 아니다. '죄'는 미워해도 '죄인'은 미워하지 말자는 얼토당토않은 논리를 펴는 것도 아니다. 다만 어떤 문제에 대해 우리와 입장을 달리하는 사람들에게도 최소한의 일정한 권리가 있다는 것을 인정하고 또 입장을 같이하는 사람들 사이에도 고려해야 할 여러 가지 복잡한 차이가 있다는 것을 볼 수 있는 마음을 가질 필요가 있다는 얘기다. 최근의 예로, 고려대 총학생회가 김영삼 전 대통령에 대해서 비판을 하는 것은 자유지만 그의 강연을 물리적으로 막은 것은 잘못이다. 그런데도 김영삼 씨의 행동을 조소하는 목소리만 컸지 그의 권리 침해에 대해 비판적인 입장을 밝힌 사설이나 시민운동은 없었다. (불행하게도 한 우익 신문만이 이 문제를 사설로 다루었다. 물론 이 위선적인 신문이 과거 어두운 시절 민주화운동과 관련한 강의·강연 권리 침해나 국가 공권력에 의한 일부 영화 상영 봉쇄에 대해서 사설을 썼더라면 하는 생각을 하지 않을 수 없다.) 나 역시 김씨의 최근 언행에 대해 매우 비판적인 입장을 갖고 있지만 그의 언론의 자유를 침해해도 좋다는 생각에는 동의할 수 없다. 입장이 다르다고, 극우라고 해서 그 권리가 무시된다면 우리 역시 만약 극우 세력이 고려대 학생회를 장악하는 날에는 자신이 정문 앞에서 저지당할 수 있다는 생각을 해봐야 한다. 만약에 우리가 이런 입장에 동의하게 되면 '베트남 전쟁과 한국군 파병에 관한 심포지엄'이 고엽제 전우회의 저지로 무산된 것에 대해서도 우리는 침묵해야 한다.

　물리적 행동만이 권리 침해는 아니다. 비판이 아닌 매도도 인격에 대한 도덕주의적 공격이라는 점에서 일종의 권리 침해다. 앞서의 예를 들어 세계화 반대 운동에 동참하지 않는 사람들에게 '자본에 대한 투항'이라는 딱지를 붙이거나 '반민중적' 입장이라고 규정하는 것도 마찬가지다. 양비론은 위험하다. 하지만 이것도 저것도 아닌 입장을 취하는 사람의 발언을 두고 그것이 '헷갈리는' 논리라거나 결국 그런 식의 애매모호한 입장이 문제의 '본질'을 못 보게 만든다고 반박하는 사람은 극우 논리도 똑같이 '애매모호함'에 대한 격분에 바탕하고 있다는 점을 곰곰이 생각해 봐야 한다.

'전선'이 절대적이지 않고 그 개념 자체가 문제가 있다고 한다면 '회색인' 혹은 '회색 지대'의 의의에 대해 좀더 생각해 봐야 한다. 어떤 주요한 문제가 제기되었다 하더라도 모든 시민운동 단체가 그 편에 설 수도 없고, 때로는 사안에 따라 어제까지 어깨동무했던 단체와 일시적으로 반대되는 입장에 설 수도 있다는 것을 서로 점점 인식하지 않으면 안 된다. 모든 중요한 문제에 연대 회의를 만들고 집단 성명서를 연명으로 발표하는 것만이 운동의 방법은 아니다.

우리 사회에서는, 특히 운동의 공간에서는 '회색'에 대해 매우 공격적인 충동이 존재한다. 그곳에 머물고 있는 개인을 어느 한 쪽으로 몰아버려 그의 '확실한' 색깔을 확인하고 싶어하는 욕망이 강하다. 한 개인이 어떤 결정이나 선택을 하는 데는 상상할 수 없는 수많은 이유와 변수가 작용한다. 따라서 그 사람이 어떤 특정한 행위를 했다는 이유만으로 어떤 추상적 이념이나 명분에 동조했다고 단정하는 것은 단순 논리다. 더구나 그 행위가 어떤 보이지 않는 세력에 의해 이용당하고 있다고 단정하는 것은 행위자의 수준과 사고의 폭을 지나치게 과소평가하는 독단적 '결례'가 아닐까?

안과 밖의 도덕주의

여기서 우리는 운동의 도덕성, 도덕주의에 대해 생각해 볼 필요가 있다. 한국 사회에서는 여러 이유로 사태에 대한 도덕주의적 입장이 승하다. 그것은 어떤 현상을 바라볼 때 인과관계를 과학적으로 따지고 그것을 현실의 조건 속에서 이해하기보다는 미리 선험적으로 전제된 추상적 도덕에 입각하여 판단하는 경향이 강하다는 뜻이다. 이러한 경향이 위험한 것은 도덕주의가 개인에 대한 절대적 기준을 요구함으로써 그것에 도달하지 못하거나 벗어나는 개인을 인격적으로 매도할 가능성 때문이다. 또한 이때의 도덕은 절대적인 자기 확신 속에서 그것을 동원하는 자의 도덕성을 절대화하는 경향을 갖는다. 따라서 그것은 대상에게 매우 획일주의적 압박을 가한다. 시민운동에 대한 도덕성 논란에서 사람들이 쉽게 가정하는 것은, 시민운동가들은 더 높은 도덕적 기준을 충족해야 한다는 것이다. 물론 부정의와 부패, 부실에 대항하는 운동에 있어서 도덕적 일관성은 어느 정도 필요할지 모른다. 그러나 도덕주의적 입장에 서 있는 사람들은 그 수위를 지나치게 높임으로써 시민운동가에 대한 비난의 공간을 이미 만들어놓게 된다.

도덕이란 무엇인가? 그것은 한 사회에서 통념적으로 받아들여지는 상식이지만 한편으로는 문화적 헤게모니에 기초한 편향적 기준이기도 하다. 따라서 도덕주의적 기준을 수용하는 것은 자칫 억압적 문화에 대한 자발적 동의를 통해서 운동의 근본적 성격을 미리부터 제한하는 결과를 빚을 가능성이 높다. 그것은 정치경제에 대해 매우 진보적인 생각을 갖고 있으면서도 그것이 인식 체계 전반에 대한 성찰로 이어지지 않은 상태에서 무반성적으로 문화적 코드를 수용한 결과다. 특히 사생활에 관련된 도덕주의적 재단은 취향과 선택의 다양성을 제약하는 결과를 가져온다. 사생활과 공적인 활동 간의 구분은 도덕주의에서 받아들여지지 않기 때문이다.

가령 어떤 '죄'를 범한 운동가를 유죄 판결이 나기도 전에 성급하게 제명하는 일은 바로 이런 도덕주의적 접근에서 나온다. 그것은 부당한 결정일 뿐더러 도덕적 비난의 대상이 된 사람에게 자기 변호의 기회도 주지 않고 그를 잘라냄으로써 조직의 보호를 꾀하는 매우 비인간적인 행위다. 물론 그러한 문제를 운동의 '대의'에 비추어 '사소한 것'으로 축소하거나 덮어두려는 발상은 잘못이다. 그것을 통해서 조직은 도덕적 비난으로부터 자신을 보호하는 한편 바로 그 과정을 통해서 사회의 잘못된 통념은 오히려 강화될 수 있다. 마치 그것은 개인의 잘못일 뿐 조직은 전혀 관계가 없다는 식이다. 설사 어떤 운동가가 도덕적 오류 및 죄를 범했다 할지라도 그것이 운동의 목적과 논리에 직접적으로, 치명적으로 위배되는 것이 아니라면 반성과 자기 처벌의 시간을 통해서 운동에 복귀할 수 있어야 한다. 그것이 단순히 도덕적 문제에서 끝나는 게 아니라 정당한 실정법의 위반이면 그만큼의 처벌을 받으면 된다. 모든 죄는 바로 그만큼의 비난과 처벌을 요구한다. 그러나 한국 사회에서는 잘못의 경중은 가려지지 않으며 한 순간의 도덕적 실수가 생매장의 근거로 돌변하는 경우가 적지 않다. 이 점에서는 시민운동을 바라보는 외부의 시각이나 내부의 논리가 유사하다. 따라서 이러한 분위기는 시민 단체의 대중운동에도 그대로 반영된다.

사생활과 공적 활동 간의 구분이 엄정하게 지켜지지 않고 비판의 대상이 되는 개인의 인격이 존중되지 않는 경우도 발생한다. 낙선 운동은 많은 성과에도 불구하고 이런 문제점을 드러냈다. 특히 낙선 운동의 표적이 된 정치인들에 내한 비판에 있어서도 그들의 사생활을 침해하거나 그들을 인격적으로 모욕하는 일은 피해야 했을 것이다. 한 예로 그들이 낙선될 때 한 명 한 명의 이름 옆에 빨간 리본을 달아주며 환호했던 것은 지나친 행위로 보인다.

'모두가 내 탓이오'를 외치면서 도덕적 상대주의나 허무주의에 매몰되자는 뜻은 아니다. '죄 없는 자만이 이 여인에게 돌을 던져라'는 식의 논리로 모든 비판의 정당성을 부정하려는 것도 아니다. 다만 모두가 도덕적 결함을 지닌 존재로서, 또 그러한 오류를 범할 가능성이 있는 존재로서의 자신을 겸허하게 인식하는 게 중요하다는 주장이다. 왜냐하면 (특히 '사생활'의 측면에서) 도덕적 기준이란 항상 바뀔 수 있고, 오늘의 심판자가 내일의 죄인이 될 수 있기 때문이다. (물론 타인의 권리나 이익을 의도적으로 침해하는 범죄에 대한 비판은 엄격하고 냉정해야 한다. 비판의 주체가 인격적으로 불완전하다는 이유만으로 비판의 대상에게 비판을 할 자격이 없다는 식의 논리는 자칫하면 사회적 부패와 범죄의 행위자에게 면죄부를 줄 가능성이 높다.) 이런 차원에서 시민운동은 도덕에 대해 좀더 열린 관점을 발전시키고 공적 활동과 사생활 간의 분리를 꾀할 필요가 있다.

국가 중심적 사고와 시민사회의 자율성

시민사회의 취약성은 국가 중심적 구조와 사고에 뿌리를 두고 있다. 국가 권력 및 폭력으로 생겨나는 정치경제적 문제에 집중하다 보니 시민운동은 항상 국가와 대면하는 상황에 놓이게 되었다. 모든 문제를 국가와의 협상, 대화, 충돌을 통해서 해결하는 관성이 생겨났다. 사실 그것은 현실, 즉 국가주의적 개입이 당연시되고 요구되는 우리의 제도와 문화의 반영이다. 하지만 이런 국가 중심적 운동은 결국 풀뿌리 시민사회의 문제를 옆으로 밀어놓는 경향을 갖는다. 운동을 통해서 강화되는 것은 오히려 국가의 적극적 개입이며 정당성이다.

사회의 변화에서 가장 핵심적인 것은 의식의 변화이고 그것은 매우 장기적이고 일상적인 차원에서 일어난다. 문화적인 변화 없는 제도와 정책의 변화가 얼마나 공허한 것인가는 두말할 필요 없다. 물론 여기서 나는 국가 해체나 시장 지배의 사회를 주장하는 것은 아니다. 국가의 무개입은 오히려 시장의 횡포와 자본의 지배를 강화할 수 있는 위험이 크다. 그러나 그것을 막으면서도 장기적으로는 국가 개입의 최소화와 시민사회와 개인의 자율권 확대, 전지구적 시민사회 형성을 지향하는 국제 연대 강화의 방향으로 나아가지 않으면 안 된다. (이 글에서는 다루지 못하지만 한국 시민운동의 국제 연대에 대한 관심은 원론적, 초보적이며 '외교 역량' 은 서구나 제3세계에 비해 볼 때 한참 떨어진다. '외교'에 대한 '민중'적, '민족'적 저항감과 편견이 국제 연대 활동의 발전을 가로막고 있지는 않은가 하는 반성이 요구된다. 한국 관련 국제 연대 운동은 다른 제3세계 운동과 비교하면 몇 십 년 뒤져 있다고 해도 과언이 아니다.) 국가 중심적 시민운동이 갖고 있는 또 하나의 위험은 그것이 결국 국가 권력에 대한 집착 때문에, 저항이건 동조이건 간에, 자칫하면 '권력 지향적'인 성격을 발전시킬 가능성이다. 물론 권력 지향적인 인간은 현대 정치 사회에서 필요하고, 또 정치인 충원 과정과 제도의 틀이 잡히지 않은 한국의 조건에서 시민운동가의 정치 제도권 진출은 비난받을 만한 것이 아니다. 아무리 기성 정치권에 오염된다고 해도 시민운동 출신의 정치인이 보여주는 차별성이 있을 것으로 기대하기 때문이다. 그러나 여전히 그러한 연계는 시민운동의 탈정파적 성격을 의심하게 하고 상징적 도덕성을 상실케 할 위험을 내포한다. 더구나 권력 지향적 논리는 자칫하면 시민운동의 활동과 조직 구조를 비운동적인 것으로 변환시킬 수 있는 가능성이 있다.

이런 점에서 보면 안티 조선 운동은 나름대로의 새로운 방향을 이미 예고하는 운동이다. 그것의 타겟은 국가가 아니며 『조선일보』 반대를 통해서 권력에 도달하기란 애초에 불가능하기 때문이다. (물론 엉뚱하게도 안티 조선 운동을 '국민의 정부'를 돕겠다는 '불순한' 목적에서 출발한 것이라고 의심하는 사람들도 있다.) 국가에게 어떤 결정을 요구하고 청원하는 운동이 아니고 어떤 의미에서는 시민사회 안의 문제를 시민의 자발적 힘으로 해결하려는 성격을 갖는다. 물론 그것은 때로는 지식인 및 활동가 집단을 오로지 한 가지 기준에 의거해서 지나치게 이분법적으로 나누고 비판하는 문제점을 드러내기도 한다. 그러나 일부 논자들이 얘기하는 것과는 달리, 안티 조선 운동이 국가에게 『조선일보』 폐간을 요청한 적이 없다. 독자 및 지식인들에게 구독 거부 및 투고 거부 운동을 설득하고 있을 뿐이다. (물론 안티 조선의 언론 자유와 마찬가지로 『조선일보』 측의 언론 자유도, 과거에 '자유민주주의'를 외친 적이 드물었다는 섭섭함 혹은 분노에도 불구하고, 보장되어야 하는 게 당연하다.)

하지만 아직도 시민사회 안의 다른 수많은 모순과 부패, 탈법적 억압은 대체로 시민운동의 중요 아젠다에서 밀려나 있다. 국가의 법, 제도, 정책을 고치는 일은 중요하다. 시민사회 안의 문제가 국가 권력과 밀접한 연관 관계를 갖고 있다는 점을 무시할 수는 없다. 하지만 사안에 따라서 우리는 사회 안의 '비(非)국가적' 권력의 자의적 횡포와 억압이 개인의 행복과 존엄성을 훼손한다는 관점을 잃어서는 안 된다. 시민운동의 목표는 해결사로서의 국가에 대한 믿음을 강화하는 데 있는 게 아니라 국가를 개인의 행복과 자유를 침해하지 않는 최소 개입의 존재로 바꿔나가며 시민 자율적 테두리를 만드는 데 있다.

운동 조직의 가부장적 정서와 질서

1980년대의 민중 지향적·민족 지향적 사고 속에서 범람했던 여성주의에 대해 굽어내려보는 태도, 여성 문제를 거대 문제의 '부문'적인 것, 혹은 '그 날'이 온 뒤에야 해결해야 할 과제로 보는 관점은 분명 퇴색한 것처럼 보인다. 그러나 여전히 젠더 문제에 대한 시민운동의 의식은 불충분하다. 전체 운동의 큰 목적과 명분 아래 젠더 문제는 은폐되고 뒷전으로 밀려나는 경향은 여전하다. 얼마 전의 성추행 사건으로 드러난 현실의 일각에 비추어볼 때, 내부에서의 차별 문제는 대체로 조직 보존 논리에 의하여 핵심적 의제로 제기되는 길을 봉쇄당한 측면이 있었다.

물론 시민운동에서 여성 운동이 차지하는 비중은 상당히 커졌으며 활동가 및 회원 구성에 있어 여성 비율은 날로 높아지고 있다. 하지만 여성 문제를 전문적으로 담당하는 시민운동을 제외하면 여성의 역할은 여전히 보조적이다. 단체를 대외적으로 대표하고 최종적인 결정권을 가진 활동가는 남성이고 여성은 대체로 '부' 가 붙은 직책에 머물러 있다. 실무적이고 접대적 성격이 강한 일은 아직도 여성의 영역으로 당연시되는 경향도 있다. 그리고 조직 내부에서 '여성' 의 목소리는 '단결' 과 '조직 발전' 의 명분 속에 묻혀버리는 경향이 있다. 젠더 차별 문제에 대한 여러 이론과 입장이 있을 수 있다. 하지만 한국 사회에서의 전근대적 성차별 및 성별 간 위계질서 문화의 강고함에 비추어 볼 때 대외적 여성 운동뿐만 아니라 모든 영역에서 여성의 '특수한' , 그러나 결국 보편적인 목소리가 표출되는 것은 매우 중요하다. 환경 운동이건 정치 개혁 운동이건 그것이 진정한 변화로 이어지기 위해서는 각 부문에서의 여성의 관점과 힘이 반영되지 않으면 안 된다. 내적 가부장성은 반드시 외부 활동에서 성적 위계질서의 재생산으로 이어지기 때문이다. 기칭한 외부 사업의 싱공보다도 내부 운영과 정치에서 뿌리 깊은 성차별 관행을, 지리멸렬한 토론과 분위기를 가라앉히는 내부 혼란을 감수하고서라도, 점진적으로 변화시켜 나가려는 노력이야말로 시민운동의 미래를 좌우하는 관건이라는 인식이 요구된다.

따라서 일종의 여성 당파적 모임이나 문제 제기가 모든 시민운동 단체에서 활성화될 필요가 있다. 개개 단체 내부에서 혹은 단체를 가로지르는 연대적 모임을 통해서 당분간은 여성 회원 혹은 여성 활동가들만의 논의와 의견 집약이 요구된다. 물론 그것은 고립주의나 분파로 해석될 수 있으며, 여태껏 그래왔듯이 '사소한' 문제로 '자중지란' 을 일으킨다는 내외의 비난에 직면할 가능성이 있다. 하지만 젠더 차별 문제를 별도의 모임이나 하부 조직 없이 일반적인 차원에서 해결하려는 노력은 자기 만족적 탁상 공론이나 계몽주의적 안내에 그칠 위험이 크다. 따라서 여성들만의 '분파'는 필수적이다. 물론 여성 활동가들은 이러한 노력에 있어 오류나 문제 제기를 할 때 앞서 얘기한 이분법적 논리나 도덕주의적 재단의 위험에 빠져들지 않도록 신중해야 하며, 운동 단체나 리더급 활동가들은 가부장적인 사고의 표출이나 성차별적인 언행 및 관행에 대한 문제 제기를 '내부의 문제' 혹은 '사소한 문제'로 덮어두려는 유혹에서 벗어나야 한다.

남은 이야기

나는 이 글을 통해, 서두에서 말한 시민운동에 대한 여러 관점 중 세 번째 입장에 서서 시민운동과 그것을 둘러싼 논쟁에 대해 몇 가지 고언을 해 보았다. 나는 한국 사회에서 운동하는 사람들의 말 못할 고충과 자기 희생에 민감한 편이다. 길고 불규칙적인 노동 시간, 용돈 수준의 불안정한 급여, 빛나지 않고 한없는 실무적인 일들, 막막하기만 한 사회적 방어벽, 주변의 무관심과 어설픈 비판이 얼마나 시민운동에 헌신하고 있는 사람들에게 고통과 회의를 가져다주는지를 항상 생각한다. 특히 사회적 자본망을 통해 유지되는 '연줄' 중심 문화와 구체적인 비판을 꺼리는 '두루뭉실' 문화 속에서, 정치에 대한 과잉 관심과 과소 참여가 혼재하는 문화와 제도 속에서, 시민운동의 치열한 비판성과 뚜렷한 '편들기' 입장은 참으로 필요한 것이고 정당하다. 따라서 그것에 대해 부러 거리를 두며 일종의 비판적 얘기를 하는 것은 참으로 어렵고 조심스러운 일이다. 현재는 아웃사이더이기 때문에 더욱 그렇다.

원래 아웃사이더는 현실의 조건을 무시하는 공론과 당위론을 펼치기 쉽고, 날카로운 비판에는 적극적이지만 그것이 현실에서 실천되는 데는 수

많은 난관이 있다는 것을 무시하기 쉬운 '무책임한' 이상주의자의 위치에
놓이기 쉽다. 나는 내 위치를 정확히 알고 있다고 생각하기 때문에 내 비
판이 인사이더인 참여자들에게 어떤 의미를 갖게 될 것인가를 고려하지
않을 수 없었다. 더구나 나는 운동이 여러 사소한 문제에도 불구하고 대체
로 바른 방향으로 나아가고 있다고 보고 있으며 시민운동의 역량이나 철
학에 대해 긍정적으로 평가한다. 그러나 긍정적인 면을 이 짧은 글에서 거
론한다는 것은 지면의 낭비다. 여기서는 현재 시민운동이 드러내고 있는
몇 가지 주요 문제점을 논의했을 뿐이다. 시민운동의 철학, 이념, 방법론,
조직론, 대중운동론 등에 대한 체계적인 분석은 애당초 이 글의 목표와 범
위를 벗어난다. 내 글은 시민운동 자체에 대한 무슨 근본적 문제 제기라기
보다는 현재 아웃사이더 지식인으로서의 관찰을 토대로 한 몇 가지 세세
한 비판적 조언일 뿐이다. 이런 고언을 토대로 시민사회 및 시민운동에 대
해, 별로 주목받지 못하는 관점과 의견을 포괄하며, 깊이 있고 열려 있는
논의기 앞으로 더 활성화되기를 바란다.

진보 남성은 여성주의에게 말 걸고 있는가?

젠더, 진보, 남성 지식인

1

21세기 한국 사회에서 '젠더'는 공론의 장에서 파열음을 내는 매우 논쟁적인 주제가 되었다. 여성부가 생기고 성폭력과 성희롱을 처벌하는 법률이 자리잡았으며 '우먼 파워'의 급격한 신장에 감탄하는 기사가 연일 언론에 보도된다. 하지만 여성주의 프로젝트가 날로 늘어나고 발전하면서, 여성 지식인 및 활동가들의 목소리가 커지고 독립적이 되면서, 그만큼 그것에 불편해하는 목소리도 늘어나고 있다. 술자리에서, 뒷골목에서, 중계되지 않고 기록되지 않는 공식·비공식 세미나에서 여전히 남자들은 여성주의 의제에 대해, 그 논리와 정서에 대해 불편함을 토로한다.[1] 물론 남자 진보

---

1) 개인적인 기억을 더듬어본다면, 아주 오래 전 1970년대 중반 내가 다니던 대학의 신문에 「여성해방운동 서설」이라는 글을 쓴 적이 있다. 군대 가기 전에 발표한 이 글 때문에 나는 사석에서 대다수 (남성) 친구들로부터 조롱을 받거나 비난을 받았다. 나중에 노동운동가가 되었던, 내가 존경하는 한 친구는 "너 요즘 정말 이상해졌더라!"라고 하면서 어깨를 툭 치고 지나갔다. 물론 당시는, '젠더'는 전혀 문제가 되는 세상이 아니었기 때문에 공론의 장에서 어떤 논쟁이 일어나지는 않았다. 그것은 그냥 지나가는 '사소한' 문제 중 하나였을 뿐이다. 넓은 의미에서 '운동권' 학생들은 기껏해야 그러한 문제 제기가 사치스러운 것이고 반독재 투쟁의 초점을 흐리게 만든다는 비판을 사석에서 제기했다.

지식인들의 여성주의에 대한 불편함은 호주제 폐지를 적극적으로 반대하고 여성할당제나 군 가산점 폐지에 대해 폭력적으로 공격하는 우파 '마초'들의 적대감과는 차원이 다르다. 그것을 뭉뚱그려 '남자는 할 수 없어!'라고 얘기하는 것은 전략적으로도 정치·윤리적으로도 적절하지 못하다.

하지만 남자 진보 지식인들은 여전히 '여성주의'를 삐딱한 시선으로 쳐다보며 거리를 둔다. 적극적인 수용은 먼 나라 얘기다. '성차별'이란 비난, '남성 우월주의자'라는 비판을 비껴가기 위해서 여성주의자들이 자신들 모임의 한구석에 끼어드는 것을 '성평등'의 이름으로 권장하고 있을 뿐이다. (여성이 엇비슷한 수를 누리거나 혹은 여성이 다수가 되는 게 적어도 '진보'의 공간과 조직에서는 더 잦아야 하지 않을까?) "나는 페미니스트는 아니지만 성차별에는 반대한다", 혹은 "나는 성차별에는 반대하지만 페미니스트는 아니다"라는 식의 입장은 남성 지식인에게 매우 일반적이다. 이런 담론에는 뭔가 여성주의를 불편해하는 남성 중심적 정서가 숨겨져 있다.[2]

마초들의 공격이야 그렇다 치고 진보 '안'에서노 이러한 경향이 잦아지는 것은 우려할 만한 일이다.[3] 또 그런 사례가 급격하게 늘고 있다. 물론 나는 이분들이, 뒤에 숨어서 여성주의자에 대한 험담을 늘어놓거나 사석

---

2) 최근 『한겨레』 2003년 5월 27일자 '왜냐면'에 실린 곽순근 씨(연세대 법대 헌법 담당 강사)의 당당한 발언은 이런 경향의 서곡일까? "몸을 팔아서라도 책을 사봐야 된다"라는 말이 여성학적으로 뭐가 잘못되었냐고 당당하게 따지는 오만한 발언에서 할 말을 잃었다. 그 글은 이미 두 사람에 의해 같은 지면에서 반박되었지만 나는 그 글의 문체, 즉 전혀 반성·성찰하지 않고, 조심스럽게 말 걸지 않고 일방적으로 선언하는 방식에서 폭력을 느낀다.
3) 그 중에서도 좌파를 자처하는 김규항 씨와 미 제국주의에 대해 매우 비판적인 입장을 보이는 손석춘 씨의 최근 발언은 이러한 목소리의 당당한 표현이다. (김씨는 『씨네21』의 고정 필자로서 되돌아왔고, 손씨가 『한겨레』 신문의 논설위원이라는 점은 많은 것을 시사한다.) 원래 『아웃사이더』에 실렸던 이 글은 주로 손씨의 온라인 칼럼 'R통신'에 실린 「반여성주의자의 진실」, 「배부른 좌파의 여성모독?」 등 몇 개의 글과 「고은광순과 손석춘 대담— '페미니스트가 맑시스트를 만나다'」(『여성신문』 2003년 제718호)에서의 발언에 대한 비판이었지만 여기서는 그런 구체적인 인용과 비판을 잘라냈다. 자칫하면 이러한 비판이 한 특정 개인에 대한 비판으로 국한될 위험이 있기 때문이다. 이 글에서는 진보 남성 일반이 갖고 있는 젠더에 대한 이데올로기적 태도에 대한 비판을 부각시키려 한다.

에서만 불만을 터뜨리는 ‘마초’ 혹은 ‘진보’ 남성 지식인에 비해 솔직하다고 생각한다. 그리고 또한 이런 ‘진보적인’ 지식인들이 다른 영역에서 묵묵히 해나가고 있는 지적·실천적 작업은 여전히 존중받아 마땅하다고 생각한다. 따라서 여기에서의 문제 제기가 다른 영역에서의 그들 작업의 의미를 무화할 가능성에 대해 염려하지 않을 수 없다. (나는 어떤 사람이 A라는 기준에서 문제가 있기 때문에 B를 기준으로 하는 공간에서의 활동도 무의미하다거나 사기라고 주장하는 총체주의적 사고에는 반대한다. 구체적으로 어떤 남성 지식인 혹은 활동가가 ‘성 인지적’ 관점을 결여하고 있다고 해서 그의 다른 분야에서의 활동에 진정성이 없다거나 그것이 ‘허위’라고 단정할 수만은 없다.) ‘우리 안의 불필요한 자중지란’이라는 식의 우려는 시대착오적이지만 ‘진보 남성’에 대한 문제 제기가 『조선일보』 등 극우 수구 세력의 진보 공격을 보조하는 방식으로 동원될 수 있는 위험에 대해서는 주의할 필요가 있다.

2

나는 작년 어떤 좌담에서 한국 남성을 이렇게 분류한 적이 있다.

“저는 평소에 생각하기에 아마 한국 사회에 여성과 대비시켜서 네 가지 부류의 남성 집단이 있다고 생각하는데 하나는 아주 노골적인 마초구요, 두 번째는 자신이 ‘성차별적이다’라고 생각하지 않는데 실제로 행동은 그렇게 하는 사람들이죠. 노골적으로 ‘성차별주의자다, 여자 싫다’라고 하는 것은 아닌데 자연스럽게 그 문화 속에서 성차별적 언행을 하는 그런 남성들이 있을 것 같아요. 세 번째로는 성차별도 반대하고, 여성학 개론도 읽었는데, 여성주의 싫다고 생각하고 그 이유를 굉장히 논리적으로 대지만 자기가 몸담고 있는 가부장적인 정서나 세계관에서 사실은 벗어나지 못하고 있으면서 고도의 논리로 그것을 위장한 그런 부류가 있구요. 아마 이 세 부류가 대다수일 것 같습니다. 네 번째는 아무래도 젊은 세대 속에서 싹트고 있는 남자 페미니스트들이죠."[4]

내가 보기에 가장 위험하고 경계해야 할 남자들이 세 번째다. 왜냐하면 이들은 페미니즘의 논리를 본인들이 잘 안다고 확신하고 그런 언어를 적절하게 활용하면서 여성주의를 비판하기 때문이다. 이들 남자들은 페미니즘이 적어도 공론의 장에서 '보편적'인 정치학이며, 그것을 거스르는 것은 '성차별'이라는 낙인을 받는 것이 대세인 상황을 너무도 잘 안다. 그래서 이들은 페미니즘을 아주 우회적으로 비판하는 방법을 발전시키고 있다. 흥미로운 것은 이들의 논리가 놀라울 정도로 유사하다는 점이다. 나는 월간 『말』의 「남성 깨기」 칼럼에서 일부 남자 진보 지식인들의 논리를 비판하면서 그것을 다음과 같이 정리한 적이 있다.[5]

1) 페미니즘을 구분해서 얘기한다. 주류와 비주류, 착한 여자와 나쁜 여자, 중산층과 노동 계급. 이런 차이들을 강조하면서 '일부' 페미니즘을 비판한다. 특히 '일부'는 이기심과 쾌락 등의 이미지와 동일시한다.

2) 페미니즘을 성적 방종 및 일탈과 연계한다.

3) 자신은 물론 여성주의에 우호적이며 성차별에 적극적으로 반대함을 강조한다.

4) 계급, 때로는 민족을 강조한다. 이 경우 물론 자신들은 계급의식이

---

4) 「한국의 남자」, 『전통과 현대』 2002년 가을호.
5) 「남성 깨기 6 —그 남자들이 페미니즘을 거부하는 108가지 이유」, 월간 『말』 2002년 6월호. 2)번은 원래 없던 것인데 여기서 추가했다.

투철한 사람으로 전제된다.

　4) 여성주의 의제가 더 중요하고 본질적인 다른 의제의 하위 단위임을 강조한다.

　5) 여성주의를 보편적 인간 해방과 대치시킨다.

　진보 남성들의 문제는 대다수 남성 지식인들이 전혀 성찰하지 못하고 있는 자신 안의 '남성 중심주의' 경향에서 비롯된다. 여기서 남자 진보 지식인들의 전형적인 문제가 드러난다. 나는 여기서 남자 진보 지식인의 '여성주의'에 대한 사유 체계를 비판해 보려 한다.

　1) 일단 이들은 페미니즘에 대해서 우호적이라든가 자신이 여성운동에 대해 이해하고 긍정한다는 입장을 취한다. 하지만 그렇다면 왜 그들이 대부분 페미니스트로부터 비판을 받는가는 생각해 봐야 하지 않을까? 그것을 무시하고 자신의 '우호성'을 무슨 근거로 내세울 수 있을까? 모든 페미니스트가 그들 텍스트에서 손쉽게 읽어낼 수 있는 것은 매우 남성 중심적인 논리다. 젠더 의식이 부족해서 자신도 모르게 가부장적 논리와 정서에 젖어 있다는 것은 한눈에 알 수 있다. 그만큼 자기 성찰이 부족한지도 모르고 그래서 자신만 무엇이 문제인지를 모르는 상태에 있는 것처럼 보인다. 노예-주인 관계에서 주인에 속하는 사람이 "나는 노예 폐지론자인데 그걸 노예들이 알아주지 않는다"고 발언하는 것은 어떤 의미를 갖는가?

　이런 논리를 갖고서는 '착한 여자'를 여전히 그리워하고 그것을 악한 여자, 못된 여자와 구분하는 이분법이 뭐가 잘못인지 알기 어려울지도 모른다. 여성주의를 이해하고 그것에 우호적인 사람이라면 과연 '착한 여자'를 옹호할 수 있을까? 페미니스트들이 왜 '착함'과 '헌신'을 비판하는지 제대로 이해하고 있는가? 진정한 착한 여자와 이데올로기적으로 착한 여자를 어떻게 구분할까? 여자가 남성 중심적 세계에서 이탈하는 방법 중의 하나가 '이기적인', '나쁜' 여자가 되는 길이라는 점을 이해하고 있는가?

착함 그 자체는 문제가 아니다. 다만 특정 사회에서 '누구를 위해 누구에게 어떤 착함을 요구하는가'가 질문되어야 한다. 여자에게 의미되는 '착함'은 가부장제에 이의를 달지 않는 '침묵과 복종'의 동의어이다. 가부장제는 여자들을 지배하면서 동시에 여자들로 하여금 그 체제에 이의를 달지 못하게 하는 '착한 여자 콤플렉스'라는 안전 보조 장치까지 달고 있다는 소리이다. 도덕, 윤리, 착함이 어떤 범주의 인간에게는 '봉사를 받는 것'과 동의어이지만, 어떤 범주의 인간에게는 '일방적 봉사를 하는 것'과 동의어이다. 성별에 따라 '개념 분업'이 이루어지고 있다는 사실은 기표와 기의의 임의적 관계라는 개념을 굳이 끌고 오지 않더라도 일상에서 흔히 부딪힐 수 있는 사실들이다. 착함은 사라지지 않는다. 다만 시대와 공간에 따라서 다르게 정의되며 변화해 왔을 뿐이나. 따라서 지금 할 일은, 착함이 사라지고 있다는 사실에 대한 '한탄'이 아니라, 착함의 정의가 구성된 방식에 대한 '질문'이다.

2) 항상 계급 문제를 여성주의자에게 제기하고 여성들의 몰계급성에 대해 비판하는 것은 진보적 남성 지식인들의 전형적인 사유 방식이다. 여성들, 여성운동은 항상 '부르주아지', '사치', '유한', '중산층'의 혐의를 자동적으로 받는다.

계급을 중시하는 사람들의 입장에서 이러한 비판은 당연한 것처럼 보인다. 여성주의는 성역이 아니다. 따라서 어떤 다른 관점에서의 비판은 자유며 권리다. 하지만 이런 논리에 계급과 여성에 대해 고민하는 자세보다는 계급을 무기로 여성주의의 의제를 핵심에서 밀어내려는 의식적/무의식적 의도가 엿보이는 것은 나만의 착각일까? 여성주의에 대한 비판에서 '중산층', '부르주아', '성적 쾌락' 등의 단어가 빠지지 않는 것은 이런 배경에서 나오는 것은 아닌가?

여러 형태의 페미니즘이 있을 수 있다. 마르크스주의 페미니즘, 자유주의 페미니즘 등 말이다. 여성주의 개론서를 한 권이라도 읽어본 사람이면 쉽게 알 수 있다. 그러나 그것은 계급과 성의 관계에 대한 고민이지 계급이 더 중요하다든가 혹은 계급을 명분으로 여성의 의제성을 현실로부터 밀어내려는 남성주의 전략과는 전혀 다른 차원의 논의다. 진보 남자들은 '계급' 혹은 '민족'을 앞세워서 여성주의자들을 '평범한 여성'과 분리시킴으로써 페미니즘을 비판하는 경향이 있다. 그렇다면 이렇게 물을 수 있다. 진보 남자들은 '노동자 맑시스트', '페미니스트 민족주의자'인가? 그것에는 동조하는가? '중산층 맑시즘', '중산층 민족주의'에 대한 비판은 왜 그렇게도 없는가? 내 비판을 다시 인용한다.

"남자에 비교해서 볼 때 여성은 하나의 계급이기도 하다. 같은 계급 내에서도 남성에 비해 여성은 억압당하는 자다. 억압당하는 여성이 지식인, 부르주아, 연예인, 혹은 장관이라서 해서 그 억압을 외면하거나 '사소한 것', '배부른 것'으로 규정할 수 있을까? 어떠한 억압도 다른 억압에 우선하거나 더 중요하지 않다. 그 당사자에게는 다른 어떤 사람의 억압과도 절대로 경중을 비교할 수 없는 '고유한 억압의 경험'이다. 도대체 누가 누구에게 억압에 순서와 위계를 정할 수 있는 권위를 부여했는가?"[6]

---

6) 「남성 깨기 16 ─ 우리는 혹 '여성혐오증' 환자가 아닐까?」, 월간 『말』 2003년 5월호.

자신을 노동자 혹은 노동 계급의 편으로 자처함으로써 자신에게 자동적으로 존재론적 정당성을 부여하고 그것을 무기로 잘사는 여성에 대해 비판을 시도하는 방식은 말 걸기가 아니라 매우 자아도취적인 언설이다. 멜로 연속극에서 흔히 보는, 가난한 남성이 부잣집 딸을 계몽하고 비판하는 도식과 뭐가 다를까? 흥미로운 것은 이들이 유달리 관심을 갖는 여성은 '프롤레타리아 여성'이라는 점이다. 유별나게 '무학력', '저학력'의 가난한 여성에게는 관심을 보이는 현상에서 여성에 대한 진정한 관심을 읽을 수 있는가? 그것보다는 '민중'에 대한 관심이 앞서고 (그것도 사실 애매하지만) 또한 그것을 앞세워 '여성'을 위축시키려는 무의식적 전략이 보인다. 거기에는 또다시 여성을 지배하고 통제하려는 남성적 욕망이 숨어 있는 것은 아닐까? 왜 '노동자와 여성'이라는 이상한 대조적 언어가 생겨나는 것일까? 노동자가 남성과 동의어는 아니다. 왜 계급은 남자와 동일시되고 여성은 계급과 분리되어 버리는 것일까?

사실 남자 진보 지식인들이 계급 혹은 민족을 앞세워 무언가 '계몽'을 하려는 욕망에는 기본적으로 여자들이 자기를 설명하는 '언어'를 갖는다는 것에 대한 무의식적 공포와 분노, 적대감이 깔려 있는지 모른다. 기본적으로 '남자됨'을 가능케 하는 메커니즘은 언어 없는, 비역사적인 타자의 존재를 통해서만 성립되기 때문이다. 그런데 페미니즘의 가장 근본적 아이디어는 여성에게 언어를 만들어주고 비역사화된 육체 덩어리로서의 여성을 역사 내에 편입시키는 작업이다.

남자 지식인들은 정확하게 그 핵심을 파악하고 있는 셈이 아닐까? 자신의 주체됨을 가능케 했던 타자들이 언어를 갖기 시작하고 발화를 시작했을 때, 더 이상 자신들의 정체성을 안전하게 보장했던 그 세계는 그 세계일 수 없다는 것을 거의 본능적으로 감지한 것이 아닐까? 그래서 여자들이 만들기 시작한 언어 자체를 무화시키고 싶어하는 그런 욕망이, 계급 · 민족을 앞세워 젠더를 덜 중요한 것으로, 즉 자신들의 남자됨을 가능하게 할 또 다른 타자성으로서 젠더를 어떤 '임계' 영역으로 몰아내려는 그런 욕망이 남자 진보 지식인의 내부에서 타오르고 있는 것이다.[7]

3) 가장 교묘한 여성주의 공격은 '페미니즘을 가장한' 여성들을 비판하는 방법이다. 이렇게 함으로써 페미니즘에 정면 공격을 하지 않으면서 사실은 그들을 넌지시 공격할 수 있는 발판을 얻을 수 있기 때문이다. 내가 비판한 것은 페미니즘이 아니라 그것을 가장한 여성이라고 답변하면 할 말이 없어지기 때문이다. 그리고 그 '가짜 페미니즘'에 대한 비판은 대체로 여성들의 성적 쾌락 추구에 대한 비판으로 이어진다.

물론 중산층 여성들의 성적 쾌락 추구를 비판할 권리는 누구에게나 있다. 반대로, 성관계를 생식 기능에 한정시키는 성도덕주의에서 벗어난 성 쾌락 추구의 권리도 누구에게나 있다. 하지만 현재의 문화적 구도에서 이런 비판은 어떤 메시지로 다가오게 될까? 나는 항상 비난의 초점이 되는 '일부 이기적인 중산층 여성들'이 누구인지 모르겠다. 더욱 중요한 것은 지금까지 온갖 형태의 극단적 성적 쾌락을 즐겨왔고 지금도 그것을 거의 독점하고 있는 '중산층'과 그 이상의 남자들에 대한 비판은 왜 부재하는가 하는 질문이다. 많은 남성들은 "남자가 타락한다고 여성까지 그래서야 되는가, 그게 진정한 여성 해방인가"라고 쉽게 묻는다. 하지만 성적 쾌락을 남자가 독점해 온 구조에서 그것을 여성이 약간 깨뜨린다고 해서 왜 여자가 '이기적'이라고 비난받아야 하는지 모르겠다. 가부장적 · 위선적 일

부일처제에 대한 도전이 여성 해방의 일부라면, 남자는 향유하고, 여성에게는 억압인 그 성적 쾌락 독점 구조로부터의 의식적/무의식적 이탈[8]도 '해방'이 될 수 있지 않겠는가? 여성들의 성적 쾌락 추구야말로 남성 가부장제 가족주의 구조와 이데올로기에 치명적인 위협이 되지 않겠는가? 진보/보수를 막론하고 남성들이 이 문제에 유독 예민한 이유가 여기에 있다고 생각한다. 그래서 남성들은 항상 성적 욕망의 추구를 '방종'이나 '무절제한 쾌락'과 동일시하려는 담론을 선호하게 된다.

나는 어떤 특정한 도덕이나 가치로부터 자유로운 성적 쾌락의 옵션이 다양하지 않은 사회에서 사람들이, 특히 여성들이 '해방'을 맛볼 수 없다고 생각한다. 여성 해방에서 성적 쾌락이 전부도 유토피아도 아니지만, 그것에 끊임없이 제동을 걸고 그것에 부정적인 도덕적 의미를 투사하려는 사회 혹은 사람은 결코 여성에 우호적일 수 없다. 그런 의미에서 보면 그들의 성도덕 담론이야말로 여성 해방의 주요한 근거 중 하나를 인정하지 않으려는 반여성주의적 관점이 아닌가? 인간의 성 쾌락 추구의 권리, 특히 여성들의 성 쾌락 추구의 권리는 보편적인 인권의 일부다.

3

진보 남성은 여성주의에 대해 말할 수 있는가? 나는 누구든지 특히 남성 지식인들이 여성주의에 대해 비판할 수 있고 말 걸기를 시도할 수 있다고 본다. 그리고 그 경우 함부로 그러한 비판에 대해 '반여성주의' 혹은 '성차별'이라는 딱지를 붙여서는 안 된다고 생각한다. '남자의 한계'라는

---

8) 가령 혼전 동거, 혼외/비혼 관계 혹은 동거, 다양한 부부 및 가족 형태, 동성애 등을 인정하지 않고서 여성 해방이 가능할까?

비난은 쉽게 할 만한 것은 아니다.

하지만 그들은 과연 말 걸고 있는가? 오늘날의 한국 남성이 만들어내는 현실 및 지식인 담론이 보여주는 것은 여성주의에 대한 아주 저급한 수준의, 또는 적대적인 이해다. 그리고 거기에는 사회적 약자를 여전히 희생양으로 삼으려는 강자의 욕망이나, 사회적 약자의 목소리에 전혀 귀 기울이지 않으면서 '대화' 하고 건전한 비판을 하고 있다는 자기 착각 혹은 나르시시즘적 최면 속에 빠진 강자들의 오만함과 폭력이 도사리고 있다.

이러한 문제에 대해서 '진보' 라면 성찰적, 반성적이 되어야 하는 게 당연하지 않을까? 하지만 왜 진보 남성들은 유독 여성 문제에 대해서는 그토록 무지하고 그토록 몰상식한 것일까? 왜 그들은 민중에게는 그렇게 겸허한 자세로 임하면서 여성주의자들에게서는 겸손하게 배우려 하지 않는가? 그들이 어설프게 여성학에 접하면서 자기중심적으로 마구 읽어 쉽게 내뱉는 언어들이 폭력이 되어서 수많은 여성들의 존엄성과 영혼에 상처를 입히고 그것이 결국 남성 일반에 대한 지독한 불신으로 이어진다는 것을 알고 있는가? 사실 그들은 '부르주아' 가 싫어서가 아니라 성차별적 · 가부장적 질서를 마음껏 위반하고 유린하는 똑똑하고 '잘난' 여성 지식인을 싫어하는 게 아닐까? 그들의 페미니즘 비판에는 똑똑한 여성, 자신들의 언어를 비판적으로 해독하는 여성에 대한 근본적 혐오감이 깊이 도사리고 있는 것은 아닐까? 그걸 정당화하기 위해 괜히 쾌락, 이기심, 중산층, 계급 등을 자신도 모르게 동원하고 있는 것은 아닐까? 그들이야말로 차마 자신들의 계급적 모순을 견디지 못하고 그 긴장과 불편함을 자신보다 사회적으로 약자인 여성 집단에게 안전하게 투사해 버림으로써 자신들의 내적 긴장을 덜어버리려는 무의식을 분출하고 있는 것은 아닌가?

'진보'를 자처하는 사람이라면 여성주의를 읽어야 하고 배워야 한다. '젠더' 문제에 대한 고민이 '민족'과 '계급'에 대한 고민만큼 치열해야 한다. 인구의 절반을 차지하는, 그러면서도 여전히 사회적 약자이며 이등 시민인 '여성'을 자신의 사유틀 안에 집어넣지 않는다면 그러한 진보는 과연 어떤 정치적 의미를 가질 것인가?

거기서 남성들에게 중요한 것은 자신이 특권자이고 잠재적·역사적 가해자의 일부라는 '위치'에 대한 치열한 자기반성적 인식이다. 자신이 계급이나 민족 문제에서 '정치적으로 올바른' 조건에 있다고 해서 그러한 인식이 면제될 수 있는 것은 아니다. 그것을 깨달을 때 진보 남성들은 어떻게 해야 하겠는가? 실천과 이론적 작업을 통해서 축적된 한국 여성주의자들의 목소리를 들어야 하지 않겠는가? 전혀 듣지 않으려 하면서 돌출적으로, 자기중심적으로 제기하는 문제는 얼마나 의미 있는 것이 될 수 있겠는가? 여성주의자들의 목소리에 일단 겸허하고 세심하게 귀 기울이려는 자세, 그것과 자신의 의제와의 관계에 대한 신지한 고민이 없이는 진보 남성의 자기 성찰이나, 여성주의에게 말 걸기는 불가능하다. 그렇게 할 자신, 의지, 시간이 없으면 차라리 침묵하는 편이 좋지 않겠는가? 모든 사회적 약자 혹은 소수자에 대해 발언할 때 가장 중요한 것은 지식이라기보다는 어떤 자세인지도 모른다. 여성주의에 대해 말하는 한국의 남성 지식인들에게 결여된 것은 바로 그 점이다. 그리고 그것 때문에 오늘도 여성들은 분노하고 있다. 과연 그들은 그것을 알 수 있는가?

'차이'에 대해 생각하며

1987년 민주화 이후 특히 최근에 와서 사람들은 "차이를 인정하자"는 말을 쉽게 한다. 나도 그렇다. 그런데 막상 다양한 사람들이 모인 공간이나 모임에서 항상 차이 때문에 문제가 일어난다. 그리고 그걸 견디지 못해서 차이는 갈등으로 전환한다. 서로간 적대적 비판이나 분열은 쉽게 일어난다. 매우 중요한 구체적인 이해관계가 공통으로 있는 경우를 제외하고는, 사소한 차이를 인정 혹은 극복하지 못하고 모임이나 관계는 쉽게 깨져버린다. 옆에서 몇 마디 충고를 하자고 들면 그것은 사안에 대해 철저히 무책임한 삼자의 개입, 시시비비를 하지 않으려는 기회주의적 처신이라고 대뜸 비판을 받기 일쑤다. 그래서 '사소한 것'은 '치명적인 문제'로 전환된다. 분란과 분열은 모든 사회에서 일어나는 정상적인 현상이다. 하지만 한국 사회에서 이러한 문제가 지나치게 자주 많이, 또한 모든 차원의 크고 작은 집단에서 발생하는 이유는 뭘까?

내가 보기에 그것은 무엇보다도 우선 동질성을 지나치게 강조하는 한국 문화에 관련되어 있다. 특히 긴장을 견디지 못하게끔 긴장을 위험으로 등치시키는 문화와 긴밀히 연결된다. 사실 '차이'라는 말은 불과 얼마 전까지만 해도 좋은 의미를 갖지 못했다. 그것은 어떻게 보면 동질화되어야 마땅하다는 압박을 이미 전제하는 뉘앙스를 갖고 있는 것은 아닐까? '우리는 하나'라는 소속 의식과 일체감을 당연하게 여기는 문화에서 사람들은 '이견'에 대해 일단 정서적으로 매우 거북함을 느끼고 그것을 '이질감'으로 표현한다. 그리고 그걸 어떻게 해서든 누르고 자르려 본능적으로 움직인다. 일 대 일 관계에서도 상당한 문제는 상대방의 생각과 취향을 자신과 동질적으로 만들고 싶은 정서가 강한 데서 나온다. 거리가 가까울수록 동질화의 유혹은 강해진다. 물론 그것은 '사랑', '우정', '단결'로 표현될 뿐이다.

'이견'이 소수의 것일 경우 거의 강제적으로 그 '이견'을 짓이겨버린다. 물론 이 경우 분란 해결은 간단하다. 소수자는 떠나거나 굴복해야 하니까. '우리'의 이름 밑에 들어오지 못하는 것들은 추방된다. 하지만 절반과 나머지 절반이 서로 의견을 달리할 경우 해결책은 거의 없다고 해도 과언이 아니다. 서로가 상대를 기의 인간의 달을 쓴 '늑대'로 간수하고 자신들은 오로지 '공동의 이익'을 위해서 희생적 헌신을 마다 않는 순교자로 인식한다. 이성적 토론은 증발하고 인신공격을 넘나드는 비판과 딱지 붙이기(레떼르) 운동이 '생산적인 논쟁' 혹은 "악의 무리로부터 '우리' 집단의 정체성을 지키려는 시도"로 정당화된다. 사소한 말실수, 표준적 도덕으로부터 벗어난 언행, 흥분한 상태에서 내뱉은 폭언은 그 사람을 거의 '매국노'로 전락시키는 데 적절한 근거로 사용된다. "정말 그 사람 그런 줄은 꿈에도 몰랐다", "배반감을 느낀다", "어쩐지 처음부터 수상했었다, 믿음이 가지 않았다" 등등 소급적, 자기 예언적 분석은 일단 분열이 명백해졌을 때 봇물처럼 쏟아진다.

이렇게 되는 이유는 도덕주의적 판단이 지배해 온 한국의 집단 문화와 관련되어 있다. 옳고 그름이 분명하게 존재하며 그걸 가리지 않으면 안 된다는 강박은 조선 시대부터 내려와서 식민지와 개발독재의 획일주의, 그리고 분단체제가 강요한 폭력적 동질화 문화로 이어지는 흐름에서 고착된 게 아닌가? '유일한 선'에 대한 지독한 관념은 '이견'을 용납하지 못하는 일원적 정치 문화로 귀착되었다. 선이 오로지 하나가 아니고 다양한 것일 수도 있으며 그보다 근본적으로는 선과 악의 경계가 애매한 것일 수 있다는 성찰적 관점은 가정에서도 학교에서도 사회에서도 거의 자리잡지 못했다. 아이들 그리고 어른들도 쉽게 좋은 사람, 나쁜 사람을 나누게 되고 선생들은 유일한 도덕적 잣대, 유일한 도덕적 선택이 있다고 가르친다. '진리'에 대한 과잉 믿음, 진리가 선험적으로 어디엔가 존재하고 우리는 그걸 발견하고 따라가면 된다는 의식이 자폐적 독선을 만들어내고 '차이'를 용납하지 못하는 문화를 강화한다. 대체로 자신의 선악 판단에 신성불가침한 벽을 세우는 것도 이런 문화에서 나온다. 그러므로 또 하나의 의견이라는 것은 없으며 오로지 옳은 의견과 모순되는 '그릇된 의견' 혹은 '사견'(邪見)만이 존재한다. 좋아하는 차이, 싫어하지만 그냥 넘어가는 차이, 좋지도 싫지도 않은 차이 등 다양하게 공존해야 하는 차이들은 없고 오로지 '극복되어야 할 차이'만이 존재하는 것이다. 종교적 차원으로 가면 이 문제는 더욱 심각하다. 한국 교회나 절에서 그렇게 크고 작은 분란이 끊이지 않는 것은 그것이 공과 사가 얽힌 장소인데다가 타협을 어렵게 만드는 절대적 종교 교리가 지배하고 있기 때문이다. 유학 시절 한국 교회는 신도수 20명을 넘어서는 순간 아메바 분열을 시작했다. 1980년대 사회 운동에서 이런 폐해가 컸던 것도 바로 절대적인 사회적 신념 체계에 대한 종교적인 '믿음'과 관련되어 있다.[1)]

여기서 성찰적 분석과 사려 깊은 생각은 공허하며 그것은 흑백 논리, 즉

모든 것을 적과 우리 편으로만 나누어 생각하는 논리 속에서 '회색 지대'
에 즉각 편입되어 버릴 뿐이다. 거기서 승한 것은 극단적인 편가르기와 목
숨을 건 싸움을 주장하는 '강경론'이다. 물론 때로 이분법적 싸움은 불가
피하다. 또 때로는 싸움이야말로 전진을 위한 필요악이 된다. 생각, 이념,
노선이 다를 때 싸움이 일어나고 그것은 사실 민주주의의 기본 조건인지
도 모른다. 차이, 분열, 싸움을 금기시하고 적대시하는 문화야말로 위험하
며 그것은 반(反)정치, 즉 권위주의의 복귀를 부른다. 문제는 그 '차이'를
바라보는 시각이며 또한 그것을 어떻게 지혜롭게 비적대적 갈등의 틀 안
에서 관리하여 상호 파국을 막느냐 하는 점이다. 물론 중요한 것은 모임이
나 집단이 아니며 거기서 차이를 용납하지 못하면 깨지는 게 불가피하다.
개인이나 개체적 특수성을 억압하는 모임의 존재 유무가 중요한 것이 아
니라 개인의 개별적 존재가 더 중요하다는 인식이 우선되어야 한다.

    하지만 일상적 차원에서 우리가 경험하는 소집단이나 소모임, 즉 동창
회, 친목 모임, 서클, 각종 학회 등에서 심각하게 드러나는 차이는 눈에 보
이는 대로의 차이일까? 왜 사소한 차이가 적대적 대립으로 전화하고 서로
씻을 수 없는 상처를 남기는가? 곰곰이 생각해 보면 차이는 많은 경우 생
각 혹은 이념의 차이는 아닌 경우가 많다. 그게 지나치게 다른 사람들은
한자리에 모이지 않으며, 모여도 너무 다르기 때문에 상처받지 않는다. 혹
은 모이는 경우는 사적 연대망이 나름대로 강한 경우라서 그러한 가치관

---

1) 다른 한편으로 큰 집단 내 분란의 경우, 그것은 식민지와 개발독재 시대를 거쳐 정착된 약육강식
의 문화와도 관련이 깊다. 이미 합리적이고 이성적인 토론을 통해 문제를 해결하는 것은 '순진한 짓
거리'라는 것을 경험한 사람들은 해결책이 오로지 '힘'에 있다는 걸 체험적으로 너무 잘 알기 때문
이다. 목소리 큰 놈이 이기게 되어 있다. 아니면 권력이나 돈 많은 편이 이기는 게 상식이다.

의 차이가 별다른 문제를 일으키지 않는다. 가족 내에서의 이념적 분쟁이 그렇다. (물론 전사회적 차원에서 생각 혹은 이념의 차이는 중대한 문제를 만들어낸다.) 이념의 차이, 노선의 차이로 인식되는 많은 차이는 내가 보기에는 사실상 기질과 성격, 그리고 개인사의 복잡한 차이가 만들어내는 차이다. 그런데 사람들은 그걸 인식하지 못하고 거기에 대단한 객관적 의미 부여를 해서 높은 수준의 차이로 추상화시킨다는 얘기다. 예를 들어 어떤 사람은 성향이 공격적이고 어떤 사람은 온순하다. 어떤 사람은 사소한 걸 따지거나 시시비비를 좋아하고 어떤 이는 매사에 엉성하고 두루뭉술하다. 이걸 편협한 사회과학으로 어떻게 분석하고 재단할 수 있는가? 그런데 이미 한 개인의 몸과 마음에 각인되어 있는 이런 요소들이 분쟁시에 마음껏 밖으로 튀어나와서 '이념' 혹은 '올바름'의 탈을 쓰고 상대방에 대한 공격의 무기로 사용되는 것이다. (한국 지식인 사회에서 유행하는 '논쟁'은 사회적 인정 투쟁과 관련되어 있지만 아울러 이러한 개인사가 이면에 깔려 있다.)

　가령 오래 전 내가 어떤 공적 목표가 강한 집단에 '헌신'하고 있었을 때 나는 내 일에 대해 '황홀한' 보람을 느꼈다. 나의 헌신을 멋있는 명분에 기대서 해석하고 자족했다. 그리고 그러한 헌신이 떨어지는 사람, 그 목표에 대해 이견을 갖고 있었던 사람들을 쉽게 비판하고 규정했다. 하지만 돌이켜 생각해 보면 내가 그렇게 그 일에 열중했던 것은 여러 가지 복잡한 이유들과 관련되어 있었다. 명분은 정말 명분일 뿐이고 사실은, 당시에 역사에 대한 부채를 갚으려는 도덕적 의무감도 작용했겠지만, 좀더 근본적으로는 내 삶이 공허했기 때문인지도 모른다. 하나에 내 모든 것을 거는 '헌신'을 떠나서는 삶이 지탱되기 어려웠다. 그리고 상대방에 대한 비판은 상당 부분 내 다혈질적인 성격, 강한 질투심과 경쟁심, 관념적 과시욕, 지적 오만함, 무의식적인 권력 의지에서 나온 것인지도 몰랐다. 하지만 대체로 모든 논쟁과 비판에서 내 개인사는 전혀 드러나지 않았고 오고 간 것은 오로지 유려하고 날카로운 개념적 언어들이었다. 이러한 문제는 나를 공격하고 비판했던 사람들에게도 똑같이 해당되는 것이다. 그들은 '부르주아', '자유주의', '이념적 철저함의 부족' 등의 딱지를 내게 내밀었지만 사실은 그런 식의 비판 뒤에는 그들의 개인사, 즉 여러 연유로 생긴 공격적인 성향, 반서구적인 문화, 권력 주도권에 대한 경쟁심, 소외감 등이 복합적으로 깔려 있었을 수 있다. (물론 때로 개인사는 은연중에 논리적 무기로 전면에 떠오를 수 있다. 사람들은 자신만이 독점하는 독특한 개인사의 배경을 논쟁에서 유리한 위치를 점하는 무기로 사용하려는 경향을 갖고 있기 때문이다.) 그 이면을 더 파고 들어가면 정신분석학적인 해부가 필요할지도 모를 일이다. 상대를 비판하기 위해 동원한 정연한 논리 밑에는 아마도 억압적인 어머니 혹은 아버지, 고등어 한 마리조차 못 먹었던 어린 시절의 고통, 원하는 대학에 떨어졌을 때 생겨닌 콤플렉스, 언니 혹은 형에 대한 경쟁 의식, 게으른 혹은 일벌레 천성 등이 잠복해 있을 수 있다. (물론 많은 갈등과 싸움의 이면에 깔려 있는 것은 무의식적으로 자기 이익을 최대화하려는 헤게모니 장악 의지다.) 사람들 사이의 차이는 정말 정리하기 어렵고 분류하기 복잡한 차이인 것이다.

인문·사회과학에서 주로 얘기하는 차이는 얄팍하다. 주로 거론되는 것은 민족, 국적, 계급, 인종, 성, 이념, 지역, 학연 등을 축으로 해서 발생하는 차이다. 위에서 얘기한 것처럼 그것들은 빙산의 일각에 불과하다. 그것은 사실 60억 인간들의 차이를 담아내기에는 너무 크고 추상적인 차이다. 가령 '민족'이란 개념이 보여주는 것처럼 그것은 대체로 허구다. 도대체

몇 천만, 심지어 몇 억을 하나의 단위로 분류·규정하는 틀이 얼마나 실제적일 수 있을까? 그것들은 학문적 분석과 정책 결정에 유용한 틀이다. 하지만 구체적이고 일상적인 차원에서 내가 매일매일 접하는 개개 인간들을 이해하는 데 그러한 차이들은 어떤 실질적 의미를 갖고 있을까? 진보 집단의 갑순이는 보수 집단의 을돌이와 다르다. 하지만 그것은 진보와 보수의 차이로 설명될 수 있을까? 일본인 요시다와 한국인 이순민은 다르다. 그것은 일본과 한국의 차이인가? 대전대 학생 신내윤과 이화여대 학생 가미영은 다르다. 그 차이는 학교가 다른 데서 오는 것일까? 일반론을 부정하는 게 아니다. 그건 여전히 하나의 설명으로 유효하다. 하지만 그 일반론이 도저히 담아낼 수 없는 특수하고 개별적인, 한없이 복잡하고 혼란스러우며 애매한 개인의 복합적인 역사가 이 지구상에 60억 개가 존재한다. 물론 그것들은 시간과 공간을 침투하며 서로 얽히고 설켜 있다.

이러한 차이들을 어떻게 이해하고 또 어떻게 견딜 것인가? 학교와 책에서 배우는 도덕과 관념은 중요하다. 관념을 버릴 수는 없다. 그것은 우리 몸과 마음의 일부며 또한 적지 않은 경우 내재적이다. 하지만 그것은 인간이라는 한 유기체의 복잡성에 비하면 너무도 단순하다. 그가 여성이며 한국인이며 노동자며 진보주의자며 강원도 출신이며 유교 가정에서 자랐다는 사실은 여전히 중요하다. 하지만 그것은 똑같은 배경을 가진 또 다른 사람이 전혀 다른 기질과 성향의 소유자며 전혀 다른 우주를 갖고 있다는 점을 놓칠 수 있다. 동일한 배경을 가진 두 사람이 전혀 다른 사람이며 무엇으로 환원될 수 없는 차이를 가질 수 있다. 반대로 전혀 다른 배경을 가진 두 사람이 사실은 매우 비슷한 인간형이며 유사한 우주를 공유할 수도 있다. 다만 우리는 눈앞에 드러나는 차이, 우리의 사회적 관념이 주목하고 포착하는 차이에 근거해서 사람들을 분류하고 판단하고 비판하는 우를 범할 뿐이다.

차이를 인정한다는 것은 이미 습득된 관념과 도덕에 근거해서 생겨나는 차이를 인정한다는 뜻이 아니다. 오히려 그러한 차이들은 극복되어야 할지도 모르는 이유를 많이 갖고 있다. 인정되어야 할 것은 구체적인 시공간에서 설명 불가능하게 형성된 한 개인의 독특한 역사다. 물론 그것은 인문·사회과학적인 분류법으로 어느 정도 설명 가능하다. 하지만 그런 방법으로는 그 복잡한 역사의 만 분의 일도 설명하지 못한다. 그 차이를 인정하는 것은 한 개별적이고 구체적인 인간의 존엄성을, 그 절대성을 겸허하게 받아들이는 것이다.

아는 것이 힘이 되기도 한다. 사람은 알아야 한다. 깨달음에 대한 기쁨, 새로 배운 지식과 이론으로 세상과 인간을 새롭게 바라보게 되었을 때의 희열은 긍정적인 에너지다. 하지만 관념의 잣대에 쉽게 의지하는 것은 상징적 폭력이 되기도 한다. 왜냐하면 관념은 차이를 만들고 설명하지만 그 차이는 사실 매우 인위적이고 그만큼 단순하기 때문이다. 선무당이 사람 잡는다는 말은 정확한 말이다. 우리는 모든 개별적 생명 앞에서, 구체적인 인간 앞에서 때로는 판단하기를 멈춰야 한다. 그때 남겨진 과제는 머뭇거리는 일이다. 유보적 언행 속에서 상호 소통의 여지가 살아남고, 차이는 사람들이 어울려 사는 세계 혹은 관계의 풍부함을 보장하는 재료가 된다. 아니 그렇지 않다 하더라도 최소한의 공생 공존을 보장하는 방법이 된다.

인터뷰

한국 사회 진보 운동의 한 성찰

노정환[1]

정규직 노조의 비정규직 노동자에 대한 외면과 탄압, 나눔의집 혜진 스님의 성추행 혐의, 100인 여성위 보고서…….

최근 한국 시민 사회 곳곳에서 불거져나오는 목소리는 진보(운동가)에 대한 새로운 성찰을 요구하고 있다. 기존의 진보라는 입장으로 바라볼 때 선뜻 이해할 수 없는 사건들이 적지 않기 때문이다. 이런 현실 앞에 두 가지 질문을 던져본다. 진보(운동가)가 그만큼 부패하고 타락한 것인가, 아니면 진보의 새로운 패러다임이 요구되는 시대인가!

지난 5월 9일 대전대 권혁범 교수(정치학)를 만나 '한국 사회의 진보에 대한 성찰'이란 주제로 인터뷰를 나눴다. 권 교수는 1990년대 초반까지 북한 및 쿠바의 사회주의, 그 후에는 민족주의·국민국가, 생태 정치·문화 정치 등에 관심을 갖고 연구하고 있다. 그는 또한 『당대비평』 편집위원, 대전여민회 자문위원, 민화협 정책위원 등으로 활동하고 있기도 하다.

---

1) 이 글은 원래 월간 『말』(2001년 6월호)에 실렸던 대담을 약간 고친 것이다. 당시 인터뷰 기자였던 노정환 씨가 질문한 부분은 그대로 두고 내 발언을 수정 보완했다. 그 과정에서 시사 월간 『피플』(2003년 6월호)과 가졌던 대담 중 관련 단락을 두 군데 옮겨와 덧붙였다. 벌써 3년 전 얘기라 오늘의 현실과 거리가 있는 부분도 있지만 대부분 그대로 놔두었다.

권 교수는 인터뷰에서 "기존 전통 진보와 구분되는 '탈진보'의 개념이 운동 사회에 필요하다"고 말했다. 그는 아울러 현실 사회주의 붕괴 이후 진보에 대한 반성적 성찰이 없었던 것은 아니지만, '충분한' 논의가 이뤄지지 않아 오히려 진보가 '문제'로 인식되지 않고 있다고 주장했다.

—우선 '전통적 진보'란 개념을 간략하게나마 정리할 필요가 있을 것 같다.

"전통적인 진보란 쉽게 표현하면 현실 사회주의 지지자인 좌파라 할 수 있다. 구체적으로 보면 역사가 필연적으로 단계를 밟아 발전한다는 사관에 근거해, 정해져 있는 절대적인 목표와 진리를 두고 그것만 이룩되면 된다고 생각하는 것이다. '그 날이 오면' 식의 사고방식은 잘못된 것이다. 오늘날 환경 문제로 나타나고 있는 확대 재생산, 즉 '발전' 주의에 대한 동의도 강했다. 또한 이런 사고에서 민족이나 계급이 가장 중요한 기준이 되었다. 나도 그랬지만, 당시의 진보 개념은 황혼을 새벽으로 착각하고 있었다. 그냥 방임자처럼 감놔라 내놔라 하면서 비난하려는 게 아니다. 나는 이 문제를 내 개인적으로는 반성적 차원에서 고민하고 성찰해 왔다."

—전통적인 진보 개념이 현재 운동 사회에서 어떻게 나타나고 있다고 보는가.

"첫째는 다양한 사회 문제들을 '총괄적'으로 해석하고 이끌어나가려는 지배 욕망이 강하다. 둘째는 어떤 목표를 정해서 그 목표를 이루면 모든 게 해결될 수 있을 것 같다는 생각이 여전히 강하다. 셋째는 인간을 이해하는 데 있어 정치·경제적 관점 못지않게 정신 분석, 심리학, 영성, 인간 본성에 대한 다양한 시각도 중요한데, 여전히 정치·경제적인 관계에서만 바라보고 있다. 물론 우리 사회에서 인간 본성론은 수구 보수주의자들이 사회구조적인 문제를 회피하는 수단으로 이용해, 이데올로기적인 혐의가 있는 것은 사실이다. 그럼에도 탐구가 필요한데 그에 대한 이해가 부족하다. 넷째는 이분법적 진영론에 대한 반성이 부족하다는 것이다. 전통적 진보는 계급이나 민족 등 하나의 운동 전선만 인정한다. 나는 운동 전선을 적 아니면 아군으로 단칼에 나누는 방식에 회의적이다. 전선은 다양하고 때론 상호 배타적이며 겹치기도 하고 충돌하기도 한다. 다섯째, 일상적인 문화에 대한 성찰, 자기 자신의 주관적 위치를 인식하고 드러냄으로써 그것을 객관화해 보려는 노력이 부족하다."

권 교수는 기왕의 전통적인 진보 개념이 갖는 부정적인 요소들 때문에 진보라는 개념을 계속 써야 하는지에 대해 회의가 든다며 '진정한 진보' 대신 '탈진보' 라는 개념을 제시했다. '탈진보' 는 전통적인 진보가 가진 일부 부정적 요소들을 극복하기 위한 새로운 진보관이다.

— '탈진보' 는 실제 활동에서 어떤 의미를 담고 있는가.

"이전처럼 민족이나 계급 문제가 최고의 가치라는 식의 절대적인 진리와 목표는 없다는 것이다. 탈진보가 추구하는 진리와 목표는 구체적인 실천과 노력을 통해 항상 수정되고 재해석될 수 있는 자유와 권리가 주어지는 것 자체다. 아울러 탈진보적 관점은 계급과 민족 문제를 포함하되, 젠더, 섹슈얼리티, 장애/비장애, 지역, 계층, 나이, 국적 등의 다양한 부문의 정체성을 인정하면서도, 그것들 사이에 우선순위를 두지 않는다는 것이다. 어떤 이들은 개혁 세력 내부 비판이 외부 세력을 도와주는 결과를 가져온다고 하는데 나는 내부, 외부가 뭔지 모르겠다. 이미 전선이 여러 개가 있는데 내부, 외부는 구별할 수 없는 거다. 전선을 흐트러뜨린다고 하는데, 흐트러져 있는 전선인데 뭘 흐트러뜨린다는 것인지 모르겠다."

—요즘 미국의 MD 추진이 남북한 관계에 주요한 변수로 작용하고 있는데, 이럴 경우 시간적 우선 순위를 두고 MD 문제를 먼저 해결하자는 주장을 할 수도 있는 것 아닌가.

"고정적 우선 순위를 두면 위계질서와 억압이 발생한다. 예를 들어 국가보안법 철폐 운동이 무척 중요하다는 점은 인정하지만, 그렇다고 여성 운동이나 장애인 운동에 앞서 보안법 철폐에 집중하자는 것은 현실을 단순하게 인식한 것이다. 만일 그렇게 해서 보안법 문제가 해결된다 하더라도 다른 문제들은 오히려 방치되어서 나중에 부메랑처럼 돌아올 수 있다. 역사적인 경험에 비추어보아도 알 수 있듯이, 과거엔 혁명만 이뤄지면 모든 문제가 해결될 것, 혹은 그 다음에 순차적으로 이루어질 것으로 생각했는데 그것은 아니었다. 민족이나 계급 문제가 가장 중요하고 나머지는 비본질적이고 부차적인 것으로 인식하는 태도는 대단히 잘못된 것이다."

—지난 해 12월, 100인 여성위에서 운동 사회 내 성폭력 사례를 공개하며 "운동 진영의 궁극적 목표가 기존 사회의 이데올로기와 구조를 넘어서서 진정한 인간의 해방과 자유를 위해 싸운다면 우리 내부에서부터 그런 기풍을 가져나가길 기대하는 것"이라는 입장을 발표했다. 이 보고서는 남성 운동가들이 가진 성의식의 빈약함을 드러냈다고 보는데, 이처럼 부문과 부문이 만날 때 빚어지는 진보에 대한 인식의 차이를 어떻게 극복해야 하는가.

"통째 진보는 없다는 것, 기존 진보 개념의 지나친 자기 확신과 한계를 보여준다. 진보만 갖고서는 젠더 문제 등을 올바로 인식할 수 없다는 증거다. 계급적으로 진보라 해서 그것이 자동적으로 정치적 선(善)을 보장하지 않는다. 젠더 기준만 갖고서도 (탈진보라는 새 개념을 쓰지 않는다면) 얼마든지 진보로 평가될 수 있어야 한다. 그런 의미에서 보았을 때 대부분의 기존 진보는 반진보가 되는 역설이 생긴다. 구체적인 고민과 공부가 없으면 진보는 아무런 의미가 없다. 가령, 입적하신 성철 스님은 위대한 분이지만, 여성 문제나 생태 문제에 대해, 불경스러울지 모르지만, 올바른 입장을 취하신다는 보장은 없다. 공적인 공간에서 공론을 만들어내는 지식인이나 운동가라면 여성, 환경, 장애, 청소년, 노인, 이주 노동자 문제 등을 진지하게 고민해야 하고 자신의 인식틀 내로 수용해야 하지 않을까. 여성주의 지식인 및 활동가들은 사회나 인간을 바라보는 시각이 다양하고 복잡하다. 여성학이 오히려 주변 학문을 흡수하고 있다. 사회과학이나 일부 운동 쪽의 진보주의자가 말하는 지역이나 민족, 국가 틀로 이해할 수 있는 것은 제한되어 있다는 생각을 저절로 하게 된다. 삶의 구체성과 복잡성에 대한 깊은 이해가 부족하다. 그렇잖은가. 인간이 얼마나 비합리적이고 복잡한가. 이런 것을 고려해 진보가 끊임없이 재구성되어야 한다. 그러지 않고선 대중적 지지도 얻을 수 없다.

모든 사회적 억압을 진보적 관점에서 조망하고 연대하는 '보편적' 인간 해방을 외치는 사람들이 많다. 하지만 그 보편과 그 인간 해방을 그 동안 누가 규정해 왔는가? 대체로 진보-남성에 의해 독점된 그 보편성에 대해 도전하는 개별적 저항을 두려워하는 자는 누구인가? 모든 억압에 대항해야 한다는 말은 매우 전체주의적이다. 세상에는 다양한 억압이 있고 그걸 한 줄로 일관되게 꿸 수 있는 논리도 운동도 없다. '진정한 진보' 라는 말은 이래서 위험하다. 어떤 보편성을 선험적으로 전제하고 그 기준에 따라 여성주의자에게 특정한 정치사회적 입장만을 요구하는 것은 자의적 전횡이며 여성주의를 다른 어떤 체계, 즉 기존의 남성 중심 진보의 헤게모니에 종속시키려는 의도에 불과하다. 물론 이런 이유로 '어떤 사람이 진보주의자인 줄 알았는데 성차별적인 모습을 보니 진보가 아니다' 라고 단정하기 쉽다. 그러나 그것도 자칫하면 총체 진보주의의 결함에 빠진다. 중요한 것은 모든 형태의 차별과 억압에 민감해지려는 끊임없는 노력이고 그러한 과정에서 진보는 계속 새로 태어나야 한다."

권 교수의 이런 주장은 어느 한 부문에서 진보주의자라 하면 모든 부문에서 진보적일 것이라는 환상을 버려야 한다는 것과 함께, 아울러 자신이 어느 부문에서 진보적인 일을 하더라도 다른 부문에서는 보수적인 시각을 가질 위험이 있다는 자기 인식이 필요하다는 지적이다.

"문화에 녹아 있는 정치적인 의미와 형식을 읽어내는 것이 진보에서 중요하다고 본다. 거시적 파시즘은 여전히 중요하다. 중요한 것은 모든 사람이 일상에서 경험할 수 있고 문화적 차원에서 작동하고 있는 미시 권력의 메커니즘을 읽어내는 훈련을 하지 않으면 진보 지식인도 반진보적이 될 수 있다는 것이다. 기존의 한국의 정치나 사회과학 전체는 전반적으로 정치경제가 사람의 삶이나 조건을 규정하는 부분에만 관심을 가지고 있다. 그러나 역으로—족보를 따지면 그람시의 헤게모니 이론으로 돌아가겠지만—기본적으로 사람들이 가지고 있는 의식이나 그 안에 녹아 있는 문화적인 형식이 그 삶을 규정하고 사회를 만들어내는 측면이 굉장히 크다는 것이다. 또 하나는 진보적인 입장을 취하는 지식인이라면 빵을 좀더 공평하게 나눠먹고 권력을 좀더 공평하게 분배하는 데 기본 목표를 두고 있는데, 지금 세계의 근대사는 사람들의 일상적인 문화적 형식이 변하지 않으면 억압은 계속된다는 것을 보여주고 있다. 예를 들어 대통령을 자기 손으로 뽑는 것은, 즉 절차적 민주주의는 필요하고 중요하지만 그걸 했다고 해도 해결되지 않는 많은 문제들이 일상생활에 남아 있다는 것이다. 그것은 정치적 · 경제적 민주화의 부족 때문이기도 하지만 한편으로는 사람들이 문화를 비판적으로 해석하는 훈련을 안 받아서, 혹은 무시해서 그런 것이다. 예를 들면 우파 쪽은 말할 것도 없고 진보적이라는 사람들도 그렇다. 그들이 어디서 밥을 먹고 밥 먹을 때 자리 배치를 어떻게 하고, 장애인과 여(남)성, 나이 어린 사람 혹은 '윗사람'들과 어떤 식의 관계를 맺는지, 후배 활동가나 지식인, 자기 제자나 조교 혹은 배우자나 파트너와는 어떤 관계를 맺고 어떤 구어체로 얘기를 하는지 기존 사회과학에서는 전혀 거론이 안 됐고 중요하게 다루지 않고 있다. 1980년대 이후에 절차적 민주주의가 자리잡기 시작하고 경제적 성장이 이루어지고는 있지만 이 부분은 여전히 사각 지대다. 단란 주점을 포함한 술집 문화, 관계 문화, 일상 문화에 대한 자의식이 없고 이런 일상에서의 행동을 자신의 지식 안에 녹이려고 하는 노력이 전혀 없다. 왜 그런가 하면 한국의 사회과학자들은 한 번도 그런 공부를 한 적이 없기 때문이다. 오히려 이런 고민이나 자의식이 가장 강한 사람들이 인류학자와 여성학자들이다. 사실 대학에서 학생들을 가르치고 있지만 국제정치학이 어떻고 하는 얘기보다, 일상적 차원에서 건강한 개인, 시민을 길러내는 게 더 중요하다는 생각을 한다. 진보주의자나 『조선일보』나 일상에서는 구분이 없으면 문제 아닌가?"

—그렇다면 최근 문화면이나 학술면에서 '진보'를 계속 끌어들이고 있는 『조선일보』를 '탈진보' 매체로 보아야 하나. 아니면 위장 전술로 해석해야 하는가.

"여전히 반진보가 아닌가? 그것을 이용할 뿐, 두말할 필요 없이 『조선일보』의 반민주적 상업주의는 한국 사회의 개혁, 평화, 민주주의에 치명적인 걸림돌이다. 나는 안티 조선은 아니지만 특히 『조선일보』 세력이 한국 사회에서 주요한 권력이며 한국이 수준 있는 민주적 사회로 발전하는 데 발목을 잡고 있다는 점에서 매우 위험하게 본다. 미디어 권력이 지나치게 오른쪽으로만 쏠려 있는 게 초보수적 교육계와 더불어 한국 사회의 치명적인 문제다. 다만 이런 언론은 때로는 상업주의 덕택에 시대 변화를 용케도 읽어내는 것이다. 이윤의 변화에 민감하면, 부정적인 측면이 압도적이지만, 시대의 변화에 민감해진다. 그것으로 정치적 퇴행성을 교묘하게 위장하는 방법을 쓰고 있다. 정치면에서는 여전히 냉전주의를 고수하고 있지만 아마 그것도 장사가 안 되면 가장 먼저 바꿀 것이다. 최근에 간지로 펴내는 '북한 리포트'는 비교적 객관적인 편인데, (물론 여전히 반공 냉전적 시각이 침투해 있다) 이것은 미래의 북을 상업적으로 의식한 것이 아닌가 판단된다."

—최근의 노동운동에서 정규직 노조의 비정규직 노동자에 대한 무관심과 '탄압' 역시 '노동운동=진보 운동'이라는 일반적인 등식으로 보면 혼란스럽기 그지없다.

"비정규직 노동자 문제는 이제 사회정치적 계급의 범주 안에서도 분화가 본격화된다는 것을 보여준 사례다. 이런 문제를 계급이란 기준만으로 선을 긋고 해석하는 전통적인 진보 개념으로는 담아낼 수 없다. 여성을 포함한 모든 집단적 정체성 내부에서도 차이가 부각되고 있다. 그래서 탈진보의 개념이 필요하다. 민중이 모든 면에서 순결할 수는 없다. 사회적 약자에 대해 무조건 지지하면 사회 모순이 해결될 줄 알았는데 그게 아니라는 걸 보여준 거다. 다만 이런 사안을 두고 기존 노동운동은 가짜 진보라고 매도해서는 안 된다."

—그처럼 진보 개념에 대해 혼란을 일으키고 있다면, 그것을 풀어나갈 관점으로 '탈진보'의 개념이 필요하다고 보는 것인데 이에 대해 설명이 좀더 필요할 듯싶다.

"'탈진보'의 핵심은 항상 영역을 넓히고 다양한 영역에서 다양한 싸움을 벌이는 것이다. 궁극적으로 개개인의 차이를 인정하고 존중하며 그 개체성을 최대한 발휘하게 해주는 사회가 가장 좋은 사회가 아닌가. 그런 면에서 60억 개의 차이가 있는 것이다. 어떤 인문학자에게 들었는데 서양에 '신은 세부사항(detail)에 있다' 는 말이 있다. 내가 과거에 '비이론적 실천' 의 영역에 있을 때 뼈저리게 느낀 말이다. 신은 정권 타도, 노동자 결의대회 등의 행사나 구호에만 있는 게 아니라, 그것을 위해 철야 작업하면서 현수막을 디자인해 내걸고, 손님 마중 나가고 음식 만들고 설거지하고 잔돈 계산하고 복사하고 심부름하는 일에도 있다. 그런 차원에서 문제를 인식하는 게 중요하다고 본다. 거듭 말하지만 운동의 중요성, 다급성, 본질과 부차의 관습적 구별에서 자유로워질 필요가 있다. 어떤 사람에겐 계급 문제가 중요한데 다른 사람에겐 젠더 문제가 더 중요할 수 있기 때문이다.

물론 나는 진보를 던져버리자는 게 아니라 그것의 문제를 탈진보로 보완해 보자는 거다. 진보와 탈진보의 두 가지 축이 필요하다. 물론 진보의 재구성이라는 식으로 접근해도 방향은 비슷하다. 하지만 지금은 진보라는 말이 너무 오염되어 있다. 탈진보라는 말 자체는 진보를 일정하게 비판하고는 있지만 과거 진보를 부정하거나 그로부터 해탈을 의미하는 것은 아니다. 예를 들어 노동 문제를 바라보면, 민주적 자유주의 사회에서 보장해야 하는 노동3권이 제대로 보장되고 있냐 하면 그렇지 않다. 또 아무리 보장된다 하더라도 자본주의 구조하에서는 계급 문제가 여전히 남는다. 그러기 때문에 진보의 유효성은 있다. 그러나 자세히 들여다보면 대기업 노조들이 주장하는 것과 비정규직 여성 노동자들이 하는 주장을 같은 계급으로 포괄할 수 있는가. 그러기에는 사회가 너무 복잡하다. 더구나 대기업 노조가 이들을 포괄하고 있느냐 하면 실은 그렇지도 않다.

탈진보는 전략적인 차원에서 좀 더 자극적인 수사이며 적극적인 방향

표명일 수 있다."

권 교수는 지난해 10월 아셈 회의 반대를 위한 연대나, 지난해 4월의 총선연대의 운동 방식에 대해 아쉬운 시각을 내비쳤다. 각 시민 단체들이 각자의 고유한 색깔과 차이를 '극복하고 하나로 연대' 한 것은 연대 이전에 차이를 밀고 나가는 것의 중요성을 잊게 만들었다는 문제의식이다.

—세부 사항에 주목함으로써 크게 볼 것을 놓치는 경우도 있지 않겠는가. 개인의 문제에 집착할 경우 구조적인 문제를 놓치는 것과 마찬가지로. 그렇다면 '탈진보' 의 지향점은 무엇인가.

"우선 지향점에 대해 체계적인 사상이나 목표를 정할 수 없다는 것을 전제하고 말한다면, 다음과 같은 두 가지 측면에서 느슨하게 정의할 수 있다. 한 가지는 사람 하나하나는 존엄하고 소중하며 그 자체가 목적이고 수단화될 수 없다는 믿음이다. 그동안은 좌우를 막론하고 집단의 발전과 혁명을 위해 개개인을 희생시키는 것을 당연시했다. 다른 한 가지는 60억의 차이를 존중하고 그 차이를 억압하지 않는 사회를 만드는 것이다.

물론 어떤 영역에서는 여전히 진보의 과제가 유효하며 따라서 나는 '진보와 탈진보의 동시적 인식과 실천' 을 강조하고 싶다."

—개인을 강조하는 세계관은 공동체주의를 바탕으로 하는 운동 사회뿐만 아니라, 한국 사회 전체에서도 낯설다.

"현실 사회주의의 실패 원인 중 한 가지는 개인 간의 차이를 무시했기 때문이라고 본다. 물론 한국 운동 사회도 공동체 문화이다. 그러나 하나가 되고 똑같아지는 공동체 문화를 지향하는 발상에는 항상 억압적 요소가 있다. 북한의 탈북자들을 인터뷰한 적이 있었는데, 남한에서와 마찬가지로 집단주의가 이기주의와 맥을 같이 한다는 점을 확인했다."

—최근 펴낸 『민족주의와 발전의 환상』에 보면 민족주의에 대해 비판적인데, 민족주의 역시 그 60억의 차이 중의 하나로 인정할 수 있는 것 아닌가.

"통일운동에서 민족주의가 갖는 순기능이 있다. 그러나 집단주의 안에서도 가장 정서적으로 격렬하기 때문에 위험하다고 보는 것이다. 민족주의가 한국 사회의 핵심적인 이념으로, 제어 없이 유지 증폭되는 것에 반대하는 것이다."

한편, 전북대 강준만 교수(신문방송학)는 최근 『민족주의와 발전의 환상』에 대해 두 차례에 걸쳐 비판했다. 강 교수는 월간 『인물과사상』(2001년 2월호)의 「권혁범, 민족주의는 죄악인가」라는 글에서, 권 교수의 모든 주장은 생태주의와 통한다며 주한미군이 존재하는 나라에서 탈민족 국가를 주장하는 것은 제3세계 지식인의 슬픈 운명이라고 비판했다. 또한 단행본 『인물과사상』(18호)에서도 권 교수가 '독특' 하게도 개혁 진영 내부의 문제를 지적하는 데 관심을 갖는다며 비판했다. 권 교수는 강 교수의 비판에 대해 논쟁하고 싶지 않다며 자신의 견해를 이렇게 정리했다.

"강 교수의 활동을 귀중하게 여기고 그분 덕택에 나를 포함한 많은 이들이 구체적인 고민을 하게 된 것은 성과라고 생각한다. 정말 함부로 글쓰지 말아야겠다는 생각이 들었다. 십 년 전 글을 찾아내 분석하고 따지는 그의 성실성에 탄복했다. 언젠가 내 입장, 글, 그리고 책에 대한 그의 장문의 비판에 대해 자세히 답하고 싶은 욕망을 느낀다.

하지만 나는 『인물과사상』 식의 논쟁이 갖는 유효성을 크게는 믿지 않는다. 나는 내가 중요하게 생각하는 문제를 '진정성' 에 바탕하여 쓸 뿐이다. 한 마디로 '우리 안' 의 문제나 '우리 밖' 의 문제 모두 비판하고 검토해야 하는 것이고 나는 그 동안 상대적으로 진보에서 비판을 꺼렸던 문제들을 제기할 뿐이다. 내가 잘하고 관심 있는 것, 남들이 잘 안 하는 것, 못 하는 것을 해야 하지 않을까? 내부와 외부의 경계가 무엇인지 잘 모르겠지만 나는 개인적으로 내 자신을 진보의 유산이라고 생각한다. 나는 한국의 진보 경험이나 운동의 역사를 업신여기거나 망각하는 사람들, 특히 1970, 1980년대 아무것도 하지 않았으면서 이제 와서 '객관적인 비판'만 일삼는 사람을 보면 정말 화가 난다. 그 진보와 운동 덕분에 이만큼이라도 사는 것 아닌가? 하지만, 밉지만, 그런 사람들 말이 맞는 경우도 적지 않다. 어제의 진보가 오늘은 퇴보가 될 수 있다. 어떤 내부가 외부가 되고 어떤 외부가 내부가 되는 변화가 매일매일 아주 복잡하고 다양하게 일어나고 있다."

'개인 지향적 세계관'을 바탕으로 개개인의 존엄성과 차이를 인정하는 것으로부터 시작하는 권 교수의 '탈진보'적 관점이 공동체성, 민족 문제, 계급 문제가 주요한 이슈로 부가되었던 한국 운동 사회에서 어느 정도 설득력을 얻을지 현재로서는 알 수 없다. 다만, 다양한 사회 문제가 불거지는 현실에서 '다시 문제는 진보다'라는 명제에 대해 '충분히' 고민해야 할 시점인 것만은 분명해 보인다. 기사를 마감하는 날, 단행본 『인물과사상』의 신문 광고 카피는 이렇게 끝나고 있었다.

"개혁 진영은 다시 검증되어야 한다. 이제 개혁적 정서의 이름으로."

이 책에 실린 글들의 출처는 아래와 같습니다.

1부 '국민', 국가, 개인

'우리' 안의 국가주의—국가주의 문화, 개인, 인권 (원제: '우리' 안의 국가주의—
    국가주의 문화와 인권)/ 한국인권재단 주최 2001 제주인권학술회의 발표 논
    문, 『한반도의 평화와 인권2』 (대왕사, 2002).

'우리'는 누구인가?—국민적 정체성의 문화를 넘어서/ 『스모그』 2001년 창간호.

병역 의무의 정치학—평화, 인권, 징병제 (원제: 2002년 봄, 평화와 인권을 생각하
    며—병역 의무의 정치학)/ 『당대비평』 2002년 봄호.

'국가 안보' 담론에 대한 비판적 성찰/ 한국인권재단 주최 2003 제주평화회의 '한
    반도의 평화를 위하여' 발표 논문.

2부 지구화 시대의 '국민', 제국, 미국

세계화와 미국 인식—미국 패권주의와 반미주의를 넘어서/ 『당대비평』 2001년 봄호.

9·11 이전 혹은 이후의 세계—국민국가적 해석과 생명의 마음 (원제: 테러와 전쟁
    을 보는 세계의 눈)/ 『녹색평론』 2002년 3·4월호.

월드컵 '국민 축제' 블랙홀에 빨려 들어간 '대한민국'—독립적 지성은 어디에 있었
    는가?/ 『당대비평』 2002년 가을호.

촛불 시위 '이야기'에 대한 몇 가지 생각— '반미' 금기의 위험, '반미' 정당화의 위
    험/ 『시민과세계』 2003년 상반기호.

3부 진보와 탈진보— '국민' 으로부터 벗어나기

근대와 탈근대—충돌과 접점/ 『녹색평론』 2001년 1·2월호.

민족주의의 정치생태학/ 계간 『공간과사회』 2002년 제16호.

시민운동, 무엇이 필요한가?—반성과 모색/ 계간 『사회비평』 2000년 겨울호.

진보 남성은 여성주의에게 말 걸고 있는가?—젠더, 진보, 남성 지식인
    / 『아웃사이더』 2003년 6월호.

'차이'에 대해 생각하며 (원제: 차이)/ 『작가마당』 2002년 제5호.

인터뷰—한국 사회 진보 운동의 한 성찰/ 월간 『말』 2001년 6월호.

찾아보기